中国跨境经济合作区进展报告

（2018）

张丽君　王　飞　田东霞　周　英　等著

中国经济出版社
CHINA ECONOMIC PUBLISHING HOUSE
·北京·

图书在版编目(CIP)数据

中国跨境经济合作区进展报告.2018/张丽君等著.
—北京:中国经济出版社,2019.5
ISBN 978-7-5136-5603-0

Ⅰ.①中… Ⅱ.①张… Ⅲ.①经济发展—研究报告—中国—2018
Ⅳ.①F127

中国版本图书馆 CIP 数据核字(2019)第 049452 号

责任编辑 耿 园 余静宜
责任印制 巢新强
封面设计 华子图文

出版发行 中国经济出版社
印 刷 者 北京艾普海德印刷有限公司
经 销 者 各地新华书店
开 本 787mm×1092mm 1/16
印 张 14.75
字 数 258 千字
版 次 2019 年 5 月第 1 版
印 次 2019 年 5 月第 1 次
定 价 68.00 元
广告经营许可证 京西工商广字第 8179 号

中国经济出版社 **网址** www.economyph.com **社址** 北京市西城区百万庄北街 3 号 **邮编** 100037
本版图书如存在印装质量问题,请与本社发行中心联系调换(联系电话:010-68330607)

出版说明

《中国跨境经济合作区进展报告（2018）》是中央民族大学经济学院“一带一路周边国家经济研究团队”、中国兴边富民战略研究院、国家民委“一带一路”国别和区域研究中心“中南半岛经济研究中心”、国家社会科学基金重点项目“陆路边境地区构建口岸文化研究”（项目编号：16AMZ009）、中央民族大学“国际经贸研究工作坊”的阶段性成果之一。

中央民族大学经济学院部分研究生参与了项目的实地调研和报告的撰写工作。在实地调研和报告撰写过程中，得到了相关边境省区、边境城市政府的大力支持，以及边境城市跨境经济合作区、综合保税区、开发开放试验区的管理委员会等相关部门和被调研企业的全力支持，在此表示感谢。

写作分工

张丽君　统筹　编撰　统稿

王　飞　统稿

第一章　王　飞　胡苹苹

第二章　田东霞　王　博　章静雯　张天翼

第三章　周　英

第四章　刘　红　胡胜龙

第五章　喆　儒　田东霞　谢文心　聂静怡
虎恩鹏

第六章　张丽君　吴　凡　张　茜

第七章　杨　丹

FOREWORD 前言

中国一直重视与周边国家的经济合作。2012年11月，党的十八大报告明确提出了“和平、发展、合作、共赢”的外交方针与政策，并强调要让中国的发展成果惠及周边。① 2017年10月，党的十九大报告提出要“推动建设相互尊重、公平正义、合作共赢的新型国际关系……促进贸易和投资自由化便利化，推动经济全球化朝着更加开放、包容、普惠、平衡、共赢的方向发展”，强调亲诚惠容的理念和与邻为善、以邻为伴的周边外交方针，积极促进“一带一路”国际合作，打造国际合作新平台。

21世纪以来，随着经济全球化和区域经济一体化的迅猛发展，我国与毗邻国家的跨境经济合作区（简称“跨合区”）作为区域经济合作的一种新兴发展模式获得了快速发展，成为我国与邻国开展跨境经济合作的重要平台。2013年，习近平主席提出了“一带一路”合作倡议，得到了沿线国家的高度关注和认同。跨境经济合作区作为沿边地区推进“一带一路”的重要经贸合作平台，迎来了前所未有的对外开放发展机遇。“一带一路”倡议的提出，改变了对外开放的地理格局，使原本处于对外开放边缘的内陆边疆地区变成了对外开放的前沿地带，为沿边地区开辟了对外开放新道路；为响应“一带一路”倡议，国家陆续出台相关文件，进一步明确了沿边地区在“一带一路”建设中的战略地位，为沿边地区加快跨境经济合作提供了制度保障；“一带一路”倡议将推动我国沿边地区产业结构调整，加快经济社会发展，为推进跨合区建设提供重要支撑；“一带一路”建设将大幅改善沿边地区基础设施内联外通条件，为跨合区发展注入动力；“一带一路”倡议必将拓宽跨境经济合作领域，加快跨境资本、人才、信息等要素流动、集聚，带领跨境经济合作向纵深发展。

---

① 黄江．对建设我国陆地周边邻国跨境经济合作区的几点思考［J］．武汉大学学报（哲学社会科学版），2013，66（6）：135－140.

2015年10月，党的十八届五中全会审议通过了《中共中央关于制定国民经济和社会发展第十三个五年规划的建议》，提出要完善对外开放战略布局，推进双向开放，提高边境经济合作区、跨境经济合作区发展水平。2016年国务院印发的《关于支持沿边重点地区开发开放若干政策措施的意见》指出，重点开发开放试验区、沿边国家级口岸、边境城市、边境经济合作区和跨境经济合作区等沿边重点地区是我国深化与周边国家和地区合作的重要平台，是沿边地区经济社会发展的重要支撑，是落实“一带一路”建设的重要措施。

在国家的大力支持下，在地方政府的积极响应下，从东北、西北到西南的沿边地区掀起了建设跨境经济合作区、打造国际经济合作新平台的浪潮。目前我国正式批准设立的跨境经济合作区只有1个，即中哈霍尔果斯国际边境合作中心。依托沿边17个边境经济合作区和7个重点开发开放试验区，边疆省区和边境城市积极推进跨境经济合作区建设，如云南的中缅瑞丽—木姐、中老磨憨—磨丁和中越红河—老街3个跨境经济合作区，广西的中越凭祥—同登、东兴—芒街、龙邦—茶岭3个跨境经济合作区，内蒙古的中蒙二连浩特—扎门乌德、中蒙俄满洲里跨境经济合作区，黑龙江的中俄绥芬河—波格拉尼奇内跨境经济合作区，等等。这些跨境经济合作区进展如何？建设和发展中面临哪些困难和阻碍？在习近平新时代中国特色社会主义思想的指引下，应如何进一步推进跨合区建设？这些问题，还没有令人满意的答案。

撰写《中国跨境经济合作区进展报告（2018）》（以下简称《报告》），是从现阶段跨境经济合作对我国积极促进“一带一路”国际合作，推动建设相互尊重、公平正义、合作共赢的新型国际关系的重要性出发，通过对跨境经济合作区建设和发展的最新情况进行梳理与分析，厘清跨境经济合作区发展的整体情况、建设效果、扶持政策等，发现跨境经济合作区发展中面临的主要障碍，为进一步推进跨境经济合作区建设提供政策参考及数据支持，同时也为相关领域的研究者提供基础信息。

本《报告》认为，在“一带一路”倡议下，跨境经济合作区发展既面临机遇，又需要应对挑战。地缘经济政治的特殊性和国家间制度的差异性使中国在跨境经济合作区建设中，与周边国家信息沟通和制度协调的效率不高；国家和地方支持跨境经济合作区的一系列政策在具体落实过程中还存在执行不畅的情况，跨合区实际享受的政策还比较有限；我国边境城市普遍经济发展水平不高、工业化水平低、产业结构单一，对跨境经济合作支撑能力有限；边境城市的基础设施建设相对滞后，不能完全满足“一带一路”建设对跨境经济合作的要求。

把握机遇、应对挑战，是跨境经济合作区面临的新任务、新目标。鉴于我国跨境经济合作区的实际情况，《报告》认为应抓住当前“一带一路”建设的历史机遇，将跨境经济合作区的建设和发展提升到国家层面的战略高度上，将跨合区打造成“一带一路”国际合作的重要平台、窗口和示范区。要进一步加强顶层设计，通过明确政策细则、设立PPP专项基金、鼓励东西合作、加强建设与周边国家的协调机制等，完善跨合区制度体系；充分利用财政资金，并借助社会资本、国际组织等，加快打造边境城市内通外联的立体交通体系和物流运输网络，加强基础设施互联互通；根据边境城市区位、边境贸易结构的特点，在跨合区培育具有比较优势和较强国际竞争力的产业集群；大力推进边境地区城市化建设，实现工业化和城市化相互推动的良性循环；逐步拓宽跨境合作范围，在能源、农业、旅游、教育、环保、文化、科研、反恐等领域开展全方位的跨境合作。

本《报告》分为一个总报告和一个分报告，共七章。总报告（第一章），主要展示了我国跨境经济合作区建设背景、整体发展概况，总结了国家相关扶持政策，分析了跨境经济合作区面临的机遇和挑战。分报告（第二章至第七章）依次展示了新疆霍尔果斯，广西东兴—芒街、凭祥—同登，云南瑞丽—木姐，内蒙古二连浩特—扎门乌德、满洲里这6个跨境经济合作区建设概况、跨境经济合作的主要内容、地方相关扶持政策、推进跨合区建设的思路等。

CONTENTS 目录

第一章　跨境经济合作区进展总报告

2013 年 9 月和 10 月，习近平主席访问中亚和东南亚国家期间，先后提出了共同建设“丝绸之路经济带”和“21 世纪海上丝绸之路”的重大倡议，受到国际社会的高度关注。2016 年，中国发布了《中华人民共和国国民经济和社会发展第十三个五年（2016—2020 年）规划纲要》，明确提出要“加强内陆沿边地区口岸和基础设施建设，开辟跨境多式联运交通走廊。发展外向型产业集群，形成各有侧重的对外开放基地。加快海关特殊监管区域整合优化升级，提高边境经济合作区、跨境经济合作区发展水平”。2016 年，国务院印发《关于支持沿边重点地区开发开放若干政策措施的意见》（以下简称《意见》）。《意见》指出，重点开发开放试验区、沿边国家级口岸、边境城市、边境经济合作区和跨境经济合作区等沿边重点地区是我国深化与周边国家和地区合作的重要平台，是沿边地区经济社会发展的重要支撑，是落实“一带一路”建设的重要措施。

目前国家正式批复了 1 个跨境经济合作区，即中哈霍尔果斯国际边境合作中心。广西东兴—芒街、凭祥—同登跨境经济合作区，云南瑞丽—木姐、河口—老街跨境经济合作区，内蒙古二连浩特—扎门乌德、满洲里跨境经济合作区等也正在积极建设中。这些跨境经济合作平台的建立、发展和完善对推进“一带一路”建设和构筑繁荣稳定的祖国边疆意义重大。

一、跨境经济合作区建设背景

随着我国对外开放的格局逐渐由沿海地区扩展到沿边地区，国家出台了一系列创新举措，支持地方政府将早期的边境经济合作区发展为沿边重点开发开放试验区和跨境经济合作区，不断探索沿边开放的新模式。

（一）沿边开发开放概况

我国陆路边界长达 2. 2 万千米，跨越广西、云南、西藏、新疆、内蒙古等 9 个边疆省区，北至黑龙江漠河，南至广西东兴，与俄罗斯、蒙古国、哈萨克斯坦、越南等14个国家接壤。1992年，我国批准了黑龙江省黑河市、吉林省珲春市、内蒙古自治区满洲里市、新疆维吾尔自治区伊宁市、云南省瑞丽市、广西壮族自治区凭祥市等14个沿边开放城市，并对应成立了14个边境经济合作区。① 由此，我国对外开放格局由沿海拓展至沿边。2006年，我国又成立了第一个跨境经济合作区——中哈霍尔果斯国际边境合作中心，沿边开放的平台从边境经济合作区开始向跨境经济合作区转变。2012年开始，为推进跨境经济合作，国家又陆续批准了广西东兴、凭祥，云南瑞丽、磨憨，内蒙古满洲里、二连浩特，黑龙江绥芬河—东宁共7个沿边重点开发开放试验区。

沿海、沿边和内陆是中国对外开放的三大主线，而沿边开放对于加快对外开放具有举足轻重的作用。改革开放以来，我国沿海开放取得了举世瞩目的辉煌成就，与此同时，在东部地区的带动下，内陆地区也进入了对外开放的快车道，但沿边开放的步伐始终落后于全国，逐渐成为我国对外开放的"瓶颈"。沿海的珠三角、长三角、环渤海等地区，不仅带动了本地区的经济发展，还成为全国最主要的经济增长极；重庆、武汉等内陆城市也逐渐显现出聚集和带动效应；但沿边地区缺乏能够引领经济增长的中心城市，普遍存在基础设施落后、产业结构单一、整体经济发展水平不高、经济增长动力匮乏等问题，经济社会发展水平远远滞后于沿海地区，也明显落后于内陆地区。

改革开放以来，我国政府在加快沿边开放方面不断创新举措，除了设立边境经济合作区和跨境经济合作区，还积极推进兴边富民行动，发展边境小额贸易、边民互市贸易等。然而经济发展的现实表明，沿边开放的不仅远不如沿海开放，与内陆开放的差距也较为明显。随着我国对外开放的逐步深化，沿边地区扩大开放、深化与周边国家交往合作、加快经济建设的需求也越来越迫切。在这样的背景下，加快推进跨境经济合作区建设，提升沿边地区与周边国家的合作水平，加快沿边地区的经济社会发展，既是边疆地区的深切希望，也是我国进一步扩大开放的必然要求。

（二）跨境经济合作主要平台

边境经济合作区和重点开发开放试验区，都是为了进一步扩大开放，贯彻落实西部大开发战略，顺应"一带一路"倡议要求，加强我国沿边地区对外开放力度，促进沿边地区经济社会发展和边疆地区稳定，深化中国与周边国家各领域交流与合作而提出的国家级区域性支持政策。根据目前的现实情况，跨境经济合作区将是未

① 后增加到17个边境经济合作区，见表1-1。

来对外开放的最主要平台，边境经济合作区、重点开发开放试验区将成为推进跨境经济合作区建设的重要基础。

1．边境经济合作区的发展情况

边境经济合作区是指在中国沿边开放城市内设立的，以吸引内地企业投资为主，面向周边国家出口的加工出口区域。其成立的初衷是利用沿边开放城市特殊的区位优势，内引外联，双向开放，在区内吸引内陆地区的投资，发展面向毗邻国家市场的出口加工业，加速沿边开放地区的工业化进程，并带动沿边地区经济全面发展。按照国家政策规定，边境经济合作区可在一定权限范围内，自行审批边贸、加工、劳务合同及外商投资项目；边境开放城市的外商投资企业所得税按24%税率征收；允许毗邻国家投资商在其投资总额内用生产资料或其他物资、器材等实物作为投资资本，这部分货物可按国家有关边贸的规定销售，并减半征收进口关税和工商统一税；边境经济合作区内的外商投资企业在毗邻国家易货所得，可自行销售，进口时减半征收环节税。①

为加快沿边地区对外开放，加强与周边国家的经贸合作，繁荣沿边地区经济，国务院于1992年、1993年先后批准在内蒙古满洲里、二连浩特，辽宁丹东，黑龙江黑河、绥芬河，吉林珲春，广西凭祥、东兴，云南瑞丽、畹町、河口，新疆伊宁、博乐、塔城设立了14个国家级边境经济合作区。2011年9月，国务院又批准在新疆维吾尔自治区增设吉木乃边境经济合作区。2013年9月，国务院批准在云南省临沧市设立边境经济合作区，实行现行的边境经济合作区政策。2015年3月，国务院批准在吉林省延边州和龙市设立边境经济合作区，拓展对朝经贸合作。至此中国累计批准设立了17个边境经济合作区（见表1-1）。

表1-1　国家级边境经济合作区简况表

地区	名称	批准时间	面积（平方千米）	主导产业
内蒙古自治区	满洲里边境经济合作区	1992年9月	79	木材加工、商贸、仓储物流
	二连浩特边境经济合作区	1993年6月	49.75	木材加工、矿产品加工、农畜产品加工、建材、仓储物流
辽宁省	丹东边境经济合作区	1992年7月	6.3	船舶制造、仪器仪表、汽车及零部件、软件产业

① 田光伟．边境经济合作区的功能定位［J］．中央民族大学学报，2004（6）：23-25.

续表

地区	名称	批准时间	面积（平方千米）	主导产业
吉林省	珲春边境经济合作区	1992 年 9 月	21.77	有色金属、水产品加工、纺织服装、高新技术、商贸
	和龙边境经济合作区	2015 年 3 月	4.27	服装、汽车配件、海产品加工、仓储物流
黑龙江省	绥芬河边境经济合作区	1992 年 3 月	16.5	木材加工、纺织服装、机电、商贸、仓储物流
	黑河边境经济合作区	1992 年 3 月	7.63	特色农业、石化、现代建材
广西壮族自治区	东兴边境经济合作区	1992 年 9 月	21.1	农产品加工、旅游、商贸、仓储物流
	凭祥边境经济合作区	1992 年 6 月	7.2	电子、纺织、农产品加工、医药、商贸、仓储物流
云南省	临沧边境经济合作区	2013 年 9 月	3.47	农产品加工、进出口加工、特色农业、商贸、物流
	河口边境经济合作区	1992 年 9 月	4.02	电子信息、旅游、商贸、物流
	畹町边境经济合作区	1992 年 9 月	5	汽车及零配件制造、生物医药、旅游、现代仓储物流
	瑞丽边境经济合作区	1992 年 12 月	51	进出口加工、农业、旅游、仓储物流
新疆维吾尔自治区	博乐边境经济合作区	1992 年 12 月	7.83	纺织服装、石材集控、石油化工、建材、仓储物流
	伊宁边境经济合作区	1992 年 12 月	35	生物科技、电子信息、煤化工、新型建材
	塔城边境经济合作区	1992 年 12 月	6.5	加工业、高新技术产业、商贸、仓储物流
	吉木乃边境经济合作区	2011 年 9 月	14.39	油气加工、风电设备制造、农产品加工、商贸、物流

随着边境经济合作区的设立和发展，边境城市基础设施明显改善，对外贸易显著增长，支柱产业和配套产业稳步推进，特色产业体系初步形成，带动沿边开放城市经济社会快速发展，兴边富民效果显著，同时促进了与周边国家和地区的经贸交流。2014 年，当时设立的 16 个边境经济合作区（和龙边境经济合作区于 2015 年 3 月设立）实现地区工业总产值 873.94 亿元，进出口贸易额 944 亿元，实际利用外资

27.73亿元。[①]

但受到地缘政治经济影响，加上边境城市自身发展基础薄弱，边境经济合作区基础设施缺口较大，产业体系不够健全，特色优势不够突出，经济总量仍然较弱，对外开放整体水平与东部沿海发达地区相比差距较大。随着“一带一路”倡议和沿边开放战略的深入实施，沿边开放城市转变为对外开放的前沿，继续深化跨国经贸合作，建设新的跨境合作平台，是进一步响应“一带一路”倡议，完善我国对外开放战略布局的迫切要求。

2. 重点开发开放试验区的发展情况

重点开发开放试验区是我国政府提出的一个政策创新区域。2012年7月，国务院正式批准了广西东兴、云南瑞丽、内蒙古满洲里重点开发开放试验区建设实施方案。国家发展改革委对首次获批的重点开发开放试验区提出具体的建设目的。东兴试验区的建设目标是，成为深化我国与东盟战略合作的重要平台、沿边地区重要的经济增长极、通往东南亚国际通道的重要枢纽和睦邻安邻富邻示范区。瑞丽试验区的建设目标是，建设成为中缅边境经济贸易中心、西南开放重要国际陆港、国际文化交流窗口、沿边统筹城乡发展示范区和睦邻安邻富邻示范区。满洲里试验区的建设目标是，成为沿边开发开放的排头兵、欧亚陆路大通道重要的综合性枢纽、沿边地区重要的经济增长极、边疆民族地区和谐进步的示范区。[②]

重点开发开放试验区的主要任务是：一是发挥先行先试的优势，积极推进边境管理、财税金融管理、跨境合作、土地管理、行政及人才管理等体制机制创新，为加快发展提供有力保障。二是拓展国际交流合作，提高对外贸易水平，推进全方位、宽领域、多层次对外开放。三是把基础设施建设放在优先位置，加强国际综合运输通道、国际航运、国际物流体系、口岸设施、城市基础设施建设。四是充分利用两个市场、两种资源，加快特色优势产业发展，增强试验区自我发展能力。五是坚持统筹城乡发展，加快城镇化和新农村建设，深入推进兴边富民行动，保障和改善民生。六是加强生态建设和环境保护，加强资源集约节约利用，严格控制落后产能和低水平重复建设。[③]

---

① 两部门有关负责人就《国务院关于支持沿边重点地区开发开放若干政策措施的意见》接受央媒采访［EB/OL］. 中国政府网，［2016-01-12］. http：//www.gov.cn/zhengce/2016-01/12/content_5032274.htm.

② 发展改革委：我国启动重点开发开放试验区建设［EB/OL］. 中国政府网，［2012-08-17］. http：//www.gov.cn/jrzg/2012-08/17/content_2206113.htm.

③ 发展改革委：我国启动重点开发开放试验区建设［EB/OL］. 中国政府网，［2012-08-17］. http：//www.gov.cn/jrzg/2012-08/17/content_2206113.htm.

2014 年，国务院正式批准设立内蒙古二连浩特重点开发开放试验区，要求把试验区建设成为我国向北开放国际通道的重要枢纽、深化中蒙战略合作的重要平台、沿边地区重要的经济增长极和睦邻安邻富邻示范区。2015 年，国务院批准了云南勐腊（磨憨）重点开发开放试验区，要求把试验区建设成为中国老挝战略合作的重要平台、联通我国与中南半岛各国的综合性交通枢纽、沿边地区重要的经济增长极、生态文明建设的排头兵和睦邻安邻富邻的示范区。2016 年，国务院正式批准设立黑龙江绥芬河—东宁重点开发开放试验区，并提出要把试验区建设成为中俄战略合作及东北亚开放合作的重要平台、联通我国与俄罗斯远东地区的综合性交通枢纽、沿边地区重要的经济增长点、睦邻安邻富邻的示范区，形成沿边开发开放可复制、可推广的经验。同年，国务院正式批准设立广西凭祥重点开发开放试验区，并要求把试验区建设成为中越全面战略合作的重要平台、中国—东盟自贸区升级版的先行区、西南沿边经济发展的增长极、桂西南新的区域经济中心、睦邻安邻富邻的示范区和沿边开发开放的排头兵。至此，全国共设立 7 个国家沿边重点开发开放试验区（见表 1 –2）。

表 1 –2　国家沿边重点开发开放试验区简况

地区	试验区名称	设立时间	规划面积（平方千米）
广西	东兴重点开发开放试验区	2012 年 7 月	1279
	凭祥重点开发开放试验区	2016 年 8 月	2028
云南	云南瑞丽重点开发开放试验区	2012 年 7 月	1040
	云南磨憨重点开发开放试验区	2015 年 7 月	4500
内蒙古	满洲里重点开发开放试验区	2012 年 7 月	732
	二连浩特重点开发开放试验区	2014 年 6 月	4015
黑龙江	绥芬河—东宁重点开发开放试验区	2016 年 4 月	1284

重点开发开放试验区是进一步响应“一带一路”倡议号召、提高沿边开放水平、深化中国与周边国家各领域交流与合作的需要，也是继续推进西部大开发战略、加快沿边地区经济社会全面发展、维护边疆地区稳定繁荣的区域性扶持政策。重点开发开放试验区对于推进跨境经济合作具有极其重要的现实意义。

二、跨境经济合作区概况

跨境经济合作区是由毗邻两国的或多国的政府共同推动，在毗邻国家边境地区各自划定的区域范围内，以次区域合作为框架设立管理机构与协调机制，建立的具有“两国一区、境内关外、封闭运作、协调管理”特点，且享有出口保税区、加工区、自由贸易区等特殊优惠的区域。① 跨境经济合作区内生产的商品能够更加便利地进入对方市场和第三国市场，因此跨境经济合作区比传统的边境经济合作区、重点开发开放试验区更能广泛利用两个或多个国家的资源，实现共赢。

（一）跨合区发展情况

近年来，位于沿边开放前沿的省区不断发出呼声，要求加快推进跨境经济合作区建设。2005 年起，云南省提出要加快推进中缅瑞丽—木姐、中老磨憨—磨丁和中越红河—老街 3 个跨境经济合作区的建设。2007 年，广西与越南签订了合作协议，计划建设凭祥—同登、东兴—芒街、龙邦—茶岭 3 个经济合作区。目前我国的跨境经济合作区大致可以分为三类：第一类是国务院正式批准的跨境经济合作区，目前仅有中哈霍尔果斯国际边境合作中心。第二类是沿边省区在整合各类跨境合作平台，包括边境经济合作区、重点开发开放试验区和（或）保税区的基础之上，推进建设的跨境经济合作区，如广西东兴—芒街跨境经济合作区。这类跨合区已建设多年，正逐渐过渡到成熟期，同时正在积极申请国家的正式批复。第三类是在边境经济合作区的基础上，沿边省区支持建设的跨境经济合作区。与第二类的区别主要在于，这类跨合区大多处于建设初期，边境城市的经济社会总体发展水平还不是很高，如云南河口—老街跨境经济合作区。在我国与邻国的共同努力下，跨境经济合作区正在迅速崛起，呈现良好的发展势头。

1. 中哈霍尔果斯国际边境合作中心发展概况

中哈霍尔果斯国际边境合作中心是我国首个与其他国家建立的跨境经济合作区。霍尔果斯口岸是我国西部最大的陆路口岸，位于新疆维吾尔自治区伊犁哈萨克自治州内，与哈萨克斯坦的阿拉木图州相邻，是古丝绸之路上一个已有百年通商历史的重要驿站。霍尔果斯具有建立边境贸易区的天然地缘优势，该区域横跨两国边境线且整体封闭，中间以通道连接，向东可辐射到整个欧亚大陆 80% 的地区，向西可以连接独联体国家和中亚各国，并且能够进入中东和西亚地区。②

2003 年，在中哈边境适合的区域建立自由贸易区的构想获得了中哈两国领导人的高度关注。2004 年 9 月，中哈两国政府签订了《关于建立中哈霍尔果斯国际边境合作中心的框架协议》。2005 年 7 月，在时任中国国家主席胡锦涛参加上海合作组

---

① 马博．中国跨境经济合作区发展研究［J］．云南民族大学学报（哲学社会科学版），2010，27（4）：117－121.

② 邓利娟．建立厦金跨境经济合作区问题探讨——借鉴中哈霍尔果斯跨境自贸区模式［J］．福建论坛：人文社会科学版，2015（11）：166－171.

织阿斯塔纳峰会期间，中哈两国政府签署了《中哈霍尔果斯国际边境合作中心管理活动的协定》。2006 年 3 月，国务院下发《关于中国—哈萨克斯坦霍尔果斯国际边境合作中心有关问题的批复》，对合作中心及配套区的功能定位、优惠政策等方面作出了明确的批复，[①] 由此合作中心的建设进入实质性阶段。经过多年筹建，中哈霍尔果斯国际边境合作中心于 2011 年 9 月正式开业，标志着我国第一个跨境经济合作区正式成立。

中哈霍尔果斯国际边境合作中心采用的是“跨国经济合作开发区”“边境自由贸易区”2 种经济合作模式。在该中心实行封闭式管理，总面积为 5. 28 平方千米，其中中方区域 3. 43 平方千米，哈方区域 1. 85 平方千米。其主要功能是贸易洽谈、商品展示和销售、仓储运输、宾馆饭店、商业服务设施、金融服务，以及举办各类区域性国际经贸洽谈会等。目标是建设成为中亚和上海合作组织区域的投资自由、贸易自由、人员出入自由、高度开放的综合性国际贸易中心。[②]

同时，国务院批复同意在中心以南 1 千米处建立中方配套区域，作为支撑中心发展的产业基地。配套区域规划面积为 9. 73 平方千米，主要功能为出口加工、保税物流、仓储运输。配套区的政策比照珠澳跨境工业区珠海园区的税收、外汇等相关政策，功能定位和管理模式执行。主要税收政策为境外货物入区保税；货物出区进入境内按货物进口的有关规定办理报关手续；境内区外货物入区视同出口，办理出口报送手续，实行退税；区内企业间的货物交易不征收增值税和消费税。[③]

霍尔果斯国际边境合作中心的建立极大地促进了跨境贸易、跨境旅游、跨境金融的发展。跨境贸易方式多样化，除了大宗商品贸易活动外，边民互市、边境小额贸易成交额迅速增长，2017 年，霍尔果斯实现通关贸易额 385. 67 亿元（不含天然气），同比增加 146. 14 亿元，增长 61. 0%。贸易主体也呈现多样化的趋势，交易范围也从原来的生活资料扩大到生活资料与生产资料并存的状况，为夯实“一带一路”倡议打下了坚实的基础。

2. 东兴—芒街跨境经济合作区发展概况

自 1992 年广西东兴边境经济合作区获得国家批复之后，地方政府在此基础之上，一直在积极推动中国东兴—越南芒街跨境经济合作区的发展。长期以来，立足

① 宋建华. 新疆跨境经济合作区——中哈霍尔果斯国际边境合作中心发展态势与政策创新［J］. 东南亚纵横，2013（10）：42－45.

② 吕珂，胡列曲. 跨境经济合作区的功能［J］. 学习与探索，2011（2）：148－150.

③ 中哈霍尔果斯国际边境合作中心简介［EB/OL］. http：//leaders. people. com. cn/n/2013/0220/c355955－20540135. html.

于自身的区位优势，东兴一直致力于加强与越南芒街的经贸合作，深化中越两国在各个领域的交流与合作。为充分发挥东兴与芒街的地缘优势，主动融入泛北部湾区域经济和多区域合作，2006 年起，东兴和芒街轮流在两地举办中越边境商贸旅游博览会，每次都吸引了众多浙江、广东、贵州等地以及越南中南部地区的商客前来参会，影响力不断扩大，为东兴和芒街两市进一步深化合作与交流搭建了良好的平台。

2007 年，东兴和芒街共同签署了《中国东兴—越南芒街跨境经济合作区的框架协议》，以借助跨境经济合作区这一更高级别的平台，深化东兴和芒街、中国和越南之间的各领域合作。中越两国根据该协议，在各自的边境范围内划出一部分地区作为中国东兴—越南芒街跨境经济合作区的规划区域，双方拟着重在基础设施建设、加快经济结构优化调整、优化投资环境、加大招商引资力度、技术研发、促进贸易和投资便利化、开展社会文化事业、加强环境保护与司法互助等多个方面加强合作。2010 年 9 月，中国广西壮族自治区和越南广宁省在中越东兴—芒街跨境经济合作区研讨会上达成共识，签署《共同推进建立中国广西东兴—越南广宁省芒街跨境经济合作区协议》，跨合区建设自此进入具体的运作阶段。该协议确定跨境经济合作区将着重开展包括基础设施建设，贸易、旅游和投资，产业、金融，社会文化，环境保护，司法互助以及其他双方共同关心领域的合作。

2012 年 7 月，国务院批复的《东兴重点开发开放试验区建设方案》提出“在条件成熟时，根据中越双方达成的共识，研究建设中越跨境经济合作区”。这标志着东兴—芒街跨境经济合作区的建设由地方层面上升为国家战略层面。随后，东兴—芒街跨境经济合作区作为东兴国家重点开发开放试验区三大启动项目之一正式启动建设。2013 年 10 月，李克强总理访问越南期间，中国商务部和越南工贸部共同签署了《关于建设跨境经济合作区的谅解备忘录》，跨境经济合作区进入加速建设阶段，一批基础设施项目先后开工建设。①

东兴—芒街跨境经济合作区规划总面积 23. 44 平方千米，其中中方园区规划面积 9. 94 平方千米，越方园区规划面积 13. 5 平方千米。跨合区目前已经在多个项目上取得了突破。在跨境劳务合作方面，自 2015 年启动境外边民入境务工试点以来，截止到 2018 年 7 月，办理用工资格企业达 111 家，20 家人力资源公司取得跨境劳务服务经营资质，实现务工 71125 人次，其中持有务工证件的有 4746 人，在边民互市贸易区灵活务工 66379 人次。在跨境自驾游方面，2016 年 11 月，东兴—芒街跨境

① 何文聪. 中越跨境经济合作区建设问题及对策研究——以中越东兴—芒街跨境经济合作区为例 [J]. 市场论坛，2016 (9)：25 -28.

自驾游常态化开通，2018年6月，中越双方就延长东兴—芒街跨境自驾车旅游线路达成协议，同意开通中国桂林—越南下龙黄金旅游线跨国自驾游，目前东兴口岸每天最多可允许50辆车出境自驾前往越南，游客在越南停留的时间不能超过5天。

3. 河口—老街跨境经济合作区发展概况①

河口—老街跨境经济合作区目前主要由云南省政府和红河州政府主导推进和建设，同时正在积极申请国家正式批复。2005年9月，云南红河州政府和越南老街省人委会正式签署了《中国红河—越南老街跨境经济合作区方案》。此项目被联合国开发计划署作为GMS合作重要项目的援华项目立项，于2007年10月启动了“联合国开发计划署援助中国—越南跨境经济合作项目”。2010年6月昆交会期间正式签署的《中国云南省与越南老街省关于加快中国河口—越南老街跨境经济合作区建设合作的框架协议》，是关于中国河口—越南老街跨境经济合作区建设的纲要性协议，标志着双方在跨境经济合作区建设上迈出了关键性步伐。2017年11月，在中国习近平总书记和越南阮富仲总书记的见证下，中国商务部部长钟山与越南工贸部部长陈俊英在越南河内正式签署《关于加快推进中越跨境经济合作区建设框架协议谈判进程的谅解备忘录》，双方同意在中国河口—越南老街试点建设跨境经济合作区。

河口—老街跨境经济合作区规划总面积21平方千米，其中中方区域11平方千米，越方区域10平方千米，并根据发展需要有序推进、逐步拓展实施范围。围网区经由专门通道（拟建中国坝洒—越南巴刹跨境公路大桥3座，前期先启动建设1座）连为一体。跨合区的功能定位是中越互利合作的重要平台、昆河海经济走廊的中心节点、区域性重要物流枢纽、区域性进出口加工和商贸服务基地、沿边金融综合改革试验基地、睦邻安邻富邻示范区。产业规划为加工制造业、跨境商贸、国际金融、现代物流、跨境旅游、国际会展6个方面的主导产业。结合当前的产业发展形势和需要，今后区内将增加跨境电子商务等产业。

为加快推进河口—老街跨境经济合作区建设工作，按照“边建设、边申报、边汇报、边总结，不等不靠、主动作为”的工作思路，在跨合区尚未获得中越两国政府批复前，河口县积极加大跨合区基础设施建设、产业培育、开放平台搭建力度，通过积极的努力争取云南省和国家层面的重视和支持。目前，跨合区已完成项目建设用地征迁3200亩，投入基础设施建设资金14.8亿元，完成污水处理厂、路网一期等项目建设并投入使用，供水厂、路网二期、标准化厂房等设施预计2018年年内完成。2018年4月24日，中越双方就中国坝洒—越南巴刹红河界河跨境公路大桥

① 根据调研时地方政府提供的相关资料整理。

建设事宜达成共识。

在招商引资方面，截至2018年6月，入驻跨合区的企业已达9户，2018年年底将达到15户。其中深圳惠科集团已完成7.2万平方米厂房建设，并于2017年11月投产；深圳华强、香港申艺公司等4户企业签订投资协议并将于2018年年底前开工建设；云南凯拓、深圳潮商等企业与跨合区达成合作协议，项目协议总投资31.2亿元人民币。

（二）跨境经济合作区的主要功能

跨境经济合作区作为两个国家之间高级的区域经济合作模式，区域内享受税收、金融、投资、边境贸易等方面的特殊优惠政策。它的本质是通过经济特区的方式招商引资，吸引资金、技术、人才等要素向跨合区聚集，实现经济集聚，起到经济发展的增长极作用。从中国与邻国跨境经济合作区的实际运行来看，跨合区的主要功能集中在跨境贸易、跨境加工、跨境金融与国际结算、跨境物流与跨境电商、跨境旅游这几个方面。

1. 跨境贸易

跨境贸易是跨境经济合作区的最主要功能。一方面，相邻的两个国家由于经济发展水平不同，行业竞争力不同，存在贸易保护的压力。边界作为两个国家之间的分界线，成为天然的贸易壁垒，两国的政治制度差异、贸易政策差异、语言文化差异进一步强化了边界的“屏蔽效应”。另一方面，两个国家具有不同的资源禀赋优势，相互贸易各自具有比较优势的产品能够显著促进两国经济增长。边境区作为两国距离最近的地区，加上边境两边的居民大多是跨界民族，语言相通、文化相近，具有天然的“中介效应”。

在经济全球化的时代，中介效应明显大于屏蔽效应。由于跨境经济合作区具有区位优势，其较其他高层次的经济合作，具有直接、迅速、灵活性大、主权成本低的独特优势，[①] 能够显著地增强“中介效应”、弱化“屏蔽效应”，促进两国之间的经济合作。其中促进贸易投资便利化是跨合区的核心功能。

中哈霍尔果斯国际边境合作中心建立以来，积极推进口岸建设。2010年10月，霍尔果斯铁路口岸正式开工建设，2011年12月与哈萨克斯坦铁路完成接轨，2013年开始试运行，2016年6月，该口岸正式对外开放。随着中欧班列的开通，霍尔果斯成为新亚欧大陆桥第二条通道的重要节点。此外，霍尔果斯强化通关便利化举措，

① 徐驰．跨境经济合作理论与中国参与图们江跨境经济合作研究［D］．北京：外交学院，2008.

推进农产品绿色通道建设，对企业实行“先预约、先通关”模式，运用非侵入式查验手段，实现随到随验；深化通关一体化改革，实现通关作业无纸化；深入推进汇总征税和电子支付，做到快速通关。2017 年，霍尔果斯实现进出口货运量近 3000 万吨，贸易额 1106 亿元，占新疆关区的 58.6%。

2. 跨境加工

跨境经济合作区依托不断升温的边境贸易、不断改善的区位条件和交通条件、不断完善的产业支撑体系，大力发展加工贸易和进出口加工基地建设，变“通道经济”为“加工经济”，加工制造业正逐渐成为跨合区的支柱产业。

加工贸易是指经营企业进口全部或者部分原辅材料、零部件、元器件、包装物料，经过加工或者装配后，将制成品复出口的经营活动，包括来料加工和进料加工。在改革开放之初，我国东部沿海地区通过大力发展加工贸易，加速完成工业化进程，并逐步建立起有国际竞争力的产业体系。尽管 1992 年我国就确定了沿边地区开发开放政策，但边疆地区深处内陆，发展加工贸易不具有区位优势和成本优势，沿边地区加工贸易的发展始终不尽如人意。

但“一带一路”倡议的提出和推进，让沿边地区迎来了发展加工贸易的历史机遇。一方面，东部沿海地区生产成本上升，加工贸易企业迫切需要向西部地区转移，寻找成本更低的生产区位；另一方面，随着我国西部地区重大基础设施建设的加快以及与“一带一路”沿线国家基础设施的联通，沿边开放地区内联外通的交通条件不断改善，区位条件显著优化，对东部地区加工贸易企业的吸引力逐渐增强。2017 年 7 月，香港广利通集团有限公司在东兴—芒街跨境经济合作区（中方园区）建设指挥部签订高新科技园和电子商城项目投资入园协议，标志着首个加工贸易产业项目在东兴—芒街跨合区正式落地。项目建成投产和运营后，年产值将达到近 30 亿元，年税收将超过 2000 万元，带动就业超过 4000 人。①

此外，沿边开放城市积极利用毗邻“一带一路”国家的区位优势，吸引国内企业在跨境经济合作区投资建厂，建设发展面向“一带一路”市场的出口加工基地。2013 年，重庆银翔摩托车集团有限公司开始在瑞丽投资兴建摩托车制造基地，项目投资 26 亿元左右，年组装 100 万辆摩托车。中国摩托车产能过剩，而缅甸对摩托车需求量大，瑞丽银翔生产摩托车具有显著的成本优势，在缅甸市场极具竞争力。2016 年，瑞丽市生产摩托车近 75 万辆，绝大多数出口到缅甸。

① 中国东兴—越南芒街跨境经济合作区首个加工贸易产业项目落地［EB/OL］. 防城港市人民政府门户网站，［2017 - 07 - 07］. http：//www. fcgs. gov. cn/zxzx/syqzc/jj/201707/t20170714_ 43624. html.

沿边开放地区还可以利用毗邻国外原材料市场的区位优势，积极吸引国内企业在跨境经济合作区投资建厂，建设发展面向国内市场的进口产品加工基地。内蒙古满洲里市利用俄罗斯木材资源丰富的优势，从2003年就开始建设进口木材加工基地。2017年，满洲里市进口木材1273万立方米，价值110多亿元，同比增长20.5%，落地交付844万立方米，木材企业精深加工比例达55%，实现产值10亿元。同时，满洲里市积极引导木材加工企业进行产业升级，2017年装配式木结构建筑生产企业增至12家，生产规模达到100万平方米，获评国家级装配式木结构建筑示范市。①

3. 跨境金融与国际结算

跨境经济合作区内欣欣向荣的跨境贸易以及不断增长的跨境加工业激发了跨境金融和国际结算的发展和创新。跨合区内的贸易企业和加工企业开展进口业务有外币融资的需求，开展出口业务有进行结算的需求，在跨合区内建立相应的金融机构能够为企业提供更方便、迅捷的金融服务，降低企业生产经营成本，促进贸易和投资，加快跨合区发展。

现有的结算体系已不能满足跨合区内贸易和加工业发展的需要。外方企业需要先将外币换成美元，购买中方企业商品并支付给中方企业美元，然后中方企业再将美元兑换成人民币，整个交易过程货币需要经过两次兑换，成本高。目前，各个跨境经济合作区纷纷探索建立人民币与外币直接结算体系，既方便了企业交易，又降低了企业结算成本。2013年7月，东兴市成为全国第二个试点、边境开放城市中第一个试点个人跨境人民币结算的城市，境内外自然人凭个人身份证即可办理个人边境贸易人民币结算。人民币直接结算不仅方便了个人，还促使贸易商从“地摊银行”转向正规金融机构，促进了金融市场健康发展。东兴市人民币直接结算体系的建立极大地促进了边民互市贸易的发展。2017年，东兴市跨境人民币结算实现362.4亿元，增长28.2%；个人跨境人民币结算264.8亿元，增长94.3%。

跨境经济合作区实行的是“境内关外”的管理制度，有助于跨合区内金融机构进行跨境人民币的创新业务，且不受国内金融体系的束缚。如2013年中哈霍尔果斯国际边境合作中心获批设立全国首个“境内关外”跨境人民币创新金融业务试验区。跨合区内的银行开办的人民币存贷款业务，利率可参照境外金融市场利率确定；境外机构在合作中心银行开立的人民币结算账户，可存放定期存款；合作中心内中方注册企业的人民币境外融资不设定额度上限，企业可根据自身需求自主决定融资

① 数据来源于《满洲里市2018年政府工作报告》和《满洲里市2017年国民经济和社会发展统计公报》。

规模。在合作中心注册的企业，既可以开设传统的人民币结算账户，也可以开设离岸账户，该账户的资金划拨、调度均按照国际规则进行，不受国内管理框架限制，两个账户之间可以实现资金划拨与流转。

4. 跨境物流与跨境电商

跨境贸易的蓬勃发展也催生了跨境物流和跨境电商在跨境经济合作区内的发展壮大。我国与周边邻国的贸易产品在各自国内的市场上都具有相当强的竞争力。我国向东南亚国家出口的生活日用品、手机、摩托车、机械设备等都非常受欢迎，而东南亚国家的榴梿、牛油果、火龙果、水产品、木薯粉等在我国市场上也供不应求。

作为东盟的"桥头堡"，凭祥位于中国和中南半岛的中心。2018 年，凭祥市商贸物流业发展蒸蒸日上并积极进行升级，原本位于深圳的捷递集团中国总部迁移到了凭祥综合保税区，富士康"准时达"绿色物流中心也在综保区落户。珉丰、华泰和捷递等陆路集装箱枢纽工程暨保税物流项目也得到了更多支持，新开通了青岛—凭祥—越南、广州—河内、仁川—胶州—凭祥、中国—东盟铁路冷链等班列，加快打造凭祥直通胡志明市、曼谷、吉隆坡等地区的中国—东盟物流枢纽基地。

凭祥是我国通往东盟地区最便捷的陆路通道，依托区位优势，凭祥积极发展跨境电商产业。从 2013 年开始，在阿里巴巴发布的"中国电子商务发展百佳县"中，凭祥连续 4 年上榜。2017 年，广西凭祥综合保税区正式投入使用，同时成立了我国西南地区第一家沿边地区跨境电商监管中心。2017 年 9 月，中国—东盟（凭祥）电商产业园正式挂牌成立，它具有 6 大核心功能——跨境人民币结算中心、实体交易展示中心、电商运营中心、创业孵化中心、跨境电子商务交易平台、物流配送中心，它的成立意味着凭祥从传统经济发展转变成电子商务发展。2017 年，凭祥市有超过 300 家电商企业，年总营业额超过 50 亿元。

5. 跨境旅游

沿边开放城市发展旅游业具有得天独厚的优势。一是边境地区大多工业化程度不高，生态环境好，有优美的自然景观资源；二是边境地区大多位于少数民族地区，具有丰富的民族文化资源；三是边境口岸是重要的出入境通道，具有发展跨境旅游的独一无二的优势。跨境经济合作区的建立，使跨境旅游成为边境地区的重要产业，极大地带动了边境地区的就业，促进了边境地区经济发展和社会和谐稳定。

中国和哈萨克斯坦于 2012 年签约，同意双方共同投资开发边境旅游和哈萨克斯坦传统民族旅游项目。项目位于中哈霍尔果斯国际边境合作中心的哈方区域，占地 75 亩，该项目也是新疆地区首个边境旅游项目。合作中心多次与哈萨克斯坦旅游公司进行洽谈，邀请哈方公司赴霍尔果斯考察，与中方旅行社对接。霍尔果斯与哈方旅游部门联合，在合作中心内举办中哈冰雪文化旅游节，开展冰雪旅游节开幕式、冰雕创意大赛、“相约冬季”冰上集体婚礼、中哈合作中心跨境游、冬季摄影节等系列活动。2016 年上半年，中哈霍尔果斯国际边境合作中心和边民互市共入境旅客 120 万人次，旅购金额达 17 亿元。

三、国家相关扶持政策

为了推进边境经济合作区、重点开发开放试验区和跨境经济合作区的建设和发展，1992 年沿边开放以来，国家相继出台了一系列支持沿边地区开发开放、支持跨境经济合作的政策措施。

（一）国家支持沿边开放政策概况

1992 年 3 月，国务院印发《关于进一步开放黑河等四个沿边城市的通知》，标志着我国沿边开放政策的正式提出，我国对外开放格局开始从沿海延伸到沿边，并批准了 14 个边境经济合作区。1994—2008 年，我国对沿边开放政策进行了规范和调整。2008 年以来，我国进入了新一轮沿边开放政策的实施阶段。2010 年至今，国务院批准设立了 3 个边境经济合作区和 7 个重点开发开放试验区等特殊区域，并要求相关部门在政策、资金、土地、税收等方面对其给予优惠。表 1－3 列出了 1992 年以来我国支持沿边地区开发开放的主要政策。

表 1－3　国家支持沿边开发开放的主要政策措施

年份	政策	主要内容
1992	国务院批准开放 14 个沿边城市	扩大边境开放城市发展边境贸易和对外经济合作的权限；鼓励内陆企业（包括外商投资企业）到沿边开放城市投资；批准在沿边城市设立 14 个边境经济合作区
1992	国务院批准设立 14 个边境经济合作区	批准合作区进行基础设施建设所需的进口机器、设备及其他基建物资等免征进口关税和产品税，国家“八五”期间每年专项给每个合作区 1000 万元固定资产投资贷款用于建设
1994	全国人大常委会通过《对外贸易法》	第 37 条规定：“国家扶持和促进民族自治地方和经济不发达地区发展对外贸易”；第 42 条规定：“国家对边境城镇与接壤的国家边境城镇之间的贸易以及边民互市贸易，采取灵活措施，给予优惠和便利”

续表

年份	政策	主要内容
1996	国务院下发《关于边境贸易有关问题的通知》	对边境小额贸易和边民互市作了明确的界定，并在税收上给予优惠政策
1998	外经贸部发布《关于进一步发展边境贸易的补充规定的通知》	扩大了边民互市贸易免税的额度，继续延长对边境小额贸易的优惠，进一步明确了对边境贸易的配额管理
2001	国家外汇管理局在黑龙江、西藏、新疆和内蒙古等地区进行边境小额贸易出口核销管理试点	
2002	中国人民银行和国家外汇管理局分别发布了《关于调整外币现钞管理政策有关问题的通知》《关于我国与俄罗斯等独联体国家边境小额贸易外汇管理有关问题的通知》	对外币现钞管理和边境贸易发展进行更加灵活的管理
2006	国务院批准设立中哈霍尔果斯国际边境合作中心	我国首个跨境合作区，实行“境内关外”管理制度
2008	《国务院关于促进边境地区经济贸易发展问题的批复》	用专项转移支付替代边境小额贸易“双减半”政策，将边民互市进口免税额度提高到每人每日 8000 元人民币，扩大人民币结算办理出口退税试点，实施边境经济合作区基础设施贷款财政贴息政策，设立保税功能的跨境经济合作区，支持边境口岸建设等
2009	《国家级边境经济合作区基础设施项目贷款财政贴息资金管理办法》	财政部对国家级边境经济合作区，具体包括内蒙古、广西、云南、新疆、黑龙江、吉林、辽宁等地的基础设施项目贷款给予财政贴息的政策
2010	《关于边境地区一般贸易和边境小额贸易出口货物以人民币结算准予退（免）税试点的通知》	凡在内蒙古、辽宁、吉林、黑龙江、广西、新疆、西藏、云南登记注册的出口企业，以一般贸易或边境小额贸易方式从陆地指定口岸出口到接壤国家的货物，并采取银行转账人民币结算方式的，可享受应退税额全额出口退税政策
2011	《关于边境地区一般贸易和边境小额贸易出口货物以人民币结算准予退（免）税试点的补充通知》	自 2010 年 3 月 1 日起，出口企业以一般贸易或边境小额贸易方式从海关实施监管的边境进出口口岸出口至接壤毗邻国家的货物，采取银行转账人民币结算方式的，可享受应退税额全额出口退税政策。对确有困难不能提供结算银行转账人民币入账单的边境贸易企业，可凭签注“人民币核销”字样的收汇核销单向主管税务机关办理退税，放宽了企业限定范围

续表

年份	政策	主要内容
2012	《边境地区转移支付资金管理办法》	中央财政在年度预算中安排边境地区转移支付资金，其中，用于支持边境贸易发展和边境小额贸易企业能力建设的转移支付资金实行与口岸过货量等因素挂钩的适度增长机制。省、自治区、计划单列市财政部门可以根据本地区实际情况，安排资金与中央财政下达的转移支付资金一并使用。边境地区转移支付资金不要求县级财政配套。分配对象是有陆地边境线、存在边境小额贸易以及承担特殊边境和海洋管理事务的地区
2013	国务院印发《关于加快沿边地区开发开放的若干意见》	对试验区建设进行了全面部署，提出研究设立广西凭祥、云南勐腊（磨憨）、内蒙古二连浩特、黑龙江绥芬河（东宁）、吉林延吉（长白）、辽宁丹东重点开发开放试验区
2016	《国务院关于支持沿边重点地区开发开放若干政策措施的意见》	明确了针对重点开发开放试验区、沿边国家级口岸、边境城市、边境经济合作区和跨境经济合作区等沿边重点地区的支持政策；提出了提高投资便利化水平、推进人员往来便利化、增加中央财政转移支付规模、强化中央专项资金支持等31条具体扶持措施，涵盖改革体制机制、调整贸易结构、实施差异化扶持政策、加大财税等支持力度等8部分内容
2017	《国务院办公厅关于印发兴边富民行动“十三五”规划的通知》	国家优先支持边境地区改革创新和加快发展，出台差别化政策予以支持，进一步加大相关优惠政策对边境地区的倾斜力度。推进边境地区基础设施建设、全力保障和改善边境地区民生、大力发展边境地区特色优势产业、着力提升沿边开发开放水平等

（二）国家支持沿边重点地区开发开放的意见

为进一步支持沿边重点地区开发开放，2016年1月，《国务院关于支持沿边重点地区开发开放若干政策措施的意见》（以下简称《意见》）正式印发实施。《意见》明确了针对重点开发开放试验区、沿边国家级口岸、边境城市、边境经济合作区和跨境经济合作区等沿边重点地区的支持政策。

1.《意见》有关边境贸易的举措

边境贸易是沿边开发开放的重点领域。《意见》强调要“调整贸易结构，大力推进贸易方式转变”，并提出了3个方面的政策措施。

一是支持沿边重点地区开展加工贸易，扩大具有较高技术含量和较强市场竞争力的产品出口，对资源类商品给予进口贴息支持、在配额分配和有关许可证办理方面给予适当倾斜。二是引导服务贸易加快发展，发挥财政资金的杠杆作用，引导社会资金加大投入，支持沿边重点地区做大做强旅游、运输、建筑等传统服务贸易，逐步扩大服务外包、文化创意、电子商务等新兴服务领域出口，培育特色服务贸易企业加快发展；推进沿边重点地区金融、教育、文化、医疗等服务业领域有序开放，有序放开育幼养老、商贸物流、电子商务等服务业领域外资准入限制；外经贸发展专项资金安排向沿边重点地区服务业企业倾斜。三是完善边民互市贸易，加强边民互市点建设，修订完善《边民互市贸易管理办法》和《边民互市进口商品不予免税清单》，严格落实国家规定范围内的免征进口关税和进口环节增值税政策。

2.《意见》有关基础设施互联互通的举措

推进“一带一路”倡议的首要任务就是要加强基础设施的互联互通。沿边大部分地区的交通已经实现了内联外通，但是运输能力不高，运输效率较低，运输成本较高，还不能满足“一带一路”互联互通的要求。为提高基础设施互联互通水平，《意见》提出了4个方面的具体政策措施。

一是加快推动互联互通境外段项目建设。积极发挥丝路基金在投融资方面的支持作用，推动亚洲基础设施投资银行为互联互通建设提供支持。重点推动中南半岛通道、中缅陆水联运通道、新亚欧大陆桥、中蒙俄跨境运输通道建设。二是加快推进互联互通境内段项目建设。将沿边开放城市与我国内陆之间的联通项目优先纳入国家相关规划，进一步加大国家对项目建设的投资补助力度，加快推进项目建设进度。三是加强边境城市航空口岸能力建设。支持边境城市合理发展支线机场和通用机场，推进边境城市机场改扩建工程，加强边境城市机场空管设施建设；支持开通“一带一路”沿线国际旅游城市间航线；支持开通和增加国内主要城市与沿边旅游目的地城市间的直飞航线航班或旅游包机。四是加强口岸基础设施建设。支持在沿边国家级口岸建设多式联运物流监管中心，优先安排基础设施互联互通所涉及的口岸基础设施、查验场地和设施建设；支持国家级口岸检验检疫、边防检查、海关监管等查验设施升级改造，建立公安边防检查站口岸快速查验通关系统，开设进出边境管理区绿色通道。

3.《意见》有关促进经济合作便利化的举措

促进投资贸易和人员往来便利化是国际经济合作的重要内容。《意见》有关促进经济合作便利化的举措总体上可以概括为“一个简放、四个便利”。“一个简放”是指加大简政放权力度。进一步取消下放涉及沿边国家级口岸通关及进出口环节的行政审批事项，优化核批程序，减少审核环节；加大沿边口岸开放力度，简化口岸开放和升格的申报、审批、验收程序以及口岸临时开放的审批手续，简化沿边道路、桥梁建设等审批程序。

“四个便利”是指促进投资、贸易、人员往来和运输的便利化。一是提高投资便利化水平。扩大投资领域开放，支持具备条件的沿边重点地区借鉴上海等自由贸易试验区可复制可推广的试点经验，试行准入前国民待遇加负面清单的外商投资管理模式；落实商事制度改革，推进沿边重点地区工商注册制度便利化。

二是提高贸易便利化水平。创新口岸监管模式，通过属地管理、前置服务、后续核查等方式将口岸通关现场非必要的执法作业前推后移；在沿边重点地区有条件的海关特殊监管区域深化“一线放开”“二线安全高效管住”的监管服务改革。

三是推进人员往来便利化。下放赴周边国家因公出国（境）审批权限，在符合条件的沿边国家级口岸实施外国人口岸签证政策；加强与毗邻国家协商合作，推动允许两国边境居民持双方认可的有效证件依法在两国边境许可的范围内自由通行，对常驻沿边市（州、盟）从事商贸活动的非边境地区居民实行与边境居民相同的出入境政策。

四是促进运输便利化。加强与周边国家协商合作，加快签署中缅、中朝双边汽车运输协定议定书；推进跨境运输车辆牌证互认，为从事跨境运输的车辆办理出入境手续和通行提供便利和保障；授予沿边省（区）及边境城市自驾车出入境旅游审批权限，积极推动签署双边出入境自驾车（八座以下）管理的有关协定，方便自驾车出入境。

（三）其他国家相关扶持政策

为提升沿边地区对外开放水平，加快边境地区经济社会发展的步伐，我国还出台了一系列涉及边境小额贸易、边民互市贸易、兴边富民行动、税收、土地等领域的优惠政策。

1. 扶持发展边境小额贸易

边境小额贸易是指沿陆地边境线经国家批准对外开放的边境县（旗）、边境城市辖区内，经批准有边境小额贸易经营权的企业，通过国家指定的陆地边境口岸，与毗邻国家边境地区的企业或其他贸易机构之间进行的贸易活动。1993 年以前国家对边境贸易实行免税政策，1996 年《国务院关于边境贸易有关问题的通知》规定，边境小额贸易企业通过指定边境口岸进口原产于毗邻国家的商品，除烟、酒、化妆品以及国家规定必须照章征税的其他商品外，进口关税和进口环节增值税按法定税率减半征收、双倍抵扣；2004 年至 2008 年关税、进口环节增值税减半征收、据实抵扣。2008 年 10 月，《国务院关于促进边境地区经济贸易发展问题的批复》规定，取消边境小额贸易进口关税和进口环节增值税减半征收政策，部分上交税款由财政转移支付给予补偿。2009 年，财政部制定了《边境地区专项转移支付资金管理办法》以逐步规范边境地区专项转移支付资金管理。

2. 扶持发展边民互市贸易

1996 年《国务院关于边境贸易有关问题的通知》规定："边民互市贸易，系指边境地区边民在边境线 20 公里以内、经政府批准的开放点或指定的集市上，在不超过规定的金额或数量范围内进行的商品交换活动。边民互市贸易由外经贸部、海关总署统一制定管理办法，由各边境省、自治区人民政府具体组织实施。"当时规定，"边民通过互市贸易进口的商品，每人每日价值在人民币 1000 元以下的，免征进口关税和进口环节税；超过人民币 1000 元的，对超出部分按法定税率照章征税。由海关总署据此调整有关监管规定。"

1996 年 4 月，海关总署令第 56 号《边民互市贸易管理办法》规定："边境双方居民和从事商品交换活动的企业均不得携带或运输国家禁止进出境物品出入边民互市贸易区（点）……国家限制进出口和实行许可证管理的商品，按国家有关规定办理。"

1998 年 11 月，对外贸易经济合作部、海关总署印发的《关于进一步发展边境贸易的补充法规的通知》规定："边民通过互市贸易进口的商品（仅限生活用品），每人每日价值在人民币 3000 元以下的，免征进口关税和进口环节增值税；超过人民币 3000 元的，对超出部分按法定税率照章征税。"

2008 年 10 月，《国务院关于促进边境地区经济贸易发展问题的批复》规定："提高边境地区边民互市进口免税额度。同意自 2008 年 11 月 1 日起将边民互市进口的生活用品免税额度提高到每人每日人民币 8000 元。由财政部会同有关部门研究制定边民互市进出口商品不予免税的清单；由海关总署会同有关地方政府进一步规范边民互市的区域管理。"2008 年 11 月，《关于促进边境贸易发展有关财税政策的通知》规定："边民通过互市贸易进口的生活用品，每人每日价值在人民币 8000 元以下的，免征进口关税和进口环节税。"

2010 年 5 月，《关于边民互市进出口商品不予免税清单的通知》对于进口规定："边民通过互市贸易进口的商品应以满足边民日常生活需要为目的，边民互市贸易进口税收优惠政策的适用范围仅限生活用品（不包括天然橡胶、木材、农药、化肥、农作物种子等）。"并规定在生活用品的范畴内，国家禁止进口的商品不得通过边民互市免税进口，同时列出了边民互市进口不予免税清单的商品目录。关于出口，规定："除国家禁止出口的商品不得通过边民互市免税出口外，将应征收出口关税的商品列入边民互市出口商品不予免税清单。"

3. 兴边富民行动政策

兴边富民行动始于2000年，是由国家民委联合国家发展改革委、财政部等部门倡议发起的一项边疆建设工程，实施范围是我国136个陆地边疆县（旗、市、市辖区）和新疆生产建设兵团58个边疆团场。"兴边""富民"是兴边富民行动的出发点和归宿，"行动"表明这是有计划、有组织进行的阶段性工作。兴边富民行动的宗旨就是振兴边疆、富裕边民。[①]

2007年6月，国务院办公厅颁布《兴边富民行动"十一五"规划》，明确提出"大力发展边境贸易，促进区域经济合作"，强调要重点建设一批边民互市贸易示范点，促进边境贸易发展，带动边民致富和地方增收；扩大同周边国家的区域经济技术合作，积极探索开发和对外开放的新模式，重点建设一批具有物流贸易集散、进出口加工和国际商贸旅游等功能的边境城镇；大力发展口岸经济，促进出入境旅游健康发展。

2011年6月，国务院办公厅颁布《兴边富民行动规划（2011—2015年）》，明确提出要"提升沿边开发开放水平"。强调要支持海关特殊监管区域、边境和跨境经济合作区建设，提高跨境经济技术合作水平；加强边境口岸基础设施建设，合理配备口岸管理检验设备，提高口岸运行效率，提升通行能力和水平；加强边民互市贸易点基础设施建设；加快边境经济合作区发展，支持符合条件的边境经济合作区扩大规模和调整区位；边境地区要积极承接国内外产业转移，开展承接产业示范区建设。

2017年，国务院办公厅印发《兴边富民行动"十三五"规划》。规划覆盖140个边境县（市、区、旗）和58个边境团场。[②] 规划明确提出要围绕开放睦边着力提升沿边开发开放水平。强调要推动边境地区深度融入"一带一路"建设，发挥边境地区在加强与周边国家的政策沟通、设施联通、贸易畅通、资金融通、民心相通方面的前沿作用；大力推动边境地区对外贸易发展方式转变，支持对外贸易转型升级；提升沿边开放便利化水平，加大沿边口岸开放力度；加强边境地区开发开放平台建设，加快推进国家重点开发开放试验区建设，改革创新试验区体制机制；稳步建设

① 王飞．兴边富民行动实施绩效评估［M］．北京：中国经济出版社，2016.
② "十二五"期间新增了4个边境县（市、区）。

跨境经济合作区，充分发挥其在促进互联互通和探索国际经贸合作新模式等方面的优势，便利贸易投资和人员往来，推进产业合作，带动与相邻国家边境地区经济往来。

4. 税收优惠政策

为加快西部地区经济发展，国家制定了有别于沿海地区的税收优惠政策，可以用于跨境经济合作区。2010 年 6 月，《中共中央国务院关于深入西部大开发战略的若干意见》指出，企业从事国家重点扶持的公共基础设施项目投资经营所得，以及符合条件的环境保护、节能节水项目所得，可依法享受企业所得税“三免三减半”优惠。2011 年 7 月，《财政部海关总署国家税务总局关于深入实施西部大开发战略有关税收政策问题的通知》规定，对西部地区内资鼓励类产业、外商投资鼓励类产业及优势产业的项目在投资总额内进口的自用设备，在政策规定范围内免征关税；自 2011 年 1 月 1 日至 2020 年 12 月 31 日，对设在西部地区的鼓励类产业企业减按 15% 的税率征收企业所得税。

5. 土地优惠政策

为加快西部地区经济发展，国家制定了优惠的土地使用政策，可以用于跨境经济合作区。2010 年 6 月，《中共中央国务院关于深入实施西部大开发战略的若干意见》明确提出，工业用地出让金最低标准，可区别情况按《全国工业用地出让最低价标准》的 10% ~15% 执行，适当降低西部地区开发园（区）建设用地的基准地价。2010 年 9 月，国土资源部出台了《关于贯彻落实〈中共中央国务院关于深入实施西部大开发战略的若干意见〉的意见》，提出土地利用年度计划指标安排向西部地区倾斜，增加年度新增建设用地指标和占用荒山、沙地、戈壁等未利用地指标，优先安排产业园区建设用地指标；优先安排基础产业、基础设施和公共设施用地；保障承接产业转移的必要用地，鼓励合理使用未利用地。

四、“一带一路”倡议下跨境经济合作区的机遇与挑战

“一带一路”倡议提出后，得到了沿线国家的高度关注和认同，中国与沿线国家间的经贸合作也越来越密切。跨境经济合作区作为沿边地区推进“一带一路”重要的经贸合作平台，迎来了前所未有的对外开放发展机遇，获得了国际、国内政府的大力支持。但是，也应注意到，机遇与挑战是并存的。

（一）跨境经济合作区发展机遇

“一带一路”倡议的提出，改变了对外开放的地理格局，为沿边地区开辟了对

外开放新道路，有利于沿边地区获得国家政策关注与扶持，为沿边地区加快产业结构调整提供了有利条件，有利于加快沿边地区基础设施内联外通建设，将进一步深化我国与周边国家的经贸合作。这都为跨境经济合作区的建设和发展带来了重大机遇。

1. 改变对外开放地理格局，加快跨境合作发展步伐

跨境经济合作区是沿边地区开发开放的重要载体。沿边地区开发开放水平直接决定了与毗邻国家之间的经贸合作关系，从而决定了跨合区建设开发的节奏。“一带一路”倡议为沿边地区加快对外开放提供了历史机遇，将极大地促进跨合区建设开发水平。

“一带一路”倡议是对我国对外开放地理格局的重新诠释。“一带一路”沿线国家与我国要素禀赋差异大、经济结构互补性强，具有较大的贸易潜力。对沿边地区而言，“一带一路”最重要的意义在于将原本处于对外开放边缘的内陆边疆地区变成了对外开放的前沿地带。这是继西部大开发后，我国加快西部地区对外开放水平、经济社会发展水平的又一重大举措，也意味着我国西部边疆地区的经济发展、开发开放成为国家对外开放重心之一，未来，边疆地区将成为我国对外开放不可或缺的窗口，成为向西开放、向南开发、向北开放的桥头堡，边境城市将在“海陆交通”“重要战略枢纽”和“重要战略支点”中发挥重要作用。沿边地区在“一带一路”倡议下，能够更有效地利用国内国际两个市场、两种资源，提高对外开放水平。跨合区作为对外经贸合作的重要载体，也将迎来历史机遇，成为沿边地区双向开放型经济的重要平台。

2. 获得国家政策支持，为跨境经济合作提供制度保障

“一带一路”倡议提出后，国家持续出台相关文件，进一步明确了沿边地区在“一带一路”建设中的战略地位，为沿边地区加快对外开放、提高对外经贸合作水平提供了制度保障。

2015 年 3 月，国家发展改革委、外交部、商务部联合发布了《推动共建丝绸之路经济带和 21 世纪海上丝绸之路的愿景与行动》，明确提出：发挥新疆独特的区位优势和向西开放重要窗口作用，深化与中亚、南亚、西亚等国家交流合作；发挥内蒙古联通俄蒙的区位优势，黑龙江、吉林、辽宁与俄的联运合作，建设向北开放的重要窗口；发挥广西与东盟国家陆海相邻的独特优势，构建面向东盟区域的国际通道；发挥云南区位优势，建设成为面向南亚、东南亚的辐射中心。

2016 年 1 月发布的《国务院关于支持沿边重点地区开发开放若干政策措施的意

见》，明确提出要实施差异化扶持政策，促进沿边重点地区特色优势产业发展，实行有差别的产业政策，发展外向型产业集群，研究设立沿边重点地区产业发展（创业投资）基金，在项目建设用地计划指标安排上予以倾斜等。明确提出要加大财税支持力度，增加中央财政转移支付规模，强化中央专项资金支持，实行差别化补助政策，加大税收优惠力度等。政策发布同年，国务院就新批准成立了广西凭祥和黑龙江绥芬河—东宁2个重点开发开放试验区。这些国家政策措施是加快跨境经济合作区建设的制度保障。

3. 加快沿边地区经济发展，为跨境经济合作提供产业支撑

跨境经济合作区建设的成功，离不开沿边地区产业发展对跨合区的经济支撑。沿边城市的经济发展也离不开跨合区的引领和带动，两者是互为支撑、相互促进的。“一带一路”倡议的提出为我国沿边地区的经济发展提供了有利条件，是推进跨合区建设的重要支撑条件。

首先，“一带一路”倡议为沿边开放城市产业结构升级提供了机遇。从目前的发展情况来看，边境城市的产业结构水平不高，表现为工业化水平低，资源性产业多，现代制造业少，现代服务业发展滞后，以传统旅游业为主，生产性服务业少。与东部沿海地区相比，产业结构还需要进一步调整和升级。“一带一路”倡议的提出，为沿边地区加快双向开放，发展面向国外市场的出口加工业，发展面向国内市场的进口加工业，以及发展加工贸易提供了契机，进而带动金融、物流、电子商务等现代服务业的发展，为沿边地区加快产业结构优化升级开辟了快速通道。其次，“一带一路”倡议有利于沿边地区产业的整合与发展。“一带一路”倡议意味着国内与国际诸多先进的发展理念、科学技术知识、市场信息等会涌入沿边地区，边境城市可以在此基础上，结合实际情况，充分利用东部的优质资源，发展具有西部特色的产业，进而使沿边地区搭上“一带一路”的顺风车，加快经济社会全面发展。边境城市作为跨合区的中心腹地，其产业结构升级、新兴产业发展必将对跨合区建设形成有效支撑。

4. 加快基础设施互联互通，为跨境经济合作注入发展动力

基础设施互联互通是“一带一路”建设的优先领域，也是提高贸易便利化水平、建设高标准自由贸易网络的重要依托。[①]“一带一路”倡议提出后，我国和沿线国家不断加强基础设施互联互通工作。中巴经济走廊“两大”公路和中俄黑河界河

① 董雪兵. 推进“一带一路”基础设施互联互通［N］. 人民日报，2017-05-11（07）.

公路桥等建设项目成功落地；大湄公河次区域九大交通走廊初步形成；中蒙俄、中哈俄等国际道路运输协定正式签署，并开展了试运行；建立了中国—马来西亚港口联盟；制定通过了中国—东盟交通合作战略规划等规划对接文件；推动中国、中东欧领导人达成设立中国—中东欧海运合作秘书处的共识，并且签署了有关谅解备忘录；等等。① 跨境经济合作区跨境贸易、跨境加工、跨境物流、跨境电商、跨境金融和跨境旅游等主要功能都离不开交通、通信、能源等基础设施的互联互通。“一带一路”建设将大幅改善沿边地区基础设施内联外通条件，为跨合区注入发展动力。

5. 深化我国与周边国家的经贸合作，拓宽跨境经济合作领域

习近平指出，“一带一路”是经济合作的道路，是互利共赢的道路。“一带一路”建设为中国带来了前所未有的发展机遇，也为沿线国家带来了新的经济增长点，创造了大量就业岗位。“一带一路”沿线国家的要素禀赋虽然存在明显差异，但发展经济的愿望是一致的，每个国家都因地制宜地制定了符合国情的发展规划。在“一带一路”的建设过程中，可以将各国的发展规划相结合，进而充分发挥各国的比较优势并且互为补充。中国与大部分沿线国家成立了双边合作机制。我国不断加强与“一带一路”沿线国家在农业、交通、能源、旅游、基础设施、金融等多方面的经济合作，深化了我国与沿线国家的经贸合作关系，促进了我国与沿线国家的互利共赢、共同发展。边境城市是我国与“一带一路”国家经贸合作的最前沿，“一带一路”倡议必将拓宽跨境经济合作领域，加快跨境资本流动、人才流动、信息技术流动，带领跨境贸易、跨境加工、跨境旅游、跨境金融等向纵深发展。

（二）跨境经济合作区面临的挑战

“一带一路”建设的持续推进虽然为跨境经济合作区提供了发展机遇，但应当注意到，跨合区建设还面临着地缘经济政治特殊性和国家间的制度差异、跨境经济合作区制度建设不足、边境城市产业结构不合理、基础设施建设滞后等一系列挑战。

1. 地缘经济政治特殊性和国家间的制度差异

地缘政治的特殊性使在建设跨境经济合作区的过程中，双方信息沟通和制度协调的效率不高。跨境经济合作区是在打破边境对生产要素流动限制的基础上开展的经济合作。它包括对人员流动和商品流动的管理，以及检验检疫管理和海关监管，

① 推动“一带一路”交通基础设施互联互通［EB/OL］. 国务院新闻办公室网站. http：//www. scio. gov. cn/xwfbh/xwbfbh/wqfbh/35861/36341/zy36345/Document/1543492/1543492. htm.

这就不可避免地涉及双方国家共同协商、共同管理跨合区事务。目前，由于政治体制的差异以及历史原因，中国周边国家主权意识较为强烈，对口岸城市人流和物流的出入境管理都较为严格。要推进跨合区建设，需要双方国家建立较高的政治互信和友好的政治关系。目前中国提出的“一带一路”倡议得到了沿线绝大多数国家的认同，但建立高度互信关系还需要进一步加强沟通和合作。中国凭祥—越南同登跨境经济合作区和中国河口—越南老街跨境经济合作区，中越双方直到2014年才达成重要共识，跨境经济合作区的建设才进入实质建设阶段。①

中国与周边国家在经济发展上的不平衡也是跨合区建设中不得不面临的问题。受益于改革开放取得的伟大成就，我国在推进跨合区建设过程中资金压力较小，对交通、口岸等基础设施投入热情较高，但不少周边国家经济发展水平不高，跨合区建设资金压力大，建设进度相对较慢。此外，中国与周边国家法律、文化和管理制度等的差异，包括价值观、宗教信仰、民族文化、传统风俗习惯等方面的差异，公司文化、管理理念、经营模式上的差别，都会在一定程度上影响跨合区建设发展。

2. 跨境合作区制度建设还有待加强

国家和地方为支持跨境经济合作区发展，出台了一系列政策，但在落实过程中还存在执行不畅的情况，制度保障还需要进一步加强。一是虽然国家层面出台了一系列指导性意见，为跨合区加快发展指明了方向，但缺乏详细的实施细则，导致跨合区建设过程中实际享受的政策扶持力度不是很大。

二是支持跨合区发展的国家指导性意见与国家各部委政策不完全一致。跨境经济合作区建设涉及多个国家部委，包括财政部、海关、商务部、外交部、原国土资源部、检验检疫局等，这些国家部委在制定部门政策时，更多地考虑政策在全国执行上的一致性，较少考虑沿边地区的特殊性。如国家明确提出可在土地林地占用指标方面对跨境经济合作区给予政策倾斜，但由于用地指标有限，原国土资源部批准的建设用地远远不能满足跨境经济合作区的需求。这导致不少边境口岸无法实现人、车完全分离，很多项目缺乏实施的条件，延缓了跨合区建设开发进度。

三是跨合区所享受的优惠政策往往需要地方政府去争取。地方经济是跨境经济合作区发展的直接受益者，所以地方政府往往是跨合区的积极倡导者和主要推动者。但跨合区发展不可避免会涉及土地政策、口岸政策、边贸政策等，这些政策都离不开国家层面的支持，因此需要地方政府积极向上级部门去争取。这种自下而上的制度推进，其优点在于制度建议更具有可操作性，实施效率高，但其缺点也很明显，

① 陈慧．“一带一路”背景下我国西南跨境经济合作研究［J］．广西社会科学，2016（7）：32－36.

即制度推进效率低，进度缓慢。

3．边境城市产业结构不合理

我国边境城市普遍存在经济发展水平不高、产业支撑能力较差的问题。边境地区虽然有丰富的自然资源，但由于自然、历史、经济等原因，经济发展水平总体较低，大多以跨境贸易立市，以通道经济为主，制造业发展滞后，还处于工业化中期甚至早期阶段。2017年，全国三次产业结构是7.9∶40.5∶51.6，处于工业化后期阶段，但同年广西2个边境城市凭祥市和东兴市的三次产业结构整体为13.5∶37.2∶49.2，云南3个边境城市芒市、瑞丽市和景洪市的三次产业结构整体为16.8∶25.1∶58.0。容易看出，边境城市第一产业比重过高，第二产业发展较慢，产业结构与全国平均水平相比差距非常明显。①

此外，边境城市大多位于限制开发区和禁止开发区内，可开发利用的土地资源极为有限，加上生态保护压力大，丰富的自然资源禀赋难以顺利转化为产业优势，制造业发展受到制约。而无论是发展跨境加工业，还是承接东部地区产业转移都需要当地制造业的支持。跨境贸易结构升级，将通道经济转变为加工经济也需要当地制造业的充分发展。由于制造业基础较弱，跨境经济合作区发展加工经济面临不小的挑战。目前跨合区传统旅游业发展势头良好，但现代服务业，如跨境电商、跨境金融的发展因需依赖制造业的充分发展，仍面临一定的挑战。

4．基础设施建设滞后

由于自然条件差、自身基础薄弱，与沿海城市或内陆中心城市相比，边境城市的基础设施建设相对滞后，不能完全满足“一带一路”建设的需求。虽然自沿边开放以来，在国家的大力扶持下，边境地区启动了较多的基础设施建设项目，基础设施整体状况有了明显的改善，但是由于经济社会发展水平不高，基础设施欠账较多。在交通方面，边境地区还没有形成完善的交通运输网络，高速公路覆盖度不足，主要还是依靠国道、省道，有些地区由于地质条件的问题，公路等级低且质量不高；西南边境城市多高山，铁路通道少，运输能力有限；机场建设还比较滞后，机场等级不高，线路较少。在口岸方面，口岸基础设施也比较落后，设施配套不完善，通关能力较弱，一些口岸完全不能适应“一带一路”建设的需求，还有一些口岸因跨境贸易发展较快，原先的设计能力远远不能满足需求，需要较大规模的改造，增加通关通道、检验设备、存储货场等硬件设施。基础设施建设落后于中国与“一带一

---

① 数据来源于《广西统计年鉴2018》和《云南统计年鉴2018》。

路”沿线国家快速增长的经贸合作需求是跨合区发展面临的挑战之一。

五、加快跨境经济合作区发展的思考和建议

随着国家沿边开放政策的持续推进，各边境城市积极推动跨境经济合作区的建设和发展。“一带一路”倡议的提出，为跨境经济合作区带来了前所未有的发展机遇，但跨合区建设仍存在一些制约因素。把握机遇、应对挑战，是跨境经济合作区面临的新任务、新目标。鉴于我国跨境经济合作区的实际情况，提出如下的思考和建议。

（一）建立完善的跨境经济合作区制度体系

跨境经济合作区的建设和发展涉及国家间的协商和协调，面临较多地缘经济政治因素的影响，因此跨合区的发展应由中央政府主导。目前，跨境经济合作区的政策支持力度不足、资金投入有限，应当抓住当前“一带一路”建设的历史机遇，将跨境经济合作区的建设和发展提升到国家层面的战略高度上，将跨合区打造成“一带一路”合作的重要平台、窗口和示范区，从国家顶层制度设计上给予支持。具体来讲，国家可以考虑在以下几个方面给予支持：一是尽快制定并落实国家对跨境经济合作区的优惠政策细则，将资金、土地、税收、产业合作、边境贸易等方面的指导性意见变成具有可操作性的政策条文，让跨合区发展有明确的制度环境；二是设立跨境经济合作区专项扶持基金，可考虑由财政部牵头设立 PPP 专项基金，专门用于跨境经济合作区基础设施建设、生态保护建设、优势产业开发等，解决跨合区建设中资金投入不足的问题。三是鼓励东部经济发达地区对跨境经济合作区进行产业转移、投资和技术升级等，加快东西部协作，在加快边境城市工业化的同时升级东部地区产业结构，实现东西部合作共赢。

国家还应加强规划，建立有效的合作协调机制。跨境经济合作区的协调发展需要在建设规划和管理问题上达成一致意见。具体而言是在 3 个层面上建立合作机制。在发展方向上，双方国家中央政府之间需要对跨合区的建设进度、功能定位、产业合作等重大问题进行高层磋商，在跨合区的建设和发展上始终保持一致的方向。在发展规划上，双方国家的省（区）政府需要形成定期交流机制，根据实际情况确定合作领域，加强对跨合区相关问题的沟通、交流，保证规划的一致性。在具体管理制度上，双方国家的地方政府还应加强合作，设立专门的跨合区管理部门，就跨合区基础设施建设、产业规划、招商引资进度、日常管理事务等具体问题进行协调。

除了国家发挥主导作用之外，地方政府还应因地制宜制定相应经济发展规划，

落实好中央的各项政策。地方政府需要主动与邻国地方政府进行沟通协调，扎实落实两国政府签订的协议，同时大胆创新跨合区管理体制机制，为境内外客商提供宽松便利的贸易、投资和旅游服务，将国家的优惠政策转变成跨合区发展的经济效益。

（二）加快跨境经济合作区基础设施建设

基础设施的互联互通是跨境经济合作区发展不可或缺的条件。在推进“一带一路”基础设施互联互通的大背景下，国家和地方政府应充分利用财政资金并借助社会力量，加快完善高速公路、铁路、机场和口岸一体化的立体交通体系和物流运输网络。在高速公路方面，加快规划和建设高速公路，降低跨境经济合作运输成本；在铁路方面，积极推进边境城市内通外联的高速铁路建设，将边境城市建设为“一带一路”通道上的重要节点；在口岸方面，加快口岸设施国际化标准建设进度，提高口岸通行速度和效率，满足口岸对安全便捷的储存运输功能的需求；在航空方面，有条件的边境城市应提高机场等级，提高运输能力。

跨境经济合作区的基础设施建设需要大量资金，仅靠国家投资或专项 PPP 基金难以在短时间内完成基础设施互联互通建设，应多渠道筹集资金。可积极争取联合国开发计划署、亚洲开发银行等国际机构和国际金融组织的支持和援助，引导境内外民间投资商会、行业协会、投资集团的参与和合作，营造多元化投资机制，推动边境地区基础设施互联互通建设。

（三）培育优势产业集群

跨境经济合作区的发展离不开优势产业集群的发展。因此，需要因地制宜，根据边境城市区位特点、两国产业结构特点，在跨合区培育具有比较优势和较强国际竞争力的产业集群。要充分利用国家的优惠政策支持，引导域外资金、技术、人才向边境城市集聚，逐步形成以跨合区为平台、以龙头企业为主导、配套企业充分发展的优势产业集群，发挥其对整个沿边地区的辐射带动作用。以两国市场或国际市场为导向，整合双方优势资源，以交易会、展览会、推介会等国际活动为媒介，通过知名品牌、重点项目、特色产业等吸引有实力的大型企业进行投资，并发展具有较强竞争力的优势产业。

从产业结构来看，传统的农业发展道路无法承载现代农业，需要走具有地方特色的“生态农业”道路，发展特色种植养殖业、特色畜牧业、绿色有机农业等特色农业，提高农产品竞争力。第二产业应积极依托边境贸易，推动进出口加工业发展，实现传统口岸经济向加工经济的转型升级。西南边境城市可利用跨境劳务合作发展劳动密集型产业，有条件的地区可承接东部地区高科技产业，西北、北部和东北边境城市可发展资源加工型产业、绿色能源产业等。边境地区具有丰富的民族文化资源、自然景观资源、非物质文化遗产资源等，具有发展旅游业、文化产业得天独厚的优势，应加快文化产业与特色农业、农产品加工业、旅游业的融合，充分发挥边境城市文化资源优势。

（四）推进边境地区城市化建设

城市是区域经济发展的载体，一个地区的产业集聚程度与其城市化水平是相互促进、相互依赖的。要培育边境城市优势产业，加快跨境经济合作区发展，必须大力推进边境地区的城市化建设进程，实现工业化和城市化相互推动的良性循环。由于自然、气候和地理位置等因素的影响，边境城市大多依托口岸立市，产业结构单一，制造业不发达，城市规模较小，人口较少，难以形成促进工业化和城市化的人口聚集效应。因此，应加快边境地区城市化进程。一是科学合理规划城市发展。不少边境城市规划设计不合理，早期规划过于保守，未充分预留城市未来发展的空间，导致口岸通道狭小、交通拥堵等问题。为此，应充分考虑“一带一路”建设提供的历史机遇，科学合理规划边境城市发展空间。二是加强城市基础设施建设。边境城市是对外开放的窗口，是国家形象和国家实力的体现，可适当提高城市基础设施建设标准。三是提高公共服务水平。城市的发展需要人的聚集，要提高城市公共服务水平，提高对人才的吸引力。四是制定实施人才政策，提高对本地人才培养力度，吸引和鼓励专业技术和管理人才向边境城市汇集。

（五）全方位、多领域促进跨境经济合作

应逐步拓宽跨境经济合作范围，全方位、多领域促进跨境经济合作区的发展。根据跨境区域地理特征、资源优势以及产业基础等情况，在能源、农业、旅游、教育、环保和文化等领域进行跨境开发合作。

首先，积极推动跨境经济合作内容的升级，从简单的口岸贸易向跨境加工、跨境物流、跨境电商、跨境旅游等更广阔的领域深化。可以借鉴现行自由贸易区的相关政策，打造跨境自由贸易区。完善交通通道建设，实施更便利的跨境物流政策。整合各类资源，建立统一的跨境电商平台。实施更便利的边境旅游管理政策，积极推进自驾游、探险游等现代旅游方式，把跨境旅游业培育成为边境城市的重要支柱产业。

其次，积极开展跨境金融、跨境劳务等生产要素跨境合作。结合“一带一路”建设需要，积极推动人民币国际化，完善跨境人民币直接结算和兑换体系，大幅提升边境贸易投资自由度和投资便利化。积极推进跨境劳务合作，创新劳务合作模式，

规范劳务合作市场，让跨境劳务合作有序健康发展。

最后，加强在教育、文化、科研、环保、反恐等方面的交流合作。随着各国间交流合作的深化，广泛的共同利益为跨境经济合作区的稳步发展打下了坚实基础。如云南省与老挝、缅甸和越南三国，在水利水电、禁毒防艾、教育合作等方面都存在广泛的共同利益，云南省在大力推进跨境经济合作区建设的同时也应该加强同越、老、缅三国在这些领域上的务实合作。在反恐合作方面，我国与多数东南亚、南亚国家面临着类似的恐怖主义威胁，与这些国家开展反恐合作也有利于维护我国的边疆稳定和民族团结。

第二章　霍尔果斯跨境经济合作区进展报告

随着“一带一路”倡议的深入推进发展，原本处于边陲之地的新疆成为连接我国和中亚、欧洲大陆的重要通道。新疆在跨境经济发展中的重要性也随之凸显。而霍尔果斯作为我国新疆最重要的口岸之一，其与邻国的跨境经济合作对于“一带一路”建设有着举足轻重的影响，对其深入的分析和研究也具有很强的理论与现实意义。

一、霍尔果斯跨境经济合作区建设背景与意义

在经济全球化、区域一体化的形势下，广泛参与区域经济合作，加强同周边邻国的经济联系，利用边境区位优势深入开展跨境经济合作，既是我国边疆民族地区外向型经济发展的迫切需要，又是实现区域经济同国际大市场接轨的历史选择。

（一）背景

新疆地处亚欧大陆腹地，是我国最大的边境省份，拥有5000多千米的陆路边境线，毗邻蒙古国、俄罗斯、哈萨克斯坦、吉尔吉斯斯坦、塔吉克斯坦、阿富汗、巴基斯坦及印度8个邻国。新疆历史上是古丝绸之路的重要通道，现在又成为新亚欧大陆桥的“桥头堡”。目前，新疆开放一类口岸17个、二类口岸12个，分布在乌鲁木齐、哈密、伊宁、阿勒泰、喀什、伊犁、塔城等一批开放的边境城市。

“一带一路”倡议对中国的政治和经济发展具有重大意义。建设霍尔果斯跨境经济合作区，是贯彻落实《国务院关于支持沿边重点地区开发开放若干政策措施的意见》、务实推进《推动共建丝绸之路经济带和21世纪海上丝绸之路的愿景与行动》的具体体现与紧迫需求，是应对哈萨克斯坦“光明大道”经济政策在东哈萨克斯坦州建设经济开发区的国际合作需要，是打造新疆建设丝绸之路经济带核心区优先抓手和重要引擎的现实需要，也是在新常态下助推国家边境经济合作区重新发力

的有效途径。哈萨克斯坦作为中亚地区经济发展最快的国家，是“一带一路”建设的重要“桥头堡”。目前，中哈贸易快速增长，贸易结构不断优化，双边投资持续增长，产能合作全面推进。哈萨克斯坦于2014年年底提出“光明之路”新经济政策，希望与“一带一路”倡议对接。2015年8月底，中哈签署了《关于加强产能与投资合作的框架协议》，中哈之间的合作前景更为广阔。

中华人民共和国成立后，中国和苏联共同明确霍尔果斯口岸为两国间的正式通商口岸。1950—1962年，霍尔果斯口岸以及三道河子口岸曾发挥过十分重要的作用，双方的进出口物资主要经由伊犁转运，霍尔果斯口岸的两国贸易迎来兴盛期。新疆通过霍尔果斯口岸进口了大量生产资料，约占当时新疆进口总额的90%。大量的农用机械和设备经由霍尔果斯口岸运到新疆，使新疆成为全国各地农业机械化程度最高的地区。1962年，两国关系恶化，两国贸易进入冰点，进出口贸易额急剧减少，到1967年，口岸基本呈关闭状态。4年后，霍尔果斯口岸对外贸易机构正式撤销，除保持通邮外，进出口贸易完全停止。直到1983年11月，经国务院批准，霍尔果斯口岸恢复对哈萨克斯坦国和第三国开放，这个沉寂了近20年的贸易口岸又恢复了生机。霍尔果斯口岸重新开放后，成为新疆对西开放的一个重要窗口，也是现今中哈两国陆路贸易的最大口岸。随着外贸事业的发展，霍尔果斯也逐渐成为一个独具特色的边境小镇。1992年8月，中哈两国政府同意该口岸向第三国开放，具有国际联运地位。现在已取消向第三国开放，只对哈萨克斯坦开放。

2003年6月，时任国家主席胡锦涛访问哈萨克斯坦时，哈总统纳扎尔巴耶夫提出，在霍尔果斯边境地区建立自由贸易区。2004年，新疆与阿拉木图签订《关于建立中哈霍尔果斯国际边境合作中心的框架协议》。2005年，上合组织阿斯塔纳峰会期间，胡锦涛与纳扎尔巴耶夫共同决定启动合作中心建设。至此，霍尔果斯高调亮相，成为当时中国西部最受关注的区域之一。霍尔果斯经济开发区是2010年5月第一次中央新疆工作座谈会上决定设立的，总面积73平方千米，呈“一区四园”空间布局，包括霍尔果斯园区20平方千米（含国务院已批准的中哈霍尔果斯国际边境合作中心及配套区13.16平方千米）、伊宁园区35平方千米、清水河配套产业园区8平方千米、兵团分区10平方千米。国家规划重点发展化工、农产品深加工、生物制药、可再生能源、新能源、新材料、建材、进口资源加工、机械制造、商贸物流、旅游、文化及高新技术等产业。

中哈霍尔果斯国际边境合作中心是中哈两国领导人2003年达成的重要合作项目。2005年两国正式签署协定，2006年中哈两国共同设立中哈霍尔果斯国际边境合作中心，成为我国与其他国家建立的首个跨境经济合作区。总面积5.28平方千米，其中中方区域 3.43 平方千米、哈方区域 1.85 平方千米，中方、哈方及第三国人员、货物、车辆在区域内可以自由流动，入区免签证合法停留 30 天，从中方一侧进入每人每日可携带 8000 元免税商品（现正向国家申请将免税额提升到 3 万元），从哈方一侧进入每人每日可以携带 1500 欧元免税商品（现正研究提升到 1 万欧元）。国务院批复霍尔果斯口岸为陆路整车进口口岸，欧洲原产地车运输成本骤降；境外货物入区享受保税扶持政策；境内外货物入区视同出口，办理出口报关手续，实行退税。

（二）意义

中国与哈萨克斯坦是上海合作组织重要成员国，霍尔果斯跨境经济合作区“一区跨两国”的新型合作模式，不仅对上海合作组织的经济合作具有借鉴意义，还有利于通过经济合作促进政治合作。霍尔果斯跨境经济合作区的建成和发展对我国向西开放、加强同中亚各国的合作交流、促进中亚区域经济发展都具有重大的战略意义和深远的历史意义。

第一，霍尔果斯跨境经济合作区的建成，对促进国际经济合作、实现中国与上海合作组织框架内区域经济协调发展具有重大意义。中哈两国各划出一块国土建设合作中心，封闭运营，在合作区实行统一的管理政策，人员、货物自由流动。这是全球区域经济合作的一种创新方式，具有试验田的作用。因此，深入探索合作中心的成就与经验，对世界区域经济合作具有良好的示范作用。

第二，霍尔果斯跨境经济合作区将成为引导我国西部地区和中亚各国区域经济加快发展的一部强劲发动机。我国扩大对外开放、发展区域经济的试验已经掀起了 4 波浪潮，第一波是以深圳为代表的珠三角地区，第二波是以上海为代表的长三角地区，第三波是以天津滨海新区为代表的环渤海经济圈，第四波就是以中哈霍尔果斯国际边境合作中心为代表的跨境经济合作区。它是区域经济合作由沿海向腹地推进的重要平台，将有力吸引国际国内的大量投资，充分发挥投资、贸易对经济增长的乘数效应。因此，以合作中心为先导，促进中哈边境自由贸易区尽快建成，吸引大量的国际商贸活动和投资活动，将使我国西部、中亚及欧亚大陆桥沿线国家和地区实现双赢和多赢，促进口岸物流、资金流、信息流、人流呈几何级数增长，产生巨大的经济效益。

第三，认真研究霍尔果斯跨境经济合作区“一区跨两国”的合作模式，有利于实现中亚区域内的贸易便利化、贸易自由化、贸易方式多样化、贸易水平现代化。充分利用合作中心商贸自由港的地位，可以减少贸易壁垒，方便中哈及第三国商贸自由交流；货物、人员、车辆都可以跨国自由流动；一般贸易、边境小额贸易、加工贸易、转口贸易、旅游购物等都可以同时开展。霍尔果斯口岸真正成为一个资金、人才、商品、信息集聚的高地和平台，形成面向中亚，辐射西亚、南亚和东欧的商品集散中心、经贸信息中心、金融中心和文化交流中心。霍尔果斯跨境经济合作区的建成和发展，可以担负起示范中哈乃至上海合作组织区域经济投资贸易便利化、自由化的使命，以顺应中国对中亚的贸易格局和模式的发展变化，实现国际边境大零售模式，进而形成国际招投标、订单采购平台，创建中国与中亚之间的第一自由贸易港。

第四，地缘互补优势是区域经贸发展的原动力，中哈两国广泛存在对彼此地缘优势的强烈需求。哈萨克斯坦地处亚欧大陆腹地，远离海洋，没有出海口，交通成为经济发展的一个“瓶颈”。因此，开辟一个方便、快捷、畅通的出海通道是其经济发展的必要条件。目前，哈萨克斯坦的主要出海通道是经由中国新疆、甘肃，取道连云港，通往太平洋。对中国而言，中亚作为新欧亚大陆桥的重要地段，也是中国通往欧洲的必经之地，欲使这条“大动脉”畅通和活跃起来，没有哈萨克斯坦的支持与合作是难以实现的。同时，跨合区的建成，能更好地推进我国西部地区经济发展。我国广大西部地区资源丰富，但发展滞后，跨合区建成后将成为我国向西开放国际大通道快捷的“顺风港”，西部各省区均可通过跨合区开拓中亚市场，加快改革开放步伐，有力推动西部大开发战略的全面实施。因此，中哈经贸合作的深入发展对促进西部大开发、繁荣边疆经济、巩固边疆稳定和维护国家安全都具有重要的战略意义。

第五，霍尔果斯跨境经济合作区将充分发挥“东联西出、西来东去”的桥梁和纽带作用，推进新疆经济社会加快发展。新疆远离海洋，通过跨合区使新疆成为对外开放的前沿和“桥头堡”，特别是合作中心能够成为新疆天山北坡经济带的“龙头”。因此，充分发挥跨合区的功能和作用，将有利于新疆实施“东联西出”的大开放战略，加快新疆社会经济发展。

二、霍尔果斯跨境经济合作区概况

经过十余年的建设，霍尔果斯跨境经济合作区取得了长足的发展，无论是人员流动还是商品流动都在数量上和质量上获得了相当程度的提高。

（一）中方概况

中哈霍尔果斯国际边境合作中心总占地面积 5.28 平方千米，其中中方区域 3.43 平方千米，哈方区域 1.85 平方千米。按照中哈两国的管理协定，合作中心的基本管理模式和政策如下：中哈两国对项目用地实施封闭后各留一个出入口，两国人员、第三国人员、无国籍人员、车辆、货物，持有效证件由各自出入口进入后可以跨境自由流动；对合作中心的监管采取一线放开、二线监管的基本原则，两国的查验机构由边境一线退入二线，两国项目连接通道属于无障碍区；两国人员、第三国人员和无国籍人员进入合作中心后，可以在区内自由选择停留点，一次性合法免签停留 30 天（全年在区内居住，只需出入 12 次即可）；合作中心各自一侧受本国司法管辖，适用本国现行法律及有关国际公约或中哈协议。由中国境内进入合作中心的建筑物资和区内设施自用设备，享受退税的优惠政策；由哈方一侧进入中方区域的建筑物资和区内设施自用设备，按照保税区政策，免征关税和进口环节增值税；由中方一侧入区的旅客，出区时可一次携带 8000 元人民币的免税商品。

按照国务院〔2006〕15 号文件① 精神，合作中心的基本功能为贸易洽谈、商品展示和销售、仓储运储、宾馆饭店、商业服务设施、金融服务、举办各类区域性国际经贸洽谈会等。合作中心是一个创举，其管理模式和优惠政策在运营当中还会有所突破。为丰富合作中心业务形态，健全合作中心各项职能，“十三五”期间，合作中心将进一步加快未动工项目及续建项目建设进度，推进合作中心业态多元化，加快国际会展中心、中国文化馆、中心内信息网络、中免大厦项目建设，积极引进欧洲精品馆、奥特莱斯商业综合体等免税知名企业入驻合作中心，打造“南有海南岛，西有霍尔果斯”的免税购物新格局；加快中哈双方国际邮政合作项目；推动落实中哈协议条件，加快合作中心建设进度，推进贸易展览中心、文化中心项目、体育中心项目，拓展合作中心各项功能，打造具有区域性影响力的国际贸易、金融、文化交流平台。

（二）哈方概况

从历史角度来看，哈萨克斯坦位于连接欧洲与亚洲的交通要道，举世闻名的丝绸之路大部分经过哈萨克斯坦境内。目前，哈萨克斯坦为中国、俄罗斯、西欧、中亚、高加索地区、伊朗等国家和地区提供了重要运输通道，中哈霍尔果斯国际边境合作中心有助于推进中国—中亚—西亚经济走廊各国之间的经济合作。中哈霍尔果斯国际边境合作中心的哈方区域位于阿拉木图州潘菲洛夫县，距阿拉木图州首府塔尔迪库尔干市 321 千米，距哈国最大城市阿拉木图市 361 千米。

2006—2008 年，原中哈霍尔果斯国际跨境经济合作中心哈方区域管理工作由哈国工贸部直接负责，管理者是哈国国家股份公司。哈国工贸部副部长任哈国国家股份公司董事长。2009 年，合作中心哈方区域管理体制作出重大调整，哈国政府授权哈萨克斯坦共和国“杰特苏”社会企业家集团国家控股公司直接控股管理。该公司是代表国家在阿拉木图州的区域国有资产管理机构，注册资本 5.1 亿美元。哈国工

① 《国务院关于中国—哈萨克斯坦霍尔果斯国际边境合作中心有关问题的批复》。

贸部对合作中心哈方区域由过去的直接领导改为业务指导。“杰特苏”社会企业家集团国家控股公司对哈方区域进行直接领导和管理。哈方区域的基础设施建设资金全部由国家拨款解决。目前，哈方区域围网、供水管网、排水管网、防洪堤坝、排水泵站、区外进入合作中心的5.7千米道路工程已全部完工，消防站工程、通信大楼工程、供热管网工程已接近尾声，合作中心至垃圾处理场16千米的道路工程已动工建设。合作中心哈方区域规划了153个投资项目，每个项目都单独进行招商，有10个项目已落实投资方，分别是4个仓储项目、2个酒店项目、2个贸易展览中心、1个文化中心项目和1个体育中心项目。按照两国政府达成的《合作中心活动管理协定》，哈方在前3个财政年度（2006—2008年度）内已拨款0.8亿美元。2009年，哈方政府又安排1.2亿美元基础设施建设资金，建设联检综合中心及道路、立交桥等设施。哈方在本国区域规划40平方千米经济特区的可研方案已提交哈国政府审核，阿拉木图州政府已将6000公顷土地作为储备。经济特区分3个主要部分，居住区、产业区和仓储运输区域。哈方正在积极推进合作中心哈方区域的各项建设工作，但总体进程和项目落实情况与中方相比仍明显滞后。

三、霍尔果斯跨境经济合作区建设规划

筹备伊始，霍尔果斯跨境经济合作区就进行了缜密的设计和布局，从规划布局、配套园区、重点项目设计3个方面，都能看出最初设计的用意和对未来的希冀。

（一）规划布局

合作中心的定位为中亚贸易城和欧亚国际采购中心。合作中心按照“境内关外”模式进行管理，人员和货物可在中心内跨境自由流动，以贸易洽谈、商品展示销售、餐饮宾馆服务、国际经贸会议和休闲旅游功能为主，体现经济交往和文化交往的合作发展理念，是中亚地区商品货物交易的场所，是吸引中亚地区人们来此购物的场所，是中亚地区资金流、信息流、人流和物流集聚的场所。合作中心规划体现了一种流动的街市理念，它是一个各种要素不断交换的大型循环体，只有像血液一样流动才能创造更有活力与生机的体系。规划将各种流动因素有机组织，形成有机流动的整体。在空间布局上，规划运用流动的线性空间串联不同功能，创造富有活力的空间形态。合作中心组团式的带状结构由绿色林荫大道、卡拉苏河与带状生态公园共同组成，形成3个中心节点：南端主要出入口处的商务会议中心、国际采购城的会展采购中心、以商品批发展示为主的物流贸易中心。根据商务活动和旅游活动的特点，合作中心规划将2种活动人流在空间上重叠，形成合作中心人流密集活动区、人流集中活动区、人

流中等活动区、人流稀疏活动区4个圈层，进一步布局商务金融组团、会展贸易组团、服务综合组团和物流仓储组团4个组团功能。

图2-1　中哈霍尔果斯国际边境合作中心连接通道

图2-2　霍尔果斯联检大楼

合作中心景观立意“兴、动、趣、静”。4个组团根据各自不同的功能特点，以水为纽带，形成4个景观主题空间。商务金融组团的景观立意为“兴”，体现活力之水意趣，显示口岸生机；会展贸易组团的景观立意为“动”，体现流动之水意趣，展示街市繁华；服务综合组团的景观立意为“趣”，体现浪漫之水意趣，展现园林闲趣；物流仓储组团的景观立意为“静”，体现娴静之水意趣，表现北部园区的静谧。

合作中心在规划过程中，高度重视合作中心的形象设计。具体表现在3个方面：①中哈友谊广场的设计。中哈友谊广场作为标志性节点，将广场与周边建筑相结合形成具有视觉震撼力的对称型景观轴线，将国际会议中心的半圆形标志建筑和制高点的金融中心作为中心对景，中哈友谊广场、国际采购城入口广场及霍尔果斯河西岸的3处形成视线通廊，创造强烈的凝聚感和震撼力。②合作中心的整体空间形态的设计。合作中心以南端为制高点，象征生机勃发的发展原动力，向北表现为舒展形态，在中段的次要出入口处形成第二制高点景观区，再过渡到北部的低密度生态型组团，整体感强，起伏有致。③建筑形象特征的设计。商务金融组团公共建筑设计采用新材料、新技术、新理念，创建领先于时代的竖向标志性建筑。国际采购城建筑群设计采用以玻璃、钢为主的新型材料，创造造型特色鲜明、形态舒展、个性强烈的横向标志性建筑。特色商品贸易区则采用具有霍尔果斯当地传统建筑风格或哈萨克斯坦异国特色的建筑形式。生活服务区设计了具有人情味的建筑。旅游休闲区采用以圆和曲线为主的小体量建筑，与大型生态公园相映衬，营造宜人的闲趣。

（二）配套园区

霍尔果斯工业园区是中哈霍尔果斯国际边境合作中心的配套区，是中哈霍尔果斯国际边境合作中心发展的产业基地。霍尔果斯工业园区始建于2002年，2006年经国务院批准成为国家级园区，批复面积9.73平方千米，位于合作中心以南2千米。园区东邻新疆建设兵团的62团7连，西到中哈边境线，南接62团团部，北至经济开发区建成区。其主要功能为：发展面向中亚五国、俄罗斯以及东欧地区的出口加工、保税物流、仓储运输等产业。配套区把中国现行的保税区和出口加工区政策叠加执行。同时，注重合作中心与园区“前店”与“后厂”的联动发展，充分利用配套区首期项目作为海关特殊监管区域的优势，进一步规范园区管理，不断提升园区发展水平。

图2-3　中哈霍尔果斯国际边境合作中心配套区

（三）重点项目设计

霍尔果斯跨境经济合作区是哈萨克斯坦和中国两国之间的重大战略项目。该项目的实施使中哈及中国西部与西欧等国家之间的贸易交流及运输更加方便。霍尔果斯跨境经济合作区将成为历史突破性项目，重点为资源型投资、生产性投资、国际运输投资和国际合作等领域提供优越的投资环境，发展和创造具有竞争优势的产品并在国际市场上提高它们的地位。

目前，合作中心中哈双方区域内均分隔为运行区和建设区 2 个封闭区域。双方运行区经一线通道相连形成一个整体运行区。该运行区哈方区域内有四五个蒙古包和几间彩钢板房，以经营巧克力、烟酒、糖果、食品等为主；中方区域内有大型商场 2 家（其中中科公司临时钢构房商品市场面积约 1800 平方米，有 38 个商铺；江源国际购物广场面积约 1.3 万平方米，2 层，有 146 个商铺），以经营日用百货、服装、低端电子产品等为主。据了解，截至目前，中方建设区内总投资约 236.5 亿元，涉及商品展示、酒店宾馆、餐饮娱乐、商业设施、金融服务等领域的 22 个重点项目入驻合作中心（其中 13 个项目已开工建设），苏新中心、中科仓储式购物中心（A 馆）、江源国际时代广场、上合国际风情园、黄金口岸商业中心、枫叶国际商业中心、三宝机电展示中心 7 个项目一期工程已完工。

合作中心中方区域具体项目情况如下：

①苏新中心项目。由霍尔果斯苏新置业有限公司投资建设，总投资 15 亿元，用地面积 87.6 亩，建筑面积 25.6 万平方米。规划建设 2 栋酒店式公寓楼，各 20 层，共 7.5 万平方米；2 栋写字楼，各 21 层，共 8.4 万平方米；1 个商业展示中心，4 层，共 4.8 万平方米，总投资 12 亿元。已建设完工，2013 年年末投入运营。

②中科仓储式购物中心项目。由霍尔果斯中科房地产开发有限公司投资建设，总投资 3.5 亿元，用地面积 55.47 亩，总建筑面积 10 万平方米，建设仓储式购物中心。一期工程 A 馆已建设完工，共 4 层，2.6 万平方米，650 个铺位，主要经营汽配、五金、数码家电、日用百货、服装、纺织用品等，总投资 1.2 亿元，2013 年年末投入运营。

③江源国际时代广场项目。由霍尔果斯兴边商贸有限责任公司投资建设，总投资 2.5 亿元，用地面积 51.49 亩，总建筑面积 6.86 万平方米，建设国际购物广场、商务广场、餐饮广场等。其中国际购物广场主体及内外装修均已完工，已投入运营。

④上合国际风情园项目。由霍尔果斯中易投资开发有限公司开发建设，总投资预算 18 亿元，用地面积约 249.72 亩，建筑面积 36 万平方米，建设中亚国际风情一条街、上合演艺中心、国际文化区、中亚特色产品展示区、中亚国际美食展示区等。

一期项目已建设完工。

⑤黄金口岸商业中心项目。由霍尔果斯嘉联房地产开发有限公司开发建设，总投资6.9亿元，总用地面积126.09亩，建筑面积17.65万平方米，建设服装馆、IT馆、建材馆、天幕广场馆等。

⑥枫叶国际商业中心项目。由甘肃枫叶国际投资公司投资建设，项目总投资10亿元，用地面积94.17亩，总建筑面积21万平方米，建设综合贸易馆、购物中心、酒店式公寓、综合写字楼等。

⑦三宝机电展示中心项目。由新疆三宝友联有限公司投资建设，总投资6000万元，用地面积48.46亩，总建筑面积3.58万平方米，规划建设机电展示馆、培训中心等。其中，机电展示馆已完工，面积约13883.7平方米，2013年年末交付使用。

⑧义乌小商品展示、销售市场项目。由霍尔果斯远大市场投资有限公司开发建设，总投资10亿元，用地面积155.72亩，总建筑面积约30万平方米，建设各类小商品展示、销售市场及酒店配套设施等。

⑨新型建材展示中心项目。由新疆东方劲秀贸易有限公司投资建设，总投资5亿元，用地面积58.55亩，总建筑面积12.65万平方米，规划建设综合展馆、培训中心等。

⑩金大门国际购物中心项目。由霍尔果斯金大门国际贸易有限公司开发建设，总投资约15亿元，用地面积120.4亩，总建筑面积约34万平方米，建设以经销中亚、俄罗斯等国商品为主的购物中心以及集住宿、餐饮和娱乐于一体的五星级酒店。

⑪旅客服务中心项目。由霍尔果斯金阳房地产开发公司投资建设，总投资4000万元，用地面积17.6亩，总建筑面积3.33万平方米，建设休闲商贸办公楼和酒店式公寓。

⑫亚晟国际酒店项目。由新疆亚晟房地产开发有限公司开发建设，总投资10亿元，规划建设星级酒店与商务会所。

⑬庆华国际商务中心项目。由中国庆华集团开发建设，计划投资约60亿元，用地面积约236.38亩，总建筑面积55万平方米，规划建设酒店式公寓、会议中心、写字楼及管理楼等。

⑭宝源沙钢国际金融中心项目。由宝源实业集团和江苏沙钢和润能源投资有限公司共同投资建设，总投资约9亿元，拟用地面积119.04亩，建筑面积26万平方米，规划建设金融大厦项目。

⑮新机研农牧机械展示项目。由新疆机械研究院股份有限公司投资建设，总投资1亿元，用地面积48.47亩，总建筑面积5万平方米，建设中高端农机展示与交

易中心。

⑯霍尔果斯新晋商国际会展中心项目。由霍尔果斯太行国际投资有限公司开发建设，总投资4亿元，拟用地面积41.96亩，总建筑面积38万平方米，建设展示中心、会议中心及配套设施等。

⑰中哈医院项目。由新疆嘉国房地产开发有限责任公司开发建设，总投资3.74亿元，用地面积96.31亩，规划建设综合医院、国际体检中心、国际医疗学术会展中心、医疗药品器械交易中心、配套生活区等。

⑱家居展示中心项目。由霍尔果斯和润投资开发有限公司开发建设，总投资5.96亿元，用地面积82.07亩，规划建设家居商品交易区、家居商品仓储区、综合服务楼（商务酒店、公寓）。

⑲旭阳国际项目。由新疆旭阳房地产开发有限公司开发建设，总投资5亿元，用地面积62.16亩，规划建设国际贸易楼、商务酒店、高档写字楼。

⑳正天旅游项目。由霍尔果斯正天旅游开发有限公司投资建设，总投资3.9亿元，用地面积74.36亩，规划建设商业中心、写字楼等。

㉑宏运国际商贸中心项目。由宏运商业集团公司投资建设，项目总投资25亿元，占地面积125.9亩，建筑面积58万平方米，建设会展服务区、商品交易区、酒店、银行等。

㉒会议会展中心项目。由霍尔果斯开发建设有限责任公司投资建设，项目总投资20亿元，占地面积324亩，规划建设会展中心、会议中心、酒店、写字楼等。

合作中心哈方区域拟实施107个投资项目，其中52个项目已经找到投资者，主要来自哈国。哈方计划与10家外国公司洽商投资事宜。目前已完成启动工程的第一阶段工作，竣工项目为23个，其中包括道路、桥梁、天桥、高压电线、通信、供水、供暖、排水设施、防泥石流工事等，可以保证来访者顺利进入中心。正在进行启动工程的第二阶段工作，保证货物顺利进入中心。同时进行启动工程的第三阶段工作，建成主要的基础设施项目。

长期以来，合作中心围绕装备制造业、农副产品加工业、轻纺加工业、高新技术产业打造出口加工制造基地。未来，将在园区现有产业基础上，提升纺织服装、特色轻工等劳动密集型产业水平，优化轻纺工业园整体环境，完善纺织品出口加工基地；培育壮大农副产品加工等传统优势产业，围绕龙头企业建设农副产品出口加工基地；引进生物制药、五金制造、电子产品加工等行业。在积极承接东部产业转移的同时，鼓励企业实施技改、扩大规模，推进新型工业化发展，以产业实体支撑对外贸易。按照规模化、品牌化、集群化、信息化、低碳化的导向，优化工业结构，改善品种质量，增强产业核心竞争力，努力拓展产业发展新空间。

四、霍尔果斯跨境经济合作区建设现状及成效

经过十余年的建设，霍尔果斯跨境经济合作区从无到有、从弱变强，对国家战略的顺利实施、地方经济的繁荣发展、民族团结都起到了巨大作用。通过对当前建设现状的梳理，可以看出跨合区实际发展的潜力，以及对中哈跨境经济合作起到的显著推动作用。

（一）配套基础设施建设

跨合区累计投资15亿元建设了基础设施项目54个，合作中心联检大楼、道路、供排水、供热、亮化、园林景观、围网、河道整治、连接通道、卡口设施等基础设施建设基本完成，具备了良好的商业开发条件。

目前，配套区水、电、路、气、热、管网等基础设施建设加快推进，涉及轻纺针织、食品加工、建材加工、陶瓷加工、仓储物流等领域的59家企业入驻配套区。结合建设的实际需要，启动了3.27平方千米配套区首期（综合保税区）项目建设。目前，综合保税区项目查验楼、卡口、围网、道路等基础设施及相关配套设施已完工。总投资11.5亿元的江苏新盐纺集团年产20万锭纱锭项目和山东仕文织造年产5万锭纱锭项目成功落户综合保税区，目前已有6家企业入驻综合保税区。

跨合区充分发挥合作中心管理职能，在认真贯彻执行自治区人民政府出台的《霍尔果斯国际边境合作中心中方区管理暂行办法》的基础上，突出抓好合作中心的管理和运营，进一步规范合作中心管理。投资40万元的指纹识别系统投入使用，开通了建设物资无申报通道，凭身份证入出合作中心政策正在试运行，人员、货物入出合作中心难的问题将得到有效解决。

（二）招商引资

对霍尔果斯来说，其经济发展必然是要靠两条腿走路。一方面，要进一步夯实进出口贸易给本地经济带来的利好；另一方面，要通过招商引资实现本地自身造血机能的提高。可以说，招商引资和扩大开放是霍尔果斯发展的必经之路。经过十几年的建设，霍尔果斯投资环境持续优化。跨境经济合作区招商引资到位资金连续5年稳步增长，2017年，实现招商引资到位资金45.06亿元，同比增长23.8%。共执行项目47项，其中往年结转24项，到位资金29.80亿元，新执行项目23项，到位资金15.26亿元。在强有力的基础设施建设保障下，跨合区前期已投产工业企业13家，实现产值过亿元。目前正引进绿色环保、高新技术和高附加值的产业项目67

个，其中52个项目正在加紧建设，12个项目正在落地，15个投资5000万元以上项目已达成投资协议。

（三）跨境贸易

从地理位置上看，霍尔果斯处在欧亚板块中心，处在上海合作组织成员国与观察国整体区域西部的核心位置。随着“一带一路”建设的推进，这一优越的地理位置使霍尔果斯成为公路、铁路、航空、管道“四位一体”的国际综合交通枢纽，具备良好的对外贸易基础和优越的外部发展条件。哈萨克斯坦丰富的原油与天然气储量，以及中哈关系的日渐升温都使大宗商品贸易成为霍尔果斯贸易的核心。霍尔果斯跨境经济合作区是世界上首个跨境自由贸易区。中哈两国公民和第三国公民，无须签证即可凭护照或出入境通行证等有效证件出入，实现面对面地商贸洽谈和商品交易。同时，中方游客每人每日有8000元人民币免税购物额，哈方游客每人每天1500欧元免税额过境，即买即免。这些特点都使霍尔果斯的跨境贸易呈现出非常鲜明的特点。

2017年，霍尔果斯口岸实现通关贸易额385.67亿元（不含天然气），同比增加146.14亿元，增长61.0%。其中出口实现贸易额379.50亿元，增长61.4%；进口实现贸易额6.17亿元，增长41.8%。合作中心全年实现通关贸易额117.11亿元，增长180.0%。其中出口贸易额116.79亿元，增长181.7%；进口贸易额0.31亿元，下降16.2%。2017年，口岸完成通关货运量106.27万吨（不含天然气），同比增长58.1%，其中出口98.88万吨，进口7.38万吨。公路口岸、铁路口岸、合作中心货运量分别为61.9万吨、35.21万吨、9.11万吨，分别增长51.9%、48.5%、230.4%。

总体而言，霍尔果斯的跨境贸易特点非常鲜明，通过霍尔果斯口岸的双边贸易以出口为主，进口品比较单一，以资源类产品为主。贸易方式较为多样，除了大宗商品贸易活动外，边民互市、旅游购物、边境小额贸易、一般贸易等贸易方式成交额也迅速增长，其中，边境小额贸易是主要方式，据霍尔果斯海关统计，边境小额贸易占霍尔果斯口岸业务量的85%以上。贸易主体呈现多样化的趋势。原本的跨境贸易主体以边境居民为主，而随着“一带一路”倡议的不断推进，中哈双边往来不断密切，经营主体也开始向自然人、私营企业等各种主体演化。交易规模不断扩大，交易范围也扩大到生活资料与生产资料并存的状况。这种多样化象征着霍尔果斯的贸易水平、贸易结构得到了本质上的提高，为霍尔果斯未来经济增长打下了坚实的基础。

（四）跨境金融

中哈霍尔果斯国际边境合作中心是我国首个“边境之内、海关之外”的离岸人民币金融业务试点区。合作中心内银行、企业可享受优惠的离岸人民币政策：合作中心内银行可以直接到境外融资，发放贷款，且创新人民币存贷款业务可参照境外金融市场利率确定；合作中心内注册的境内企业可以在境外直接融资，且人民币境外融资额度不设上限。合作中心还可开展人民币与中亚国家货币挂牌、计价、兑换、结算业务。合作中心内特殊的金融政策使银行和企业有了从人民币离岸市场融入低成本人民币资金的融资通道，有助于吸引企业和金融机构来此集聚，促进霍尔果斯经济发展和中哈金融合作进程。

跨合区大力发展跨境人民币创新业务。2013 年 9 月 3 日，在乌鲁木齐召开的第三届中国—亚欧博览会金融合作论坛上，跨合区与国家“一行三会”[①]、自治区金融机构就中哈霍尔果斯国际边境合作中心跨境人民币创新业务试点进行了深入探讨，达成 35 个合作意向协议，6 家金融机构与苏新置业、义乌国际商贸城等合作中心入驻企业签订信贷协议，跨境人民币融资意向金额总计 79.1 亿元。目前，中国银行、中国农业银行、中国工商银行、中国建设银行、交通银行 5 家商业银行已入驻合作中心营业。截至 2014 年 9 月，合作中心各银行机构累计开立各类人民币账户 121 个，各类人民币账户资金 260.96 亿元，人民币贷款余额 0.9 亿元，人民币担保 0.64 亿元。

中哈跨境金融合作还包括签署货币互换协议、实现两国货币直接汇兑和推动跨境贸易本币结算。2011 年 6 月 13 日，中国人民银行与哈萨克斯坦国家银行签署了金额为 70 亿元人民币的双边本币互换协议。2011 年 6 月，中国银行新疆分行实现哈萨克斯坦货币坚戈现汇挂牌交易。2012 年 4 月，哈萨克斯坦人民银行开通人民币结算业务。2014 年 9 月，哈萨克斯坦证券交易所开始实施人民币与坚戈的直接交易。这些金融合作促进了中哈两国贸易和投资的便利化，满足了两国不断增长的贸易需求。在推动人民币与坚戈直接汇兑业务方面，霍尔果斯起着带头和示范作用。2013 年 9 月，中国银行在新疆首次推出人民币与坚戈直接汇率项下的现钞兑换业务的两个地区就是乌鲁木齐和霍尔果斯。2016 年 7 月 22 日，中国首笔坚戈差额交割远期外汇买卖在霍尔果斯办理，实现了新疆差额交割远期外汇买卖业务零的突破。截至 2016 年 8 月末，以美元为单位统计，霍尔果斯辖区银行累计办理边贸进出口收付汇 219 万美元，其中出口收入 77 万美元，进口支付 141 万美元。

（五）跨境旅游

“一带一路”倡议的提出，使哈萨克斯坦作为“丝绸之路”沿线国家的战略地位凸显出来。中国与哈国发展旅游业合作，对打通人员往来、边贸合作、促进基础

① “一行三会”是对中国人民银行、原中国银行业监督管理委员会、中国证券监督管理委员会和原中国保险监督管理委员会这 4 家中国金融监管部门的简称。

设施和服务行业建设都有重要意义。我国出台了一系列政策支持中哈跨境旅游合作的发展，如“三日免签”政策、“落地签”政策、中国公民赴哈旅游团签政策等。哈萨克斯坦也于2017年举办了“中国旅游年”，借助同年在哈国首都举办的世博会吸引中国游客。

霍尔果斯跨境旅游主要依托霍尔果斯跨境经济合作区，打造边境旅游的品牌，扩大边境旅游的影响力。霍尔果斯市政府与哈萨克斯坦国霍尔果斯投资有限公司对接，通过多次会谈，签订了数个意向性协议，就开展中哈边境游相关事宜达成了共识。双方共同开发跨合区内的游客观光、购物、娱乐等旅游服务项目。中哈双方在2012年签约，共同投资开发边境旅游和哈萨克斯坦传统民族旅游项目。项目位于跨合区哈方区域，占地75亩。该项目也是新疆地区首个边境旅游项目。旅游购物区主要经营中哈双方的特色商品，并有少数民族歌舞表演。该项目提升了霍尔果斯边境旅游的整体水平和文化旅游层次，对发展霍尔果斯边境特色游有明显的推动作用。

在“一带一路”倡议下，霍尔果斯积极开展跨境旅游合作。2014年12月25日，霍尔果斯举办了以“丝路冬韵、相约国门”为主题的首届中哈国际冰雪文化旅游节。2016年1月10日，第二届中哈国际冰雪文化旅游节以“时尚之旅，魅力之都”为主题举办。为期2个月的第三届中哈国际冰雪文化旅游节也于2016年12月30日启动。冰雪文化旅游节的举办填补了霍尔果斯冬季旅游的空白，将政策优势转变为促进双方更好、更快发展的经济优势，打响了霍尔果斯边境旅游品牌，为中哈跨境旅游合作模式提供了良好借鉴。2016年2月18日，霍尔果斯口岸实现“落地签”，成为西北地区第一个实现落地签证的陆路口岸。经口岸入出境的第三国公民、商务考察人员可直接在霍尔果斯口岸办理落地签证手续，有效促进了边境小额贸易、跨境交流合作和跨境旅游业的发展。2017年，霍尔果斯市依托中哈国际文化旅游区和口岸优势，全年共接待中外游客382.54万人，旅游综合收入75.54亿元，同比增长30%和63.3%。

（六）相关制度和政策建设情况

在中国的国情与区域发展的现实条件下，霍尔果斯跨境经济合作区的发展离不开政府相关政策的扶持。这些政策一方面给予跨合区更大的自主权，另一方面也为相关企业和合作伙伴减少了不确定性。从2011年起，中央、新疆维吾尔自治区、伊犁州以及霍尔果斯市均出台了相关优惠政策，以扶持跨合区的健康快速发展。

表2－1整理了对霍尔果斯跨境经济合作区发展起到较大作用的部分政策。可以看出，无论是中央政府、新疆维吾尔自治区政府、伊犁州政府还是霍尔果斯市政府，为跨合区的建设和发展都作出了很大的努力。而这也凸显了霍尔果斯作为丝绸之路经济带重要节点的地位和作用。

表2－1 霍尔果斯跨境经济合作区优惠政策一览

政策类型	年份	主要内容
扶持发展政策	2011	2010—2020年，对在霍尔果斯经济开发区内新办的属于《新疆困难地区重点鼓励发展企业所得税优惠目录》范围内的企业，自取得第一笔生产经营收入所属纳税年度起，五年内免征企业所得税
	2012	明确开发区管理体制和区域范围：成立新疆维吾尔自治区霍尔果斯经济开发区管理委员会，作为自治区人民政府的派出机构，授予管委会行使自治区级管理权。 财政扶持政策：依法落实对两个经济开发区内符合条件的企业给予企业所得税五年免征优惠政策，免税期满后，再免征企业五年所得税地方分享部分
	2014	鼓励先行先试。 完善体制机制：进一步明确了霍尔果斯经济开发区管委会作为自治区人民政府的派出机构，代表自治区人民政府对经济开发区依法行使统一的行政管理权的制度。 加强财税政策支持：全额留存霍尔果斯经济开发区发内2012年到2121年的地方财政收入（包括地方税收），扶持园区建设和产业和发展，由各区管委会制定管理办法自主使用
财税优惠政策	2013	新设立企业，纳税人一个纳税年度内在霍尔果斯园区实际缴纳税款，增值税、营业税、所得税及附加税等当年留存地方财政的总额在100万~300万元、300万~500万元、500万~1000万元、1000万~2000万元、2000万~5000万元、5000万~1亿元、1亿元以上的，分别按照留存总额15%、20%、25%、30%、35%、45%、50%的比例予以奖励。 对开发区范围内的新建工业企业，依据项目实际及竣工时限要求，固定资产投资总额5000万元以上的，以新建厂房建筑面积为准，按照50元/平方米给予补贴。对认定的高新技术产业的设备投入按照设备总投入的1%给予补贴
	2014	根据纳税人一个纳税月度内在园区内实际缴纳个人所得税额地方留成部分给予补贴奖励。具体标准为：当月缴纳个人所得税在1000元人民币至2000元人民币的部分，奖励比率为其在园区实际缴纳个人所得税地方留成部分的70%。当月缴纳个人所得税在2000元人民币至4000元人民币的部分，奖励比率为其在园区实际缴纳个人所得税地方留成部分的80%。当月缴纳个人所得税在4000元人民币以上的部分，奖励比率为其在园区实际缴纳个人所得税地方留成部分的90%
跨境人民币创新政策	2013	中方区注册企业可以在试点银行开立人民币境外融资专用账户，专门存放从境外融入的人民币资金，融资额度、期限无限制。资金可用于中心内项目建设、境外项目建设和与非居民贸易。境外机构可以在试点银行开立人民币HNRA账户，办理人民币现金缴存和支取业务，跨境融资、跨境担保业务，还可以办理定期存款业务
	2014	中方区注册企业的人民币H融资专户资金可以用于向境内居民购买货物、服务以及向境内企业开展跨境直接投资
	2015	合作中心试点银行在建立创新离岸人民币业务核算系统后，可为中方区注册的企业、境外机构、境外个人、境外银行办理人民币存款、贷款、同业拆借、国际结算等各类离岸金融服务。存贷款利率可以参照境外金融市场利率确定，离岸人民币存款面交存款保证金，试点银行应独立编制此业务的资产负债表、损益表，直接并入集团公司。中方区注册企业的创新离岸人民币账户资金可用于合作中心及配套区的项目建设、境外项目和与非居民的贸易

资料来源：霍尔果斯市政府提供。

（七）合作成效

跨合区自设立以来，在各方的大力支持下，各项工作得到整体推进，取得了较大的成效。哈萨克斯坦近年来积极改善国内交通基础设施，力图打造欧亚大陆交通运输枢纽，发展过境运输。哈萨克斯坦铁路公司总裁马明表示，哈方视中国为发展本国交通基础设施的战略伙伴。中国提出建设“丝绸之路经济带”的构想同哈方发展过境运输的国家战略不谋而合，为两国加强互联互通提供了新动力。中国新疆已同哈萨克斯坦实现铁路、公路、航线、油气管道、通信网络的立体对接。两国在网络通信方面的合作也在积极推进，华为、中兴和中国电信在哈参与通信网络建设。新疆的 15 个对外陆路口岸中，有 7 个在中哈边界，正在建设的中哈霍尔果斯国际边境合作中心是我国西部最大的陆路口岸和新型跨境经贸合作区之一。

2012—2015 年，中国运往哈萨克斯坦的集装箱数量增长了 15 倍。2014 年 5 月，中哈连云港物流合作基地一期投产运营，开创了欧亚大陆海陆联运合作新模式，哈萨克斯坦历史上第一次获得直通太平洋的出海口。2015 年 2 月，从中哈连云港物流合作基地出发的定期货运专列抵达阿拉木图，成为中哈合作的又一重要进展。穿越中国、哈萨克斯坦和俄罗斯的“中国西部—西欧”交通走廊正在紧锣密鼓的建设中，预计投入运营后将大大缩短欧亚大陆间的通行距离。

哈萨克斯坦基础设施相对完善，局势稳定，经济发展较快，资源丰富，不过产业结构相对单一，轻工、机电、日用消费品产业相对薄弱。为摆脱单一经济模式，哈萨克斯坦政府一直希望实现经济转型，为此努力改善投资环境以吸引外资。目前中国对哈投资总额超过 260 亿美元，是哈萨克斯坦第三大外资来源国。哈萨克斯坦也是中国在欧亚地区的第一大投资目的地。目前，在哈萨克斯坦有 700 多家中资和中哈合资企业，包括中石油、中石化、中国银行、中国工商银行、华为、中兴等，这些企业为当地创造了数万个就业岗位。

在国际及区域经济充满挑战的环境因素影响下，哈萨克斯坦在经济上也面临一些挑战，同包括中国在内的亚太国家强化经贸往来和产能合作的愿望更加强烈。“丝绸之路经济带”构想提出后，明显带动了中哈产能合作提速。2014 年年底，李克强总理访问哈萨克斯坦期间，两国达成依托“一带一路”开展产能合作的战略共识，双方签署了总额达 140 亿美元的 30 多个合作协议。根据协议，中国将帮助哈方建设 15～20 家加工企业。此后，双方达成了基础设施、石化产品加工、建材贸易、联合办厂等领域的产能合作项目。2015 年哈国总理马西莫夫访华期间，中哈两国签署了在钢铁、有色金属、平板玻璃、炼油、水电、汽车等领域进行产能合作的 30 多份文件，项目总金额超过 200 亿美元。

五、霍尔果斯跨境经济合作区建设存在的问题

尽管有国家政策的推动，也有地方政府的倾力扶持，但霍尔果斯跨境经济合作区在建设发展的过程中，还是遇到了一些问题。有些问题是制度层面的，有些问题是执行层面的。如果不能正视这些问题并积极应对，跨境经济合作区未来的发展就会存在诸多的不确定性。

（一）跨合区运行、管理和协调机制不健全

建设跨境经济合作区需要双方国家高层达成共识，启动政策和管理等实质内容的研究和探讨，制定可行方案，明确推动路线、运行和监管模式。在此基础上共同立法，签订协议，才能推动跨境经济合作区建设取得实质性进展。《中华人民共和国和哈萨克斯坦共和国政府关于建立霍尔果斯国际边境合作中心的框架协议》和《中华人民共和国和哈萨克斯坦共和国政府关于建立霍尔果斯国际边境合作中心活动管理的协定》（以下简称《管理协定》）是合作中心的设立依据，但文件仅对双方授权管理机构予以明确（中方为新疆维吾尔自治区人民政府，哈方为工业和贸易部），并未明确外部执行机制、第三方管理组织和运营管理期文件，造成合作中心内中哈区域建设无统一组织协调机构、无明确推进时间表。《管理协定》尚未全部落地，双方的贸易政策不对等，进度难以同步，发展不平衡。现在合作中心逐渐由建设期向运营期转变，建设运营管理涉及较多系统和部门，目前合作中心遵循的国内政策文件只有国发〔2006〕15 号，① 较上海自由贸易试验区配套的执行政策有所欠缺，影响合作中心国际化、法制化、规范化建设。

（二）合作中心运营成本上升，资金短缺

合作中心自 2006 年动工以来，累计投入 11.8 亿元进行基础设施建设。目前，有的道路、管沟、监控等基础设施已经老化，急需维护修缮，还有大量新的基础设施需要建设，每年投入需 1 亿元。此外，合作中心经营成本增加。随着商户日益增多，需要增加自助查验设备，缓解人员进出压力；实施多点办证后，需大量购置查验、办证设备；为解决“一关两检”延时加班费以及自聘的协警协勤报酬，每年需财政投入 1500 万元。当地政府的财力捉襟见肘。

（三）产业基础薄弱，结构不合理

霍尔果斯市发展基础薄弱，对跨合区的支撑作用较弱，口岸进出口贸易结构较

① 《国务院关于中国—哈萨克斯坦霍尔果斯国际边境合作中心有关问题的批复》。

为单一，辐射带动作用目前还较为有限，使跨合区招商引资速度低于预期，跨合区经济总量不高。2017 年，霍尔果斯市域实现生产总值 46.9 亿元。同期，与霍尔果斯同为“一带一路”重要节点陆路口岸城市的满洲里和瑞丽的生产总值分别达到了 1131 亿元和 103.6 亿元，分别是霍尔果斯的 24.11 倍和 2.2 倍。可以说，横向对比来看，霍尔果斯并不具经济总量方面的优势。由于口岸自身条件制约，其占优势的主导产业——出口加工和贸易物流，不论是产品结构还是发展方式均处于低水平阶段，口岸只起了通道和中转的作用，“通道经济”比重高。对外贸易规模不大，以初级产品和初级工业品为主；加工业处于起步阶段，规模不大，附加值低；现代服务业的发展远落后于其他产业，金融服务相对滞后，物流业发展粗放，旅游业多为传统观光型，其他服务业仍处于起步阶段。

（四）“空壳”企业避税行为扰乱了市场秩序

霍尔果斯推出的“五减五免”税收政策、宽松便利的融资环境、丰厚的财政补贴、大力度的收费减免、上市的绿色通道等各种利好因素，使其成为众多企业争相投资的“税收洼地”。注册成本低、税率低，吸引了大量内地企业到霍尔果斯注册公司。截至 2017 年 12 月 31 日，霍尔果斯市各类市场主体（企业、个体户）总量 22615 户，注册资本 3021 亿元，分别同比增长 177.7%、202.5%。尤其需要注意的一个现象就是影视文化类企业增长迅速，这类企业的一个主要特征就是不需要规模雇用劳动力。由于政府吸引外来资本的态度过于急切，出现了一些注册审查不严、监管不够规范的情况。大量公司在霍尔果斯注册仅为了谋求税收利益，在霍尔果斯并无实际经营。出于避税目的而注册的企业，若并未在霍尔果斯开展实际经营业务，就属于典型的“空壳”企业。大量“空壳”企业如雨后春笋一般，一址多照，出现逃税漏税等现象。这种行为既违背了税收政策的实质精神，扰乱了市场秩序，长期来看也不利于霍尔果斯经济健康发展。

鉴于这种情况愈演愈烈，霍尔果斯市在 2018 年 7 月出台通知，要求规范和整顿企业注册行为，暂停为不符合要求的企业办理注册手续，同时暂停返还增值税和个人所得税。税务政策的调整牵一发而动全身。一方面，企业规模大的注册公司倾巢而动，积极按政策要求在当地落地，保证税收优惠政策的正常享受；另一方面，规模小的公司在成本上涨的压力之下，选择将公司注销，逃离霍尔果斯。

应对“空壳”企业的避税行为，一方面将不合规的中小企业淘汰出局，另一方面又能吸引规模较大公司的入驻，这对霍尔果斯的经济结构和产业结构调整有较大的帮助。但与此同时也必须要看到，霍尔果斯自身经济规模不大，如果仅有少数具有实力的公司进入，对当地经济拉动的作用有限。如何在控制企业避税行为的同时，吸引更多企业进入，改善当地产业结构，是政府必须要解决的重要问题。

（五）跨境旅游发展相对滞后

霍尔果斯的跨境旅游虽然从人数和增长速度等方面都已经取得了相当的进步，但从整体来看仍然存在一些亟待解决的问题。这些问题主要包括：第一，相关跨境旅游政策未能落实，中哈双方仍然停留在备忘录阶段，未能实现突破性进展。第二，跨境游出入境手续烦琐，尤其是哈方颁发给中国游客签证时仍然要求较多，有时滞。这使很多国内游客放弃了中哈边境游这一非常具有吸引力的项目，对霍尔果斯聚集人气和对外宣传非常不利。第三，国际范围的宣传力度有所欠缺。虽然霍尔果斯具有得天独厚的旅游资源和良好环境，但当前对旅游的宣传仅局限于国内市场，海外对霍尔果斯的认知相当薄弱，造成国际旅游人士对霍尔果斯的认识不足，国外游客数量稀少。这些都不利于霍尔果斯旅游业乃至区域经济的健康快速发展。

六、促进霍尔果斯跨境经济合作区健康发展的思考

为了响应“一带一路”倡议，同时保证霍尔果斯跨境经济合作区的健康稳定发展，针对霍尔果斯跨境经济合作中出现的上述问题，提出以下的思考和建议。

（一）加强顶层设计，提出符合国情边情的建设框架

跨境经济合作区建设是我国推进睦邻友好外交战略的重要组成部分，也是推进我国区域合作和自由贸易区战略的重要内容。跨境经济合作区建设事关我国稳定周边局势，创造和平崛起的国际环境和良好的地区秩序。中央政府应高度重视，认真研究邻国政府的态度和举措，加强顶层设计和政策法规建设，加强对跨境经济合作区建设的宏观指导、合理布局。另外，我国跨境经济合作区建设除了要考虑中国的周边外交和自贸区战略，还要考虑与边疆省区和沿边城市经济发展之间的相互支持。跨境经济合作区落地于边境开放城市，跨合区与地方经济之间是相互影响、相互促进的。可参照苏州工业园区中新联合协调理事会的做法，建立由两国副总理分别担任合作理事会中哈双方主席、两国有关部门及新疆维吾尔自治区和霍尔果斯经济开发区的负责人为成员的合作中心协调理事会，定期举行会议，及时协调、调整、解决合作中心存在的重大问题。可考虑建立国务院部际联席会议和自治区合作中心领导小组联席会议机制，推动建立国家部委、自治区、开发区管委会三级联动机制，每年分别在国家、自治区层面定期召开会议研究解决合作中心建设运营中存在的困难和问题。

（二）积极拓宽融资渠道，解决资金问题

合作中心是两国间的战略项目，须以中央政府为投资主体，以地方政府为辅助，

通过专项资金等形式来筹措建设资金，并从机制上保证建设资金的持续投入。同时要积极拓展市场融资渠道，广泛吸收社会资本，多方筹集资金。目前，合作中心建设资金缺口已非常突出，因此，在积极向国家申请专项资金的同时，还需要进一步拓宽思路，探索新型市场融资方式，多渠道融资。如利用合作中心投资开发公司的企业化平台，通过融资贷款或是土地滚动开发方式解决资金问题；将开发建设与经营相结合，以 PPP 的形式吸引社会资本投入等。

（三）提升主导产业层次

坚持贸工结合、规模速度与质量效益并重的原则，加快出口加工、商贸物流发展方式转变，优化产业结构和产品结构，实现产业转型升级。

首先是做大贸易规模。口岸因贸而生，未来的发展也离不开贸易这一主导产业。应树立以质取胜理念，通过提高贸易产品质量，促进贸易主体和市场规模的不断扩大。

其次是提升出口加工业层次。一是促进现有企业转型升级。围绕开拓中亚中高档消费品市场，加快产业结构调整，改善出口商品结构，逐步形成自身主导产业优势。一方面，通过培育龙头企业，引导现有企业引进先进技术设备，提高生产质量和效率，扩大生产规模，积极参与国际竞争，加快人才队伍培养，并逐步向高技术、高附加值产品转移。另一方面，通过与发达地区大企业联合、重组、联合上市等，将本地有知名度的番茄酱、薰衣草、葡萄酒等产业做大，培育自有品牌，通过生物技术等向高新技术产业转化，全面提升市场竞争力。二是建立中小企业培育机制。优化整合各方面资源，逐步健全完善以中小企业专门服务机构为核心、联合各类行业协会和中介机构的中小企业公共服务体系，为企业提供创业辅导、融资担保、技术研发、质量检验检测、市场信息、管理咨询、人才培训等专业化服务。工商、税务、商务、劳动和社会保障、质监等部门要结合各自职能，抓好各个层面的公共服务平台建设，为中小微企业提供信息、技术服务。引导督促各服务机构加强行业自律和自我监督，不断提高服务质量和效率。逐步建立企业孵化器和科技园，从法律、场地租赁、设备租赁、原材料赊销、技术转化等方面提供孵化服务，培育一批中小高新技术企业，逐步形成规模优势。

（四）优化优惠措施，避免盲目招商

各类优惠政策力度大、监管松，导致乱象丛生。针对“空壳”企业的问题，自治区、伊犁州、霍尔果斯市政府果断对政策进行了调整，要求企业必须实名注册、必须要有经营实体、不得一址多企等，叫停了政策范围外的不规范税收优惠。虽然雷厉风行的政策调整让“空壳”企业横行的问题得到了极大缓解，但是与此同时，

对未来预期的不确定性也在大幅攀升。各类投资者纷纷开始撤资，已投资企业也抱着异常审慎的态度。这种信心动摇的局面对霍尔果斯来说并不是一个很理想的结果。税收优惠政策的本意是促进当地经济繁荣。政府要设置门槛，结合当地经济发展的特色引进企业，而非"一刀切"。在加强税务管理的同时，探索出一条符合当地特色的发展之路。

为此，霍尔果斯可以学习借鉴东部沿海地区工业园的成熟经验，发挥政府先行示范引领作用，先行规划建设规模适度的标准化厂房、集宿区、集中办公区，降低企业一次性投资成本，并通过制定财政扶持、税费减免、融资担保等招商引资优惠政策，营造良好的招商引资环境。充分利用中介、互联网等加大招商宣传推介力度，采取主动与大企业对接、制定招商引资目标企业目录、开展主题招商等做法，增强招商针对性，避免"贪大求快"。有针对性地承接沿海发达地区有技术、有品牌、有市场的知名加工生产型企业到霍尔果斯投资兴业，发展机械、电子等技术，资本密集型出口加工业，带动口岸加工贸易结构向高附加值、高技术含量方向发展。

（五）推动霍尔果斯跨境旅游的健康发展

霍尔果斯虽然拥有丰富的旅游资源和相关政策倾斜，跨境旅游开展的深度与广度均不令人满意。要想扭转这一局面，可考虑从以下几个方面着手。

第一，在中哈相关政策协议的框架下，在自治区层面统一恢复与哈萨克斯坦国的跨境游活动。从自治区层面加大对跨境旅游的政策支持。

第二，出入境手续烦琐的一个重要原因在于出入境管理制度和执行机制滞后。应尽量从国家层面争取两国旅游人员互通享受免签政策，享受自由贸易区的有关政策和条件，形成免签、免税的旅游特区。尤其是相关管理部门要尽量简化手续，保证旅游人员的快速通关。

第三，推动霍尔果斯国际旅游网站的建立。进一步挖掘和整合旅游资源，开发新的旅游线路和旅游产品，赴哈国及其他国际旅游市场开展跨境游项目旅游推介会，通过大型宣传推介将霍尔果斯推向国际市场。积极参加国内的相关推介，尤其需要重视通过网站、微博、微信等新媒体大力宣传霍尔果斯旅游产品。

七、霍尔果斯跨境经济合作区合作潜力和前景

霍尔果斯跨境经济合作区是在上海合作组织框架下国际区域经济合作的第一块试验田，是未来中国向西开放的国际贸易自由港。跨合区的主要功能是贸易洽谈、商品展示和销售、仓储运输、宾馆饭店、商业服务设施、金融服务、举办各类区域

性国际经贸洽谈会等。

站在国家间战略合作的高度上，不妨参照“深港模式”给合作中心的发展定位，通过两国优势互补、分工协作、资源整合与功能再造，把合作中心打造成集国际物流、先进制造、国际服务于一体的创新型合作区域。这种定位的可行性在于：中哈两国具备较强的综合竞争力，互补性竞争优势明显，不但产业存在一定的互补性（哈萨克斯坦的重工业与中国的轻工业及生产性服务业），而且要素互补性也较为明显（哈萨克斯坦在资源禀赋上的优势与中国在资金、科技、劳动力、市场上的优势），再加上两国政府制定的优惠政策，两国紧密的人缘、地缘关系，为将合作中心整合为产业互补、经济实力雄厚、综合竞争力强大的自由贸易区奠定了基础。①

这种定位的现实意义在于：中国在资金、技术、劳动力、市场上的优势是吸引哈萨克斯坦的磁场，将合作中心中方区域定位为能够在区域合作中产生引领作用，就是为了保持对哈萨克斯坦强大的吸引力，推动我国向西开放战略的实施。这种定位下合作中心的发展战略目标是：一是在优势互补的基础上完善合作中心的基本功能，将合作中心建成集多种功能于一体的、具有特色的国际城市；二是在不断完善多种功能的基础上，增强联结两国和各自内地市场的桥梁作用，开展多领域、深层次的合作，不断推进两国的优势互补和共同发展；三是发挥示范带头作用，进一步放大辐射功能和国际影响力，在上海合作组织内推广，继而推动上海合作组织自由贸易区的建立。

而从霍尔果斯自身经济发展的角度来看，在“一带一路”倡议得到中亚各国的积极响应的基础上，霍尔果斯跨境经济合作区顺应历史潮流而动，在发展的过程当中必须要实行霍尔果斯品牌战略，将建设国际自由贸易港作为未来发展的核心目标。围绕这一目标，霍尔果斯应当更积极地实施高水平的贸易和投资自由化，大力发展外向型经济，加快国际特区的建设，打造全面开放新格局。

为了实现这一目标，可以考虑从两个方面入手。第一，以物流建设为中心，推动综合枢纽通道建设。跨合区的核心在于中哈经贸合作，这种合作无论是制造业还是能源业，都对于物流有着极高的要求。当下，霍尔果斯的物流建设格局仍未成熟，为了跨合区的进一步发展，大力打造物流中心是当务之急。第二，吸引资本与人才，夯实未来发展的软件基础。霍尔果斯必须要抓住丝绸之路经济带的机遇，围绕互联互通，吸引国内外资金与人才。从现在的情况来看，资金和人才的流动仍然有很大的空间。

① 刘翔峰．“一带一路”战略下的中哈经贸合作［J］．国际贸易，2015（11）：34－38．

按照霍尔果斯市提出的“平安特区、人才特区、效率特区、国际特区、幸福特区”的愿景，霍尔果斯跨境经济合作区应当发挥先行先试的优势，大力推动跨合区的硬件建设和软件优化，把霍尔果斯建设成“一带一路”倡议推进过程中的标杆和示范。

第三章 东兴—芒街跨境经济合作区进展报告

广西壮族自治区东兴市是我国唯一与越南海陆相连的国家一类口岸城市。东兴市与越南芒街市两地政府在2007年共同签署了《中国东兴—越南芒街跨境经济合作区的框架协议》，着力构建新的合作平台，加快两国边境地区的经济社会发展步伐。经过十多年的推动与建设，东兴—芒街跨境经济合作区已经具备一定的发展基础。近年来，东兴市以"以改革开放促开发建设，以开发建设求经贸发展"为根本战略，不断利用自身区位优势、资源优势和政策优势，在跨境贸易、跨境金融、跨境电商、跨境旅游等方面持续推进，自身吸引力不断增强。随着中国"一带一路"倡议深入推进，习近平在第二十五次APEC领导人非正式会议期间访问越南，中越两国政治互信不断加强，携手加强经贸合作成为大势所趋。这为东兴—芒街跨境经济合作区加快实质性进展提供了良好的动力机制和外部环境。本章通过总结东兴—芒街跨境经济合作区的发展沿革、跨境经济合作的基本概况和发展规划，以及东兴市在跨境合作各方面取得的成绩，提炼经验、挖掘问题，思索进一步推进东兴—芒街跨境经济合作区建设的道路，并为其他跨境经济合作区的发展提供借鉴。①

一、东兴—芒街跨境经济合作区建设背景

广西东兴市与越南芒街市海陆相连，两地经贸往来频繁，在边境城市中，两市都属于经济发展良好、人口较为密集的城市。东兴—芒街跨境经济合作区的建设顺应了经济发展需要和中国对外开放新形势，符合"构建面向东盟的国际大通道，打造西南中南地区开放发展新的战略支点，形成21世纪海上丝绸之路和丝绸之路经济

① 除特别注明外，本章所使用资料、数据均为调研所得。

带有机衔接的重要门户”[①] 三大战略定位。通过设立跨合区，提升两地经济合作水平、探索改革开放及新的经贸合作模式、通过辐射和集聚效应深化两地经贸发展已经成为两地政府和民间的共识。

（一）东兴市发展概况

东兴市是隶属广西壮族自治区防城港市（地级市）的县级市，地处我国大陆海岸线西南端，区域总面积590平方千米，陆地边境线长39千米，海岸线长50千米。东兴市沿边、沿海又沿江，与越南北部最大、最开放的口岸经济特区和单列三类都市——芒街市仅一河之隔，处在广西北部湾经济区核心区域和西南、泛珠三角与东盟三大经济圈结合部，是中国面向东盟的前沿和窗口，是中国通往越南等东盟国家最便捷的陆海大通道，也是越南等东盟国家走进中国的第一站。

东兴全市辖3镇、[②] 31个行政村、10个社区，常住人口30万，其中京族人口1.87万，是我国唯一海洋少数民族京族的聚集地。东兴集“边、海、山、少”等特色于一体，有2个国家4A级景区、4个国家3A级景区，有全球最大的跨境红树林示范保护区，与世界著名风景区——“海上桂林”越南下龙湾距离最近，享有“上山下海又出国”的优势区位，是中国最佳生态旅游城市。东兴栖息着4万多只各类鹭鸟，盛产对虾、沙虫、鱿鱼、石斑、海蜇、青蟹、金花茶、香料等特色产品，国家地理标志认证的“红姑娘”红薯、“皇帝果”等无公害养生佳品享誉国内外。

近年来，东兴市经济发展迅速，产业结构更趋平衡，城镇居民人均可支配收入不断提升。固定资产投资增速下降，内外需求双向拉动的经济模式已经形成（见表3-1）。

表3-1　东兴市近年经济发展主要指标

年份	地区生产总值（亿元）	产业结构比例	城镇居民人均可支配收入（元）	固定资产投资增速（%）
2010	45.18	17.97∶36.74∶45.29	21069	55.6
2011	52.09	18.70∶38.56∶42.74	23182	16.4
2012	62.45	17.18∶40.67∶42.14	26110	36.8
2013	70.77	17.74∶42.72∶39.54	28747	20.9
2014	78.57	17.87∶43.40∶38.74	31363	15.8
2015	85.44	18.08∶42.40∶39.52	33558	11.2

① 2015年，全国两会期间，习近平参加广西代表团审议并发表重要讲话，代表中央赋予了广西这三大战略定位。

② 东兴镇、江平镇、马路镇。

续表

年份	地区生产总值（亿元）	产业结构比例	城镇居民人均可支配收入（元）	固定资产投资增速（%）
2016	92.99	18.32∶41.30∶40.38	34993	8.5
2017	103.96	18.04∶43.27∶38.69	37652	7.4

东兴先后4次成为国家战略区域。1992年，东兴成为国务院批准设立的14个国家级边境经济合作区之一，同年设立东兴经济开发区；2008年，东兴成为广西北部湾经济区五大功能组团之一；2010年，中共中央、国务院在《关于深入实施西部大开发战略的若干意见》（中发〔2010〕11号）中，明确提出加快推进东兴重点开发开放试验区建设，2012年7月9日正式批复试验区建设实施方案；2012年，东兴成为沿边金融综合改革试验区。

良好的区位优势、资源优势、经济发展潜力和政策优势，为东兴与芒街建立跨境经济合作区奠定了基础。

（二）东兴市建立跨境经济合作区的区位优势

经济全球化和区域经济一体化的发展为中越边境城市的跨国经济合作提供了强大的外部动力。经过20多年的发展，中越边境城市已由当初的“边缘”地区逐步走向跨境经济合作的“前沿”，在经济全球化和区域经济一体化的背景下，这些边境城市的跨境合作进一步得到加强。中国与越南边境线长达1450千米，其中广西与越南的陆地边境线长达1020千米，云南与越南的陆地边境线长达430千米，区域范围从中国、越南、老挝三国交界点起到北仑河口，在边境线上分布着中越两国的数十个大小城市（镇），主要包括中方一侧广西的东兴市、凭祥市和云南的河口县，越方一侧的芒街市、同登市和老街市（见表3－2）。受历史、政治、地理位置、交通条件等因素的影响，东兴相较其他两个主要的边境城市，在跨境经济合作方面更具有区位优势，发展尤其活跃。

表3－2　中越边境城市分布

省区	边境城市（县）	地理位置	越南对应的边境城市
云南	河口	云南省东南部，隶属红河州	老街
广西	凭祥	广西壮族自治区西部，隶属崇左市	同登
	东兴	广西壮族自治区西南部，隶属防城港市	芒街

资料来源：根据边境口岸的政府网站资料整理。

表3－3对中越边境中方一侧的3个主要城市（县）进行了对比分析。其中，河口县的经济发展水平、交通条件、发展质量和富裕程度在3个城市（县）中较为

薄弱，且工业发展落后。凭祥市交通和腹地条件都比较理想，有很好的通道能力；其所属的南宁和崇左作为自治区首府和区域核心城市，支撑能力强，外贸进出口规模最大，但是地区生产总值和人均生产总值相比东兴市要落后，从产业结构来看，第三产业比重过大，外向型经济特征十分明显。东兴市的地理区位优势突出，是广西乃至中国内陆连接越南及东盟的最便捷通道，经济社会发展基础优于其他边境城市（县）；工业以农副产品加工业、家具、轻工业为主，产业结构趋向合理，具有明显的外向型经济特征；地区生产总值、人均生产总值和居民人均收入在3个边境城市（县）中居于首位，经济社会发展质量和富裕程度都优于其他边境城市（县）。

表3-3　2017年中越边境城市（中国）主要指标对比分析

指标	东兴市				凭祥市			河口县		
较近的核心城市	越南海防	中国舒州	中国南宁	中国防城港	越南河内	中国南宁	中国崇左	中国昆明	越南河内	越南海防
与其距离（千米）	206	70	178	39	172	179	80	432	260	360
交通方式	公路、海运				高速公路、铁路			公路、铁路		
地区生产总值（亿元）	104				76.39			51.42		
规模以上工业总产值（亿元）	158.1				38.27			2.32		
固定资产投资（亿元）	129.5				133			81.68		
外贸进出口总额（亿元）	243.36				860			144.68		
财政收入（亿元）	13.2				7.33			3		
社会消费品零售总额（亿元）	27.6				25.77			7.67		
城镇居民人均可支配收入（元）	37652				32154			30450		
农村居民人均可支配收入（元）	16471				10878			11335		

资料来源：2018年东兴市、凭祥市、河口县政府工作报告。

（三）大范围区域合作为跨境经济合作区的建立凝聚了外部势能

1. 国内的区域经济合作

（1）“泛珠三角”（9+2）区域经济合作

“泛珠三角”区域合作是我国范围最广、合作方最多的区域合作形式，于2004年由广东省首倡。在“泛珠三角”区域合作下，广西与粤港澳经贸往来更加密切和活跃，成为承接粤港澳三地产业转移的主要区域。“泛珠三角”合作，各省区之间初始条件的差异性远大于同质性，决定了相互之间比较优势的存在，它们之间的互补性使其各方合作大于竞争。合作不是通过中央计划而是通过市场机制，将各种资源组合起来，通过项目建设、产业发展，推进合作各方经济系统从低序向中序、从中序向高序、从高序向更高序列演进。①

（2）西南六省区市七方经济协调会

西南六省区市七方经济协调会包括云南、贵州、四川3个省，广西、西藏2个自治区、重庆直辖市和成都市，是我国最早、历时最长的区域合作形式。其前身是1984年年初四川、云南、贵州、广西和重庆市共同创立的四省区五方经济协调会，随着西藏和成都市的先后加入，变成五省区七方经济协调会，1997年重庆市升格为直辖市后，成为现在的六省区市七方经济协调会。“经济协调会”一直是大西南地区区域合作的协调机制。通过每年一次的高层例会，进行联系和协调，共同商讨区域合作与协调发展的大计。西南合作各方的初始条件虽有差异但差异甚小，合作的定位是“联合开发”，内容是对共同需要的交通、能源、生态、旅游等方面的合作，形式是达成共识，向中央国务院申请政策支持、项目支持和资金支持。

2. 国际区域经济合作

（1）中国—东盟自由贸易区

2010年1月1日，中国—东盟自由贸易区正式全面启动，成为一个涵盖11个国家的巨大经济体，是目前世界上人口最多的自贸区，也是发展中国家间最大的自贸区。2015年11月22日，在马来西亚吉隆坡正式签署了中国—东盟自贸区升级谈判成果文件——《中华人民共和国与东南亚国家联盟关于修订〈中国—东盟全面经济合作框架协议〉及项下部分协议的议定书》（以下简称《议定书》）。《议定书》是我国在现有自贸区基础上完成的第一个升级协议，涵盖货物贸易、服务贸易、投资、经济技术合作等领域，是对原有协定的丰富、完善、补充和提升，体现了双方深化和拓展经贸合作关系的共同愿望和现实需求。《议定书》的达成和签署，将为双方经济发展提供新的助力，加快建设更为紧密的中国—东盟命运共同体，推动实现2020年双边贸易额达到1万亿美元的目标，并将促进区域全面经济伙伴关系协定（RCEP，亦即“10+6”）谈判和亚太自由贸易区的建设进程。

（2）中越“两廊一圈”合作

2004年5月20日，时任越南总理潘文凯在对我国进行国事访问时，向时任总理温家宝提出了共建“两廊一圈”的提议。2004年10月6—7日，时任总理温家宝对越南进行了正式友好访问，其间两国政府发表了《中越联合公报》。公报中重点提到了双方同意在两国政府经贸合作委员会框架下成立专家组，积极探讨“昆明—

---

① 汤正仁. 西南合作与“泛珠”合作比较分析——基于耗散结构论的视角［J］. 区域经济评论，2013（4）：48-54.

老街—河内—海防—广宁”“南宁—谅山—河内—海防—广宁”经济走廊和环北部湾经济圈的可行性。至此，“两廊一圈”进入两国政府的合作构想。与此相关的桂、滇两省区反应积极，希望借此实现中国—东盟自由贸易区建设及对东盟合作的突破。“两廊一圈”的提出及其启动实施是中国—东盟自由贸易区合作框架下次区域合作的具体举措，推动“两廊一圈”建设是基于中越两国关系不断全面深入发展在经贸合作方面的具体成果，它标志着中越经济在迈向一体化方面步入了规划和实际操作层面。

（3）大湄公河次区域合作（GMS）①

1992 年，亚洲开发银行发起成立大湄公河次区域经济合作机制（Greater Mekong Subregion Economic Cooperation，GMS），成员国包括中国、柬埔寨、老挝、缅甸、泰国、越南 6 国。GMS 的宗旨是通过加强各成员间的经济联系，消除贫困，促进次区域的经济和社会发展。多年来，GMS 不断深入发展，已形成领导人会议、部长级会议和各领域务实合作的总体合作架构。GMS 成员间合作领域进一步拓宽，涵盖交通、能源、信息通信、环境、农业、人力资源开发、旅游、经济走廊等，取得了丰硕成果。2013 年 12 月，GMS 第十九次部长级会议上通过了《GMS 区域投资框架（2012—2022）》（RIF）。2014 年 12 月 19—20 日，GMS 第五次领导人会议在泰国曼谷举行，主题是“致力于实现大湄公河次区域包容、可持续发展”。会议发表领导人宣言，通过《2014—2018 年区域投资框架执行计划》（RIF - IP），为次区域进一步加强互联互通描绘出蓝图。2018 年 3 月 30—31 日，GMS 第六次领导人会议在越南河内举行，主题是“立足 25 周年合作，建设可持续、融合、繁荣的大湄公河次区域”。会议通过《领导人宣言》《河内行动计划》和《区域投资框架》，总结 GMS 成立 25 年来的成就和经验，探讨下一步合作方向，展望长期愿景。

（四）跨合区所依托的国家战略区域

目前，东兴被纳入的国家战略区域主要有广西东兴国家重点开发开放试验区、广西沿边金融综合改革试验区。此外，东兴还在积极申报国检试验区，这为东兴与芒街建立跨境经济合作区建立了良好的制度和政策基础。

1. 广西东兴国家重点开发开放试验区

广西东兴国家重点开发开放试验区（简称“东兴试验区”）是全国首批 3 个沿边开发开放试验区之一，② 地处广西北部湾经济区核心区域和西南、泛珠三角与东

---

① 大湄公河次区域合作［EB/OL］. 中华人民共和国外交部网站，［2018 - 03 - 06］. https：//www. fmprc. gov. cn/web/gjhdq_ 676201/gjhdqzz_ 681964/lhg_ 682686/jbqk_ 682688/.

② 另外 2 个为满洲里和瑞丽。

盟三大经济圈结合部，是国家推进“一带一路”建设的重要门户，是自治区实施“双核驱动”战略的重要平台，也是带动西南、中南地区开放发展的重要支点。东兴试验区范围涵盖防城港市所辖的东兴市、港口区全境，以及防城区的防城镇、江山乡、茅岭乡，总面积1226平方千米，人口48.3万人，与东盟海陆相连，陆地边境线100.9千米，大陆海岸线537.8千米，拥有我国西部第一大港防城港等5个国家级口岸和5个边贸互市区（点）。东兴试验区的前身是1992年经国务院特区办批准设立的东兴边境经济合作区，是当时《广西北部湾经济区发展规划》确定的29个重点园区之一，当时规划面积4.07平方千米。2008年，东兴成为广西北部湾经济区五大功能组团之一。2010年，中共中央、国务院在《关于深入实施西部大开发战略的若干意见》中明确提出要积极建设广西东兴重点开发开放试验区，以提升沿边开发开放水平。2012年7月，国务院正式批准《东兴试验区建设实施方案》，要求“努力把东兴试验区建设成为深化我国与东盟战略合作的重要平台、沿边地区重要的经济增长极、通往东南亚国际通道重要枢纽和睦邻安邻富邻示范区”，“经过10年左右的努力，把东兴试验区建成经济繁荣、生态优美、和谐宜居、睦邻友好的边海新区”。2012年8月，东兴试验区建设正式启动。

在管理体制方面，2012年9月，自治区党委、自治区人民政府决定，组建中共广西东兴国家重点开发开放试验区工作委员会（正厅级），为自治区党委的派出机构；组建广西东兴国家重点开发开放试验区管理委员会（正厅级），为自治区人民政府的派出机构。中共广西东兴国家重点开发开放试验区工作委员会和广西东兴国家重点开发开放试验区管理委员会实行一个机构、两块牌子，与防城港市委、市人民政府合署办公，负责统筹协调推进广西东兴国家重点开发开放试验区的规划、建设和管理工作。其中，防城港市委书记兼任东兴试验区工委书记，防城港市市长兼任东兴试验区管委会主任，东兴试验区管委会常务副主任挂任防城港市委常委。2017年10月13日，自治区正式印发东兴试验区管理体制改革总体方案。目前，正加紧研究制定管理体制改革总体方案的实施方案。

在试验区政策方面，2015年12月，国务院出台《国务院关于支持沿边重点地区开发开放若干政策措施的意见》，明确在兴边富民、体制机制、贸易结构、差异化扶持、基础设施建设、财税、金融创新、旅游开放等31个方面给予东兴试验区一系列政策支持。2017年12月，自治区政府印发《加快推进东兴重点开发开放试验区建设的若干政策》，给予东兴试验区34条政策支持。

2017年，东兴试验区（包括跨境合作区）实现地区生产总值583.33亿元、完成固定资产投资552亿元、完成公共预算收入65.4亿元，分别比2012年增长63.3%、

74.3%、43.67%。2013—2017 年，地区生产总值增速分别达到 12.4%、11.6%、11.5%、9.5%、7.1%。2017 年，东兴试验区城镇化率达到 70.91%，居于广西前列；进出口（包含边贸互市）总额达到 103.35 亿美元，比 2013 年的外贸进出口总额（42.93 亿美元）、边贸互市成交额（208.7 亿元人民币）之和增长 44%；工业总产值 1570.5 亿元，5 年年均增长 19%；外资到位资金 4.8 亿美元，5 年年均增长 7.3%；内资到位资金 477.1 亿元，5 年年均增长 6.5%；社会消费品零售总额 73.1 亿元，5 年年均增长 11.3%；城镇居民人均可支配收入达到 35364 元、农村居民人均可支配收入达到 14963 元，5 年年均增速分别达到 8.3%、11.3%（见表 3－4）。

2. 广西沿边金融综合改革试验区

2013 年 11 月 27 日，中国人民银行联合多部委印发《云南省广西壮族自治区建设沿边金融综合改革试验区总体方案》（以下简称《金改试验区总体方案》），将东兴所在的防城港市纳入试验区。[①]《金改试验区总体方案》旨在促进沿边金融、跨境金融、地方金融改革先行先试，促进人民币周边区域化，提升两省区对外开放和贸易投资便利化水平，推动沿边开放实现新突破。包括人民币区域化在内的沿边金融开放由此掀开新篇章。

3. 中国—东盟边境贸易东兴国检试验区

东兴市坚持全域开放，打造开放型经济发展新平台，正积极向广西出入境检验检疫局申报建设“中国—东盟边境贸易东兴国检试验区”（以下简称“国检试验区”）。[②]借此，更好地贯彻和落实《国务院关于支持沿边重点地区开发开放若干政策措施的意见》（国发〔2015〕72 号）和《质检总局关于支持沿边重点地区开发开放的意见》（国质检通〔2016〕153 号）的要求，以及《质检总局广西壮族自治区人民政府关于共同探索建设中国—东盟边境贸易国检试验区合作备忘录》精神，进一步结合东兴面向东盟开放合作的强大优势，满足今后边境贸易发展需要。截至 2017 年 10 月，“国检试验区”的申报中心、视频监控指挥中心、查验中心等六大“中心”基础设施已建成 3 个，计划年内可完成全部建设，“国检试验区”的立项申请正等待广西出入境检验检疫局批复。

---

① 沿边金融综合改革试验区包括云南省的昆明市、文山州、红河州、保山市、西双版纳州、临沧市、普洱市、怒江州、德宏州，广西壮族自治区的南宁市、钦州市、北海市、防城港市、百色市、崇左市，区域面积 31.77 万平方千米，人口 4419 万。

② 广西凭祥国检试验区是我国首个边境贸易国检试验区。国检试验区打破了检验检疫几十年来对边境贸易监管的常规惯用做法，以“立足沿边、面向东盟、先行先试、风险可控”为指导思想，通过“三创两优”运行模式，创新工作机制、创新业务模式、创新通关便利化举措，优化进口、优化出口，大幅降低了出口门槛，精简了进口程序，加快了通关速度，降低了交易成本，实现了有效监管和便利通关的高度统一。

表 3－4　2013—2017 年东兴国家重点开发开放试验区主要指标统计表

指　标	单位	2013 年		2014 年		2015 年		2016 年		2017 年	
		总量	增速(%)	总量	增速(%)	总量	增速(%)	总量	增速(%)	总量	增速(%)
规划土地面积	平方千米	1226	—	1226	—	1226	—	1226	—	1226	—
户籍人口	万人	42.21	1.8	42.88	1.6	43.67	1.8	44.44	1.8	44.97	1.2
常住人口(仅供参考)	万人	45.06	—	45.58	1.2	46.41	1.8	46.98	1.2	47.68	1.5
常住人口城镇化率(仅供参考)	%	66.75	—	67.23	0.48[a]	68.35	1.12[a]	69.74	1.39[a]	70.91	1.17[a]
生产总值	亿元	401.79	12.4	452.95	11.6	486.07	11.5	523.98	9.5	583.33	7.1
人均生产总值	元	86062	—	94770	10.1	100259	5.8	106854	6.6	117463	9.9
规模以上工业企业数	个	116	—	114	-1.7	117	2.6	113	-3.4	105	-7.1
规模以上工业总产值	万元	8311840	25.3	9916938	18.8	11555695	16.7	13137873	14.7	15705484	19.5
规模以上工业企业主营业务收入	万元	7457501	20.6	8097889	8.9	9490055	17.2	10438727	9.9	12204112	16.9
规模以上工业利税总额	万元	426479	5.4	301654	-29.5	314504	4.1	—	—	—	—
利润总额	万元	325293	5.4	219256	-32.9	234795	6.9	269438	14.2	508883	88.9
税金总额	万元	101186	5.2	82398	-18.3	79709	-3.4	—	—	—	—
全社会固定资产投资完成额	万元	3791343	15.0	4012726	5.8	4397329	9.6	—	—	—	—
固定资产投资完成额	万元	3658388	15.5	3855589	5.4	4224802	9.6	4958230	17.4	5520575	11.3
社会消费品零售总额	万元	481167	11.5	542227	13.4	594793	9.7	659711	10.9	731392	10.9
外贸进出口总额	万美元	429303	-12.3	545560	27.1	860140	57.7	713832	-5.4	1033523	44.8
边贸成交额	万元	2087307	16.9	2235152	9.2	2423416	8.4	—	—	—	—
财政收入	万元	514402	13.0	571029	11.0	618529	8.3	665424	7.6	654241	-1.7
招商引资新签项目个数	个	42	—	63	50.0	36	-42.9	46	27.8	100	117.4
外资到位资金	万美元	24674	37.3	32197	30.5	40684	26.4	48967	20.4	48134	-1.7
内资到位资金	万元	3306968	5.3	3716585	12.4	4000960	7.7	4372076	9.3	4771387	9.1
城镇居民人均可支配收入	元	27065	10.3	29446	8.8	31587	7.3	32802	7.4	35364	7.8
农村居民人均可支配收入	元	9665	15.0	10833	12.1	11891	9.8	13589	9.5	14964	10.1

资料来源：根据东兴国家重点开发开放试验区管委会提供资料整理。

注：上标 a 表示提高或降低的百分点。

二、东兴—芒街跨境经济合作区概况

东兴—芒街跨境经济合作区首先由两地地方政府积极推动建设，于2007年和2010年分别签署了《中国东兴—越南芒街跨境经济合作区的框架协议》《共同推进建立中国广西东兴—越南广宁省芒街跨境经济合作区协议》。近年来，中越两国政府不断加强沟通，两国政府也多次表态支持加快跨合区建设，在国家层面、省级层面、广西东兴试验区管委会和广宁省口岸经济区管委会、东兴市和芒街市等4个层面建立沟通工作机制，《中越跨境经济合作区建设共同总体方案》这一跨合区建设的顶层设计也有望加速达成。

（一）跨境经济合作区建设的历程沿革

为主动融入泛北部湾区域经济和多区域合作，发挥两市的地缘优势，2006年起，东兴和芒街两地轮流举办中越边境（东兴—芒街）商贸旅游博览会，成效显著、影响深远，为两市的友好交流与合作搭建了重要平台。

2007年，东兴市与芒街市两地政府共同签署了《中国东兴—越南芒街跨境经济合作区的框架协议》（以下简称《框架协议》），拟在中越北仑河二桥口岸经济区两侧设立中越东兴—芒街跨境经济合作区，由中国东兴和越南芒街两市在边境范围内各自划出一定的区域，规划建设面积为5.23平方千米，其中中方3.23平方千米，越方2平方千米。双方拟着重在基础设施建设、促进经济结构调整、创造投资环境和招商引资、技术研发、促进贸易和投资便利化、开展社会文化事业、加强环境保护与司法互助的7个方面加强合作。

在东兴和芒街两市的共同推动下，在2010年9月中越东兴—芒街跨境经济合作区研讨会上，中国广西和越南广宁省达成共识，签署了《共同推进建立中国广西东兴—越南广宁省芒街跨境经济合作区协议》（以下简称《协议》），跨境经济合作区建设进入具体运作议程。《协议》进一步确定了合作区着重开展基础设施建设，贸易、旅游和投资合作，产业合作，金融合作，社会文化合作，保护环境合作，司法互助合作以及其他双方共同关心的领域的合作。《协议》的签署不仅为中越边境友好合作、扩大开放、和谐边境、稳定边境、富裕边境、繁荣边境打下坚实的基础，而且在中国—东盟自由贸易区已经建成的情况下，为国家建设跨境经济合作在形式、途径和模式方面进行探索，力求实现新的突破。

2013年10月，李克强总理访越期间，中越两国达成共识，决定在北仑河的两岸，两国各规划10平方千米左右的特殊监管区，建设跨境经济合作区。双方共同确定跨境经济合作区的空间布局、产业规划、基础设施安排等，各自负责实施本方区域的开发与建设。

2015 年 11 月，在中共中央总书记和越共中央总书记的共同见证下，中国广西和越南广宁两省区在河内签署《中国共产党广西壮族自治区委员会与越南共产党广宁省委员会关于建立友好地方组织的交流协议》，提出要加强和深化两省区合作，加快推进中越跨境经济合作区建设。

2016 年 3 月和 4 月，中越双方联合组团分别对中越两国沿边口岸进行调研，通过组织联合调研组对相关口岸进行考察，进一步看到了东兴口岸和芒街口岸与其他口岸的差距，增强了相互了解。

2017 年 5 月 11 日，习近平主席在北京会见越南国家主席陈大光，中越联合公报中明确指出，双方要加快商签《中越跨境经济合作区建设共同总体方案》。

中越两国高层高度重视跨境合作区建设，在两国党和政府领导会晤中多次把跨合区列为重要议题。2017 年 11 月 12 日，在中共中央总书记、国家主席习近平和越共中央总书记阮富仲的见证下，中越双方正式签署《中国商务部与越南工贸部关于加快推进中越跨境经济合作区建设框架协议谈判进程的谅解备忘录》，为加快正式签署跨境合作区建设共同总体方案奠定了坚实基础。中国广西壮族自治区和越南广宁省积极就跨境合作区建设进行磋商，将其列入 2016 年、2017 年与越南北方四省党委书记会晤重要议题。东兴试验区管委会主动与越方国家有关部门和广宁省、广宁口岸经济区管委会以及芒街市等开展了 10 次以上工作会晤，就跨境合作区建设总体方案进展情况、规划、投资建设、口岸通关、管理体制机制、跨境优惠政策等方面进行了深入交流，推进跨境合作区建设达成“六个共同”的共识，即共同争取方案获批、共同推进基础设施建设、共同研究园区政策、共同提升通关便利化、共同构建互动机制、共同策划招商引资。

2018 年 9 月 12 日，第三届中越跨境经济合作论坛暨中国东兴—越南芒街跨境经济合作区专场推介会在南宁举行。跨境经济合作区中方园区已取得突破性进展，总体规划和产业布局已确定，基础设施日臻完善，跨境旅游增长迅猛，跨境金融不断创新。有关各方共签约 26 个项目，金额达 734.15 亿元，涉及商贸旅游、黄金、跨境加工和跨境物流、通用航空、加工贸易、体育用品和智能产品研发等。[①]

---

① http：//www.gxzf.gov.cn/gxydm/20180913－712181.shtml. 数字根据调研资料进行了调整。

（二）东兴—芒街跨境经济合作区发展情况

1. 东兴—芒街跨境经济合作区规划

目前，跨合区规划总面积共23.44平方千米，其中中方园区规划面积9.94平方千米，越方园区规划面积13.5平方千米。中方园区按照“1+7”，即1个核心区（围网区）9.63平方千米和7个配套园区74平方千米进行规划建设，实行“前店后厂”的产业开发模式。9.63平方千米的核心区即围网区为“店”，重点发展跨境金融商贸旅游、国际会展、电子信息、纺织服装、机械制造、新能源、保税加工、现代物流、总部经济、大宗商品交易市场等产业；74平方千米的配套园区为“厂”，主要布局进出口加工、现代物流等产业。

（1）核心区

具体按照“一区三园”促进重点产业集聚。“一区”指金融商贸区。规划面积2.06平方千米，总建筑面积100万平方米，总投资约55亿元，主要布局具有口岸服务功能的商贸产业，预计实现年产值380亿元。主要建设国门楼、查验场、商贸旅游服务中心、国际商品展示交易中心、国际商品进出口集散中心、国际金融城、中国东盟特色商业街和东盟国际会展中心等项目。

“三园”分别是深圳电子科技产业园、香港纺织服装产业园和台湾加工贸易与物流综合产业园。

深圳电子科技产业园规划面积156亩，总建筑面积10万平方米，总投资10亿元（其中标准厂房及配套设施投资2.5亿元），建设标准厂房6.2万平方米，可容纳电子信息企业15~20家，重点发展通信设备、电子信息等产业，预计实现年产值300亿元。园区建成后，将进一步夯实东兴市产业基础，填补东兴试验区沿边地区电子信息产业的空白，推动防城港市产业转型升级。目前，投资1.5亿元的跨境合作区首个高新技术产业项目——广利通高新科技园已经进场装修，预计2018年第三季度实现投产。

香港纺织服装产业园规划面积553亩，总建筑面积38万平方米，总投资24亿元（其中标准厂房及配套设施6亿元），建设标准厂房30万平方米，可容纳企业20余家。园区主要利用跨境劳务合作成本优势和东盟广阔市场优势，发展服装成衣加工，年产量3000万件，预计实现年产值50亿元，成为跨境合作区产业发展的示范区及防城港市加工贸易新的增长点。目前，国内纺织行业排名前三的天虹纺织集团已经在跨境合作区注册运营。

在“海峡两岸产业合作区”框架下，东兴试验区管委会与全国台企联在跨境合作区核心区内共同打造台湾加工贸易与物流综合产业园。台湾加工贸易与物流综合产业园初期规划总用地面积1110亩，主要依托沿边金融合作、跨境电子商务、跨境劳务资源优势，大力发展口岸、海洋、旅游、生态、互联网等经济业态，重点领域为仓储物流、加工贸易和高端制造业。2018年6月21日，台商企业佛山锡山家具有限公司和上海冠龙阀门机械有限公司与东兴试验区管委会签约，拟在东兴跨境合作区分别投资台湾加工贸易产业基地项目、阀门及铸件机械生产基地项目。

（2）配套园区

包括东兴边贸中心、江平工业园、松柏产业园、冲榄工业园、黄沙水物流加工园、夹浪物流园和长山新城区，主要布局进出口加工、保税仓储、现代物流等产业。第一片区（起步区）1.64平方千米重点布局口岸服务、金融商贸会展等高端服务业；第二片区5.01平方千米重点布局保税仓储、加工贸易等重点产业；第三片区3.29平方千米重点布局现代物流、大宗商品交易市场等配套服务业。

2. 跨合区管理模式

自治区主要领导2016年8月1日作出了“把东兴试验区做实”的重要指示，要求重点理顺东兴试验区与防城港市、东兴试验区与东兴跨境合作区、东兴跨境合作区与东兴市三方面关系。东兴试验区工管委于2015年联合防城港市委市政府、东兴市委市政府成立中国东兴—越南芒街跨境经济合作区（中方园区）建设指挥部，由试验区管委会常务副主任（副厅级）任指挥长，东兴市委书记和市长任副指挥长，下设6个工作组，深入一线办公，迅速形成上下合力，较好地调动和发挥了防城港市、东兴试验区和东兴市三方面积极性，激发了干部队伍干事创业的热情。

中越双方已经形成国家层面、省级层面、广西东兴试验区管委会和广宁省口岸经济区管委会、东兴市和芒街市等4个层面的沟通工作机制。其中东兴试验区管委会、跨境合作区指挥部和广宁省口岸经济区管委会共同约定每半年召开一次会议，由双方轮流主办，及时磋商解决双方合作发展中的有关重大问题，并约定在工作层面上每三个月或不定期随时进行磋商。随着中国—东盟自贸区升级版的深入推进、中越两国跨境经济合作的加快发展，东兴—芒街跨境经济合作区的合作机制将会更加完善、更加紧密。

从具体的管理模式上看，跨合区在核心区内探索实行“两国一区、境内关外、自由贸易、封关运作”管理模式，实现“一线放开、自由流动、二线管住、高效运行”，人员、货物和资金都可以在跨合区内自由流动。为加快推进东兴—芒街跨境经济合作区中方园区建设，完善二桥口岸区功能布局和中方园区产业布局，率先在中方园区内对海关、检验检疫部门监管，企业入驻待遇、负面清单监管等方面进行先行先试，协调越南芒街方面加快推进越方园区建设，并促进两国共同方案的出台，实现跨境经济合作区的封园运营。

3. 园区基础设施建设取得新突破

（1）规划体系不断完善优化

东兴试验区管委会完成了口岸综合服务区规划设计方案，对口岸限定区、旅检区进出境大厅、联检部门用房、验货场卡口以及友谊路、经五路、罗浮西路和纬三路等道路进一步优化调整。开展台湾产业园、临时产业工人用房、临时货场、海关一线货车快速查验等选址，深化230亩商业临建、跨合区临时标准厂房等规划方案，跨合区、口岸综合服务区分工布局进一步优化。

（2）园区路网及水电等配套设施建设加快完善

跨合区中越北仑河二桥、友好大道、沿河大道一期已经建成，高速公路连接跨越大道和第一片区的道路基本贯通，“两纵一横一环”路网初步成型。2018年上半年，楠木山大道、罗浮西路、友谊路等3个项目已开工，累计完成投资4480万元，正在进行路基施工；经五路、纬三路、防城至东兴高速公路东兴互通立交南端延长线道路改建工程和启动区供水管网4个项目计划新开工。罗浮变电站已完成项目立项和规划选址，落实了建设资金。东兴口岸二桥综合服务区的国门楼主楼和2座裙楼已经封顶。

4. 产业建设持续发力

（1）产业基础设施保障力度不断增强

跨合区2018年重点建设标准厂房、300亩临时标准厂房、230亩临时商贸设施和临时产业工人用房等4个产业基础设施项目，总投资15亿元，年度投资1.24亿元。目前，标准厂房已有4栋封顶并进入室内装修，预计2018年第三季度投产使用，其余5栋力争2018年年底前建成使用。300亩临时标准厂房、230亩临时商贸设施和临时产业工人用房等3个项目正在进行方案设计。

（2）招商引资力度持续加大

2018年以来，东兴试验区管委会围绕跨境经济合作区早期收获、培育沿边经济新增长极，加大招商引资力度。截至2018年8月底，东兴试验区管委会开展外出招商活动10次，走访企业40余家，参加自治区重大推介活动5次，组织赴天津、珠三角等地开展专题招商推介活动4次，接待客商考察团39批次共计360余人次。

（3）企业投资入驻持续升温

目前，天虹纺织控股集团、阳光财富集团、中煤建工集团、香港中商投金控集团、香港广利通集团、广州冠昊生物科技股份公司、利嘉实业（香港）控股有限公司等 11 家企业已在跨境经济合作区注册。佛山锡山家具有限公司和上海冠龙阀门机械有限公司完成签约，投资台湾加工贸易产业基地项目和阀门及铸件机械生产基地项目，2 个项目总投资 20.5 亿元。另有 24 家企业已有意向入驻。国内纺织行业排名前三的天虹纺织集团已正式运营；大型央企中煤建工集团设立了西南地区及东南亚区域总部；总投资超过 30 亿元的利嘉闽商国门商务中心、东兴国际金融城、中国—东盟特色商业街 3 个项目即将进行土地招拍挂；东兴试验区管委会与广西黄金投资有限公司签订战略合作框架协议；裕鼎、宝发等企业入驻跨境合作区入驻投资协议正在积极对接；国际商品展示交易中心、商贸旅游服务中心、广西东盟家电集散中心等项目正在深入磋商。

（4）广利通高新科技园等重点产业项目加快推进

2017 年签约、投资 1.5 亿元的广利通高新科技园是跨合区首个高新技术产业项目。为保障项目加快落地，工管委成立广利通高新科技园项目服务工作领导小组，分设综合协调组、工程项目组、劳务政策组等 3 个工作小组，多方面保障企业需求。目前，广利通集团租用的厂房已具备开工投产条件。2018 年 2 月 5 日，东兴试验区管委会与中煤建工集团有限公司签署战略合作框架协议，在跨合区注册成立西南地区及东南亚区域总部中煤建工建设工程有限公司，开展基础设施建设、产业导入及项目合作、融资平台合作等方面的合作。试验区工管委成立中煤建工项目服务工作领导小组，积极配合中煤建工建设工程有限公司资质申报工作，积极推进广西跨投公司与中煤建工集团联合成立项目公司，明确中煤建工建设工程有限公司在跨合区 150 亩临时建筑等方面尽快拿出设计方案，抓紧推进下一步工作。

总投资约 56 亿元的东兴—芒街跨境经济合作区重点推进的 30 个建设项目，截至 2017 年 5 月中旬，累计完成投资近 6 亿元，年度完成投资 5817 万元，合作区内规模以上企业 25 家，产值达 31.67 亿元。为实现早期收获，跨合区建设指挥部还研究谋划了国际商品展示交易中心、旅游服务中心、东兴国际金融中心、查验场等一批公共配套设施项目。目前，有 30 余家企业提出投资意向，涉及机器人、生物、能源、农业、物流、金融等产业。2016 年 9 月，在中国—东盟博览会举办的首届中越跨境经济合作论坛暨东兴试验区专场推介会上，共签约 26 个项目，金额达 734.15 亿元。

（三）国家和地方相关扶持政策

东兴享有国家、自治区和防城港市多项叠加的优惠政策，汇集了支持重点开发开放试验区建设的进境种苗（景观树）口岸、进境水果指定口岸、边境旅游异地办证、落地签证、人民币跨境结算业务等一系列先行先试特殊政策，涵盖特殊监管区、财税金融、投融资、产业贸易、土地资源、口岸通关与旅游管理、公共服务管理等多个领域（见表3－5）。

表3－5　东兴国家重点开发开放试验区的政策

财税金融政策	①2012—2020年，对试验区属于上划自治区“四税”增量部分（以2011年为基数），以专项补助方式用于试验区基础设施建设。 ②在测算安排一般性转移支付补助和各类专项补助时，充分考虑试验区铁路、公路、港口和口岸等基础设施以及边境维稳、界河整治、生态环境保护等特殊因素，适当增加补助数额，给予试验区重点支持。 ③2012—2020年，以2011年试验区（防城港市和东兴市）的城市维护建设税专项上解为基数，每年安排一定资金专项用于试验区市政基础设施建设与维修，并保持逐年增长。 ④2012年1月1日—2020年12月31日，对试验区内符合国家重点鼓励发展产业目录的新办企业，自取得第一笔生产经营收入年度起，前三年免征属于地方分享部分的企业所得税，随后年度减半征收。 ⑤2012—2020年，试验区内生产性企业和高新技术企业，除法律、法规以及国务院另有规定外，对自治区管理的行政事业性收费项目，属于市县收入的收费，可按规定的程序减征、免征。 ⑥ 2012—2020年，试验区上缴的海域使用金，自治区留成部分重点安排用于试验区重大项目的用海基础设施建设。 ⑦ 2012—2020年，试验区上缴的建设用地有偿使用费，自治区本级可支配部分优先安排试验区所申请的基本农田建设和保护、土地整理、耕地开发等项目征用
投融资政策	①对中央和自治区安排试验区的公益性建设项目，加大自治区级配套比例，减免试验区的配套资金。自治区本级预算内投资安排资金向试验区重大项目倾斜。 ②对试验区内基础设施、特色产业、战略性新兴产业、社会事业、民生改善等重大项目，统筹纳入自治区相关规划；对具备条件的项目倾斜支持，列入自治区统筹推进重大项目计划，优先审批、核准，优先安排资金。 ③引导各类大企业、大集团进入试验区投资发展。除国家明确规定需由自治区级审批之外，将鼓励、允许类外商投资项目的自治区级核准权限下放试验区，报自治区主管部门备案。 ④支持设立东兴发展银行。鼓励金融机构，引导民间资本、外资和大中型企业共同参股东兴发展银行。 ⑤鼓励银行业将试验区列为业务发展和信贷支持重点区域，设立试验区发展专项贷款，在贷款利率、资源配置等方面给予倾斜；鼓励金融机构对试验区建设项目实行银团贷款，支持试验区重点行业、重点企业和重大项目建设；大力发展小额贷款公司和融资担保公司等微型金融组织，引导社会各类资本在东兴设立小额贷款公司和融资担保公司。 ⑥鼓励政策性银行的信贷资源向试验区倾斜，支持试验区内的基础设施建设、水利建设和新农村建设等；运用出口基地建设贷款、国际物流基础设施建设贷款等金融产品支持试验区出口加工基地和物流基地建设；积极支持试验区申请国际金融组织和外国政府优惠贷款。 ⑦支持试验区符合条件的企业到境内外资本市场上市融资，发行企业债券、中小企业集合债、短期融资券和中期票据等。积极推动试验区符合条件的企业加入区域性股权交易市场，为股权流动和后续融资提供条件。设立东兴开发投资基金。支持东兴试验区设立符合相关政策条件、有利于促进区域经济发展的各类交易所，支持设立东兴创业投资引导基金，引导各类股权投资基金，增强金融业服务能力，进一步支持东兴各类企业发展壮大。 ⑧促进试验区外汇及人民币贸易投资便利化。实施人民币“走出去”战略，简化试验区内企业人民币跨境投资审批手续，推进试验区内企业跨境人民币投资资金收付便利化。推动试验区的金融机构开展人民币现钞跨境调运业务，积极争取国家适当放宽试验区内出入境人员携带的人民币限额。 ⑨ 设立自治区注资控股的试验区投资股份集团公司，作为自治区级国有开发和投资平台，并支持该集团公司在具备条件时发行企业债券

续表

产业贸易政策	①对主要依托国外资源、能源、市场等“多头在外”发展的工业项目，在法定条件内按低限执行项目准入门槛，鼓励其在试验区工业园区加快发展。允许试验区企业从事国家法律法规和产业政策未明文禁止的生产经营活动。 ②自治区用于扶持工业和服务业发展的各类专项资金，对试验区符合政策规定的项目优先支持。自治区级相关部门对试验区内工业生产所需的煤、电、油（气）、运等生产要素给予重点保障。 ③建立企业“引进来”和“走出去”后方服务基地；鼓励多层次、宽领域的贸易形式发展，支持试验区企业开拓国际市场，支持试验区内符合条件的企业开展边境贸易，并在进出口许可证管理的商品上给予倾斜支持。在条件成熟的情况下，将加工贸易审批权下放到试验区商务主管部门
土地资源政策	①赋予试验区享有自治区国土资源部门的部分土地管理审批权限。根据试验区经济发展的合理需求，单列试验区用地指标，用地用海指标向试验区重点倾斜；试验区内由试验区发展改革部门立项的一般建设项目的用地预审由试验区国土资源部门办理，并报自治区国土资源部门备案；列入自治区重大项目的新增建设用地可由试验区直接经设区市人民政府统筹后送自治区国土资源部门审核，报自治区人民政府审批。 ②试验区内重大项目需要使用林地的，由自治区林业主管部门特设“审批绿色通道”，加快审核审批。林地使用审批手续和被征地农民社会保障方案审核经自治区人民政府同意后可不作为新增建设用地报批的前置条件，加快试验区的项目用地审批。 ③积极鼓励试验区根据县级林地保护利用规划等，通过对山区、丘陵等15°以上的非耕地实施改造，增加建设用地预留发展空间；对利用25°以上未利用地进行建设的项目用地，优先安排新增建设用地指标，由试验区审批后报自治区主管部门备案。 ④试验区内属于国家和自治区重大基础设施建设项目涉及的耕地占补平衡指标，由自治区统筹安排。符合先行用地的，及时解决试验区先行用地问题。 ⑤试验区内旅游项目中的植物观赏园、农业观光园、森林公园、绿地水体等项目用地，未改变原农用地用途和功能的，可不办理用地转用手续。试验区矿产资源保障项目参照自治区重大项目的相关政策给予支持。 ⑥发挥自治区土地收储与运营平台的作用，在试验区重点开发区域探索市场化土地开发与运作模式，带动试验区的开发建设
口岸通关与旅游管理政策	①加大试验区口岸建设力度，建立便利化通关体系。按照整合资源、发挥合力的要求，加快建立信息化、规范化、高效化的东兴试验区口岸管理体系。海关、检验检疫、边检、交通运输等部门要创新监管模式，促进信息共享，增强通关时效。推行进出口企业风险分类管理制度，优化对人员、货物、车辆的查验监管通关流程，在GMS协议框架下推进“一站式”通关和电子口岸建设，切实促进贸易便利化。 ②优化出入境管理服务。最大限度地便利试验区人员出入境和为货物出入境申报开辟“绿色通道”，对符合法定加急条件的普通护照申请，及时受理、及时办结。对来试验区投资办厂、经济技术合作、商贸洽谈的境外人员，申请办理签证、签注或居留证件的，优先受理；对符合法律法规条件、加急条件的鲜活货物车辆、公安消防车辆、救护车辆、公务车辆等，优化通关手续，加快通关速度。 ③将自治区级权限内的3A级以下（含3A级）景区评定权下放试验区，由试验区按国家有关标准进行评定，报自治区主管部门备案

续表

公共服务管理政策	①建立自治区和试验区“分级定价、属地管理”价格管理体制，在严格执行国家和自治区确定的定、调价权限下，由试验区负责辖区内市场的价格监管。在市场价格出现异常波动时，由试验区管委会先行使临时价格干预权，再报自治区主管部门备案。 ②试验区内的城市供水、燃气、生活垃圾和污水处理等价格定价管理由试验区审批，报自治区主管部门备案。降低用电成本，加快工业发展；区内农产品加工企业的生产用水、用电执行农业生产电价、水价。 ③除国家明文规定由自治区级审批管理外，赋予试验区享受商务、住建、环保、质监、食品药品监管、工商、文化等自治区主管部门相应权限，将部分自治区级权限内的证照和资质管理权下放试验区，严格按照法律、法规规定的条件进行审批，报自治区主管部门备案。 ④试验区内建设工程质量安全管理、招投标监督管理由试验区审查；涉及消防、环境、抗震等需要报自治区主管部门专项审查或备案的，由试验区直接报送。 ⑤支持加快试验区“人才特区”建设。支持试验区建设中国—东盟国际劳务市场，支持建设自治区级高技能人才培养示范基地；成立由国内外知名专家和企业家组成的试验区专家咨询顾问委员会，为试验区建设提供智力支持。自治区人力资源和社会保障部门牵头或协调组织面向全国的人才招聘会，招聘试验区急需、紧缺、高层次人才。支持试验区根据财政状况，提高机关事业单位人员津贴补贴，确保人才引得进、留得住。 ⑥ 适当扩大边境民生保障事业的发展，推进安定边民稳边睦边。将边界线 0 ~ 20 千米内符合国家农村危旧房改造政策的农户纳入农村危旧房改造范畴，给予补助；将边境 0 ~ 3 千米内的边境农村居民全部纳入边民补助范围

资料来源：《广西关于印发加快推进东兴重点开发开放试验区建设若干政策的通知》（桂政发〔2012〕93 号）。

（四）跨境经济合作区发展规划与前景

当前，东兴—芒街跨境经济合作区中方园区建设已经驶入快车道，进入加快发展、加快开放合作的关键时期，未来将重点推进以下几方面工作：

1. 围绕构建中越合作旗舰园区，抓好规划体系完善

大力争取跨合区两国共同总体方案获批。加快跨合区核心区各项规划编制，启动产业规划编制，跨合区控规修编和城市设计、能源、水资源、绿色交通、物理环境等专项规划编制。

2. 围绕北仑河二桥口岸，重点抓好基础设施建设

加快国门楼、验货场、楠木山大道等项目建设，确保项目如期竣工投入使用。推进跨越大道、沿河大道竣工通车，确保连接中越北仑河二桥、防东高速公路通道全线打通。沿河大道一期、罗浮西路、罗浮大道、兴悦路全线贯通，第一片区环形路网形成。开工建设友谊路（经三路）、经五路等一批基础设施项目和配套项目。

3. 围绕实现跨境合作区早期收获，重点抓好“一区三园”招商引资工作

按照“五个一批”，即谋划一批、开工一批、续建一批、竣工一批、储备一批

的工作思路，结合招商引资情况，全力推进标准厂房一期、标准厂房二期、国际商品展示交易中心、商贸旅游服务中心等一批产业配套设施建设；加快推进香港广利通高新科技园暨电子商城、利嘉闽商国门商务中心、东兴国际金融城、中国—东盟特色商业街等项目开工建设，加快推动台湾加工贸易产业基地项目和阀门及铸件机械生产基地项目落地；跟踪落实中国沃特玛创新联盟新能源汽车产业园，四川野马汽车生产基地，中国—东盟智慧生鲜供应链基地，深圳名家汇户外灯具生产基地，夜游经济研究院以及广州冠昊生物、南京世辉照明、东莞普莱雅制衣、香港南益集团等在谈项目，力促项目早日签约落地。

4. 围绕园区重点项目，重点抓好征地搬迁攻坚

加快东郊安置区、楠木山安置区征地搬迁工作，重点推进验货场、罗浮西路、楠木山大道、标准厂房、友谊路（经三路）、经五路等 7 个项目征地搬迁，确保完成跨合区第一片区及安置区的征地搬迁任务，同时推进第二、第三片区征地搬迁攻坚，为跨合区开发建设全面铺开提供土地保障。

5. 围绕园区开发建设，重点抓好投融资机制创新

用好用活各类支持资金，实施财政资金资本化战略，放大中央、自治区扶持资金的杠杆效应。设立跨合区产业投资基金，吸引金融机构、社会资本参与跨合区开发建设。进一步实施与中煤建工集团、广西黄金投资集团的战略合作，加强与中冶集团、中交建集团、中建集团等多家央企洽谈，创新和推进 PPP 等多种模式项目融资。

6. 围绕打造沿边改革创新排头兵，重点抓好跨合区政策创新工作

研究借鉴国家实施西部大开发、沿边重点地区开发开放、北部湾经济区、沿边金融综合改革试验区、边境经济合作区、自由贸易试验区等政策及自治区赋予东兴试验区的优惠政策，根据试验区管理体制改革和跨合区获批后运营需要，对各类政策需求进行分类梳理，提出对策建议，积极争取中央和自治区更多政策支持，尽早在跨合区内实施一批先行先试特殊政策。

7. 围绕中越合作共赢，重点抓好对越工作机制完善

进一步完善对越工作机制，加快推进中越北仑河二桥口岸开放，引领中越合作朝纵深延伸，扩大跨境劳务合作、跨境旅游合作、跨境金融合作、跨境电子商务等深度合作。进一步推进规划统一，优势互补，推动中越交流向多元化发展。进一步加强互动互访，与越南广宁省、广宁经济区管委会保持经常性会面和接触，强化现有定期会晤机制。

三、跨境贸易

（一）口岸建设情况

东兴口岸曾是我国援越物资的输出通道，1978 年关闭，1994 年经国务院批准重新开放。近年来，东兴加快推进海关 H986 系统①建设，完善互市区边小监管货场的建设，增设货物通关通道，并在互市区实行互市、边小“二合一”的通关模式，实现东兴口岸多通道的管理，促进贸易发展，减少通关环节，优化通关流程，提高货物通关效率。

1. 通关通道

（1）北仑河大桥

东兴通过中越北仑河大桥和越南芒街口岸连接，使中国东兴市和越南芒街市连成一体。北仑河大桥长 110 米，宽 10 米（其中车道宽 7 米，1.5 米宽的人行道左右各一条）。口岸现有基础设施包括口岸联检大楼、口岸验货场、口岸查验辅助用房、口岸接桥道路、口岸的绿化亮化等，其中口岸查验大厅面积 2500 平方米，查验通道 24 条（其中自助查验通道 8 条），通关能力为 2 万人次/天。

（2）中越北仑河二桥口岸

2017 年 6 月 16 日，国务院批复东兴口岸扩大开放至北仑河二桥。2018 年年底前二桥口岸将正式开放，建成后将主要用于货物通关，原有北仑河大桥的通关口岸将主要用于人员通关。东兴试验区管委会全力推进二桥口岸联检设施建设，具体项目包括国门楼一期及配套工程、二期工程（验货场）、口岸信息化工程和边检监护营房等 5 个工程（见表 3－6）。

表 3－6　中越北仑河二桥口岸基础设施建设情况

基础设施	建设情况
国门楼一期工程	截至 2018 年 8 月，累计完成投资约 2 亿元，主楼和 2 座裙楼已全部封顶，外墙装修基本完成，正在进行总平施工
国门楼一期配套工程	包括绿建升星工程、亮化工程、弱电智能化工程、客车通道、室内装修等，已于 2018 年 10 月底完工

① 海关利用 H986 集装箱检查设备对集装箱货物进行扫描成像，通过分析机检图像判断实货与申报是否相符。这种新型查验手段，在一定程度上改变了海关人工掏箱查验费时、费力的局面，大大提高了海关查验的工作效率和准确性，被誉为海关查验手段的革命。H986 系统一般包括运行检查系统、加速器系统、探测器系统、图像获取系统、传送控制系统、传送装置系统等。

续表

基础设施	建设情况
二期工程（验货场）	东兴口岸二桥货物通关查验的重要基础设施，位于跨合区中方区域，毗邻中越北仑河二桥，规划总用地面积约 249 亩，项目总建筑面积为 2.4 万多平方米，总投资 2.2 亿多元，主要建设综合申报区、检验检疫处理区、现场查验区、海关监管库区、H986 查验区、入境服务区、通关通道等 7 大功能区。截至 2018 年 8 月，累计完成投资 7428 万元
口岸信息化工程	已进场施工，国门楼管线敷设基本完成
边检监护营房	计划 2018 年内开工建设并投入使用

（3）东兴边民互市贸易区

东兴边民互市贸易区是 1996 年自治区人民政府批准设立的 25 个对越互市区（点）之一，位于东兴市区西面，于 2008 年 12 月迁移建设，于 2009 年 6 月 16 日建成并开通运营，占地面积 260 亩，总建筑面积 608 万平方米，总投资 1.3 亿元，主要包括边贸码头、联检办公场所、互市街、仓储物流、海产品交易市场等配套设施。由于东兴边民互市贸易区面积过小，旺季时经常出现码头拥堵，通关效率低下、耗时长，远不能满足现有通关的需要。根据东兴市边贸经济发展的方向和需求，为进一步推动“通道经济”向“口岸经济”转型发展，2016 年自治区政府批准同意互市区扩区建设，占地面积由原来的 260 亩增加到 1500 亩。市本级财政投入 6200 多万元，用于互市区扩区建设，包括中越浮桥、码头、围网（含车辆物理隔离）工程、视频监控工程、卡口通道、水果查验平台、商铺等基础设施及设备采购。2018 年 2 月 7 日，东兴边民互市贸易区扩建通过了自治区验收组验收（见表 3－7）。扩建后，特别是浮桥的建成，将有效解决中国东兴、越南芒街两地边境贸易货物通关拥堵问题，缩短运输时间、降低运输费用，为货物交易和人员往来创造便利条件，预计日均进口水果 300 柜、冰冻海产品 300 柜、坚果类农副产品 20 柜，仅此 3 个品种，将新增互市商品交易额 400 亿元。

表 3－7　边民互市区扩建工程建设情况

基础设施	建设情况
东兴边民互市区扩建项目卡口二工程	于 2017 年 3 月 16 日获得东兴市住房和城乡建设局审批通过，建筑设计方案于 2017 年 4 月 19 日获得东兴市住房和城乡建设局审批通过
东兴边民互市临时浮桥	总投资 684.9 万元，已于 2017 年 10 月 16 日完成建设
边民互市贸易区配套工程码头项目	码头沿岸线长约 235 米，作业平台宽约 20 米，总投资约 1805.24 万元。2017 年 5 月 4 日开标，2017 年 11 月下旬完成码头平台、边检用房主体部分建设

续表

基础设施	建设情况
东兴进境水果指定口岸检验检疫查验区	占地35亩，总投资2209.63万元，2016年8月23日通过EPC招标模式完成招投标后，2016年9月1日开始施工建设
广西东兴十八方农产品进出口交易中心项目	已完成投资约2000万元，已支付1600万元，500万元冷链专项资金未支付。目前业务楼、商户交易1号楼主体已封顶，商户交易2号楼、3号楼及冷库已完成桩基部分施工，2017年11月下旬业务大楼、商户交易1号楼投入使用
东兴边民互市贸易区扩建围网工程	已于2017年11月完成全部建设

2. 贸易便利化

（1）电子化通关

为了适应广西边民互市贸易繁荣发展的需要，改变一直以来互市贸易手工申报、手续繁杂、效率低下、监管难度大的状况，进一步规范和统一边民互市贸易管理，促进边民互市贸易健康有序发展，2015年，南宁海关和自治区口岸办联合开发建设了广西互市“一指通”系统，并于2015年6月1日在东兴边民互市区上线试运行。据统计，2016年1—9月互市贸易成交额10.8798亿美元，同比增长63.9%，其中出口6423万美元，同比增长86.8%，进口10.2375亿美元，同比增长62.6%。2016年，东兴市商务局通过积极向自治区商务厅申请兴边富民大会战建设资金，开发建设东兴边民互市“三合一”综合服务平台和东兴边民互市贸易检验检疫信息化管理系统。东兴边民互市“三合一”综合服务平台已于2017年8月1日正式上线运行，实现互市贸易车辆、船舶、人员“一次申报、一次查验、一次放行”的管理模式，有效助推了互市贸易“单一窗口”建设。

（2）中越边民互市贸易交易结算中心

东兴中越边民互市贸易交易结算中心于2012年5月创建，是位于东兴边民互市贸易区海关监管市场内的一家第三方非金融服务性机构。东兴中越边民互市贸易交易结算中心的建设旨在充分利用东兴边境贸易的平台，为中越两国边民开展互市贸易和中外游客旅游购物提供交易结算及结算款汇兑服务，进一步拓展边境贸易的空间和促进旅游业的发展。截至2015年12月，通过中心进行边贸互市结算的两国边民达到160万人次，总结算金额达到118.25亿元，签约的越南商户达到459家，实现了两国边民互市商品的现场交易和交易结算，使以往相对分散和无序混乱的互市交易转变为相对集中和有序规范的市场化互市交易；同时，现代化管理和信息资料收集统计储存系统为监管部门对互市贸易的全程记录、监控和管理提供了最真实、可靠的原始资料。

(二) 贸易发展情况

1. 贸易规模与增长

对芒街的边境贸易一直是东兴的支柱产业，表 3 – 8 总结了 2010 年以前东兴外贸发展及边贸发展情况。可以看出，1998—2010 年东兴外贸总额年均增长率为 25.87%，其中边贸总额年均增长率为 25.93%。边贸总额基本是一般贸易总额的 3 倍（以当年汇率年平均价核算）。

表 3 – 8　东兴市与越南边境贸易规模及其变化情况（1998—2010 年）

年份	东兴边贸总额（万元）	东兴边贸总额年增长率（%）	东兴一般贸易总额（万美元）	东兴外贸总额年增长率（%）
1998	70148	20.01	3718	—
1999	80153	14.26	2317	-37.67
2000	80540	0.48	2373	2.41
2001	93514	16.11	3444	45.1
2002	132643	41.84	7217	109.57
2003	193516	45.89	8023	11.18
2004	214899	11.05	10362	29.15
2005	281050	30.78	18904	82.44
2006	360740	28.35	31298.2	65.56
2007	468382	29.84	28952.7	-7.49
2008	613403	30.96	30226	4.4
2009	751835	22.57	42494	40.59
2010	1115810	48.41	58783	38.33

资料来源：东兴市统计局。

进入 21 世纪，东兴与芒街的经贸合作不断升级。东兴对芒街贸易的总量、增长速度都有所提升，东兴与芒街的合作领域继续向纵深扩展。表 3 – 9 显示，东兴市 2017 年外贸进出口总额 246.63 亿元，同比增长 28.6%；其中一般贸易进出口总额 4.43 亿元，同比下降 17.5%；边小贸易进出口总额 90.5 亿元，同比增长 8.97%；互市贸易进出口总额 151.7 亿元，同比增长 46.7%。

边境贸易分为边境小额贸易与边民互市贸易。边境小额贸易是指我国沿陆地边境线经国家批准对外开放的边境县（旗）、边境城市辖区内经批准有边境小额贸易经营权的企业，通过国家指定的陆地口岸，与毗邻国家边境地区的企业或其他贸易机构之间进行的贸易活动，包括易货贸易、现汇贸易等各类贸易形式。2006 年以前，国家对边境小额贸易减半征收进口关税和进口环节税，2006年以后开始全额征收，但根据地方贡献会在转移支付中部分返还。边民互市贸易是指边境地区边民在我国陆路边境20公里以内，经政府批准的开放点或指定的集市上，在不超过规定的金额或数量范围内进行的商品交换活动，免征进出口关税和环节税。目前边民互市免税额度为每人每天8000元人民币。边小贸易和互市贸易成为东兴对外贸易的主要形式，其中互市贸易上升速度非常快。2016年互市贸易额超过了边小贸易（见表3－9）。互市贸易的主要品种是越南特产木薯淀粉、水产品和水果等商品（见表3－10）。此外，东兴力争将"通道经济"转向"口岸经济"，大力扶植落地加工。截至2017年10月，互市商品落地加工产业完成加工总产值32亿元，同比增长200%，互市商品落地加工试点企业发展到24家，边民互助合作社（组）62个，约2200人。

表3－9　2010—2017年东兴市边小贸易和互市贸易

（单位：亿元）

年份	一般贸易	边小贸易	互市贸易
2010	—	47.1	14.2
2011	—	47.3	17.2
2012	—	35.9	37.4
2013	—	46.6	41.1
2014	—	65.3	41.9
2015	—	67.9	67.7
2016	5.28	81.7	101.7
2017	4.43	90.5	151.7

资料来源：东兴市统计局和口岸办。

注：2010—2015年一般贸易和边小贸易数据不分开统计，表中边小贸易数据已含一般贸易。

表3－10　东兴市互市贸易一览表

项目	2013年	2014年	2015年	2016年
市场交易额（万元）	284175.62	340840.23	503119.25	754044.06
交易人次（人次）	376320.00	451910.00	669943.00	988315
人均交易额（元）	7551.44	7542.21	7509.88	7629.59
市场交易量（吨）	578590.54	806963.58	1312416.30	1158491.61
木薯淀粉（吨）	522348.69	732951.06	1192557.23	943773.33
杂货（吨）	56241.85	74012.52	119859.08	214718.28

资料来源：东兴市商务局。

2. 边民互市的东兴模式

(1) 东兴的模式创新

东兴边民互市贸易从肩挑手提开始，一路走来，经过20多年的不断探索、创新，闯出了一条适合东兴边民互市贸易发展的“东兴模式”，互市贸易税收达到东兴国税的7%。“东兴模式”简单来说，就是利用国家给予边境地区的互市贸易优惠政策来设立一个可持续发展、前后呼应的“互市、收购、集散地（专业市场+加工）”三级市场，整个环节贯穿一个“兴边、富民、守法”的原则。一级市场指的是互市市场，保证货物来源合法、货物交易合法、货物资金流向合法。二级市场即收购市场，做到完税销售。三级市场指的是各类专业市场，引导和鼓励落地加工、增值，创品牌销售。三级市场前后呼应：收购市场和加工市场的需求决定了互市市场的繁荣，互市市场的繁荣保障了收购市场和加工市场的供给。

边民互市的“东兴模式”采取了多项创新举措。①将边民互市市场从越南芒街搬到东兴，变“通道”为“市场”，方便更多的中国边民参与互市贸易。②对越南籍自然人进入市场经营实施工商注册登记，既保护了经营者的合法权益，又规范了经营者的经营行为。③在互市市场内设立市场结算中心，实现统一结算、跨境支付，方便中越边民交易结算，使互市贸易资金流安全、合法，也利于联检部门的监管。④实施系统管理，通过指纹确认无纸化申报简化通关手续，提高通关速度。⑤设立配套的收购市场，在我国率先实施边民互市商品的完税销售，使货物的流通合法。⑥在河洲村村支书项建程的带领下，把边民按党员、青年、老人、妇女、残疾人的结构分成若干组，每20人一组，结合精准扶贫，抱团经营，共同融资、共担风险、共同盈利、共同富裕。⑦鼓励互市商品落地加工，促进地方发展；引导边民自主加工，增值再销售。⑧党旗领航，互联互助，引领边民，共同致富，在互市贸易中树立起党员先锋模范作用。⑨大力发展电子商务，实现“互联网+边民”“互联网+互市”的有机结合，大众创业、万众创新。

其中，特别值得一提的是河洲村村支书项建程发起的“边境贸易+互助组”模式，被称为“1+n20+1”的边民脱贫新模式。由1个党支部领航，n个边民互助组，每组成员20人以上，每组吸纳1名以上贫困户人员，从指定互市区（点）进口商品销售给边境地区加工企业，帮助边民特别是贫困户增加经营性收益，推动边境贸易兴边富民。互助组由基层党员带头，按一定比例把残疾、丧失劳动能力的边民配比编进互助组。为充分发挥党建工作对边民互助组的引领作用，东兴市还组织边民党员成立互助组党支部，以党支部为桥梁纽带，打造致富行业“党支部+实体企业+农户”模式。边民互助组通过从互市区购进越南初级农产品，直接销售给收购企业或者经过初级加工进入电商，赚取一定利润，逐渐带动互助组里贫困户致富。“边贸＋互助组”扶贫模式，有效拓宽了贫困户就业创业渠道，增加了家庭收入。

（2）边民互市的基本流程

边民互市是政策利好，容易出现浑水摸鱼的现象，但是东兴制定了规范的流程，辅之以透明、可追溯的电子政务系统，有效杜绝了走私、透漏税费、质检方面的不规范行为。边民互助组参与边民互市的基本流程如图3－1所示。

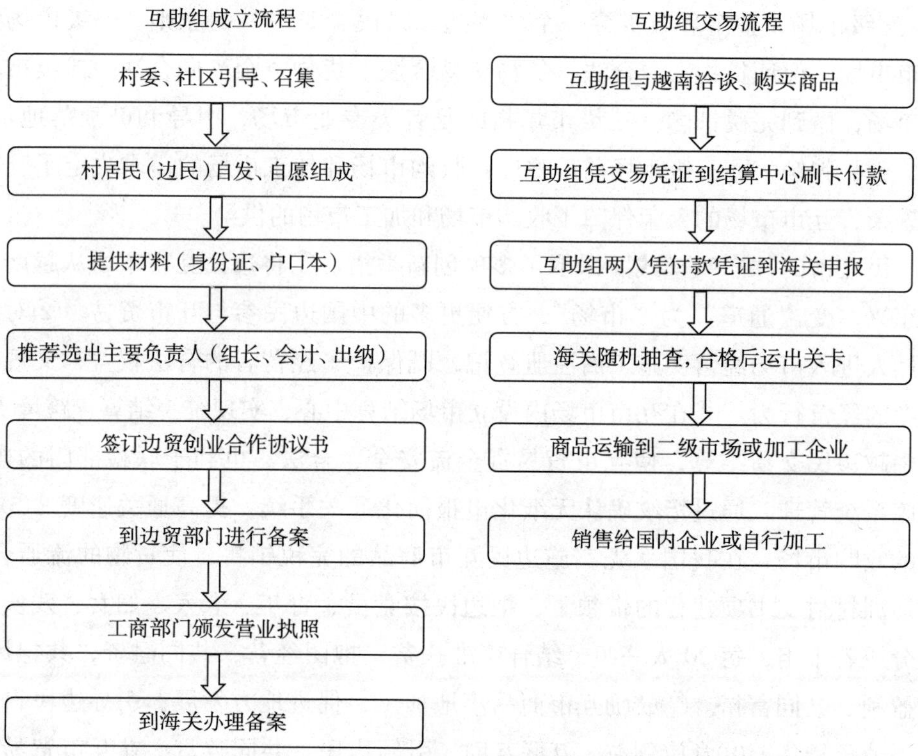

图3－1　边民互助组参与边民互市的基本流程

互市贸易严格按照《关于促进边境贸易发展有关财税政策的通知》（财关税〔2008〕90号）、《关于边民互市进出口商品不予免税清单的通知》（财关税〔2010〕18号）、《广西中越边民互市商品目录》等相关政策执行。边民互市交易流程如图3－2所示。

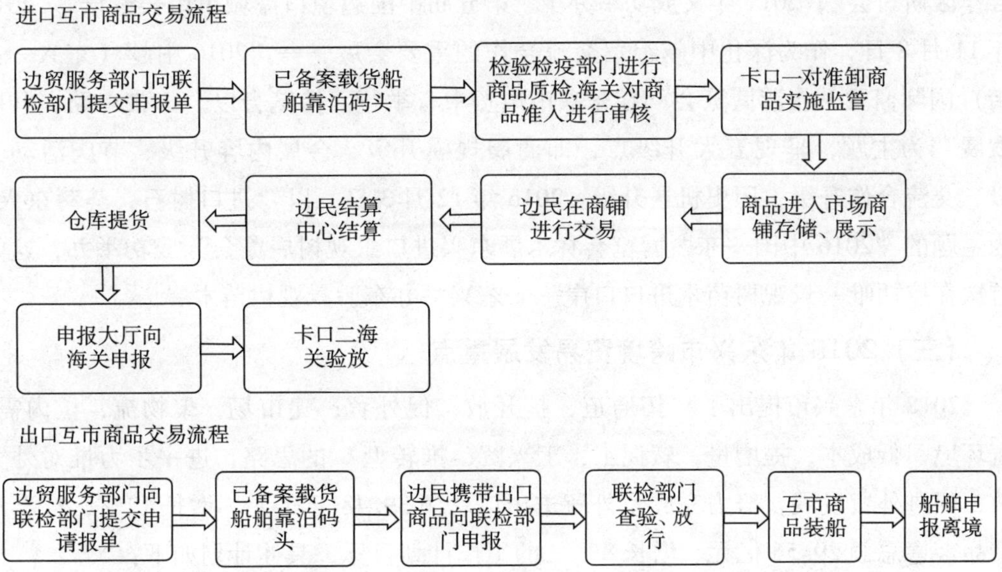

图3-2 边民互市进出口交易流程

3. 边境贸易产品结构

1992年以前，东兴通过芒街出口的商品以日用百货、建材、加工食品、医药制品、小型农机具等为主，从越南经芒街进口的商品以初级产品、农产品及工矿等原材料为主。1992年以来，东兴边境贸易出口主要商品由初级产品向工业制成品转变。从进口商品结构来看，从越南进口的商品主要有矿产品和农副林产品，主要包括铜、橡胶、锰矿石、木材、焦炭、农副林产品和各种日用品等40多种。通过芒街进口的主要是干鲜果和水产品，工业用品等生产资料出现增长势头。一些资源型商品（如锰矿石、藤条、木材）的进口，受到了越方资源型产品出口限制的影响。

从出口商品结构来看，出口商品主要为日用工业品、轻纺产品，且多是中低档产品，如热水瓶、啤酒、手电筒、电风扇、自行车、柴油机、小型发电机、收录机、服装、普通鞋类等品种，工业品一直占据出口商品的重要地位。

4. 多种方式增进跨境经贸交流

1990年开始，东兴市每年都定期举办“中越边境商交会”。2006年起，根据中越双方在越南河内签署的《中国东兴市人民政府与越南芒街市人民委员会联合举办“中越边境商贸·旅游博览会”合作协议书》，中越两国开始轮流在东兴、芒街两市联合举办“中越边境（东兴—芒街）商贸·旅游博览会”。2010年东兴市成功举办了有中越学者参加的“沿边开放开发经济合作论坛”和“中越东兴—芒街跨境经济合作区研讨会”；2011年又成功举办了“第五届中国边境口岸城市市长论坛”。2016年11月8日，作为深化中越经贸交流合作的重要会展——“2016中越（东兴—芒街）国际商贸·旅游博览会”在东兴市边贸中心举行。博览会以“一带一路，共同发展”为主题，呈现五大升级点，即商展规模升级、会展内容升级、节庆活动升级、交流合作升级、历史机遇升级。2016年12月3日，以“进口树石，荟萃东兴”为主题的“2016中国—东盟博览会林木展东兴进口景观树展览会”成功举办，这是首次在广西唯一景观树苗木进口口岸——东兴举办东盟景观树苗木展。

（三）2018年东兴市跨境贸易发展重点

2018年东兴市提出了“拓通道，扩开放，促外贸；建市场，聚物流，拉内需；宽环境，低成本，提增量；贸促工，工兴贸，推转型”的思路，进一步力推对外开放，促进外贸发展，努力完成“外贸进出口总额39.48亿美元、增长12%，社会消费品零售总额29.56亿元、增长8%”的工作计划目标，具体计划如下：

1. 增强东兴跨境贸易的发展后劲和竞争力

一是完善口岸、互市区（点）的基础设施。协调加快水果指定口岸开通营运、边贸中心和相关配套基础设施的建设进度，拓宽东兴边民互市贸易区码头装卸作业平台，完善口岸查验部门相关的监管设施，实现水果进出口业务的正式开展，促进贸易增量。

二是申报和开放建设新的边贸码头（互市点）。争取开通运营杨屋边民互市贸易点（建议将杨屋互市点更名为竹山边民互市贸易点，并搬迁至竹山码头）。

三是继续打造十大类专业市场，助力跨境贸易发展。着力打造并建成面向东盟及国内的十大类专业市场，重点谋划推进嘉德建材城（二期）、环海建材城、北投加油站、民兴综合市场等重点项目建设。

四是继续完善互市贸易跨境金融结算模式。

2. 继续推进跨境贸易与跨境物流相结合工作

一是积极推动物流基础设施建设，加强对外互联互通项目建设，主要是边贸中心附属设施和中越二桥；二是完善跨境物流的规范运营管理；三是加快物流园区招商引资工作，积极与大型物流企业圆通速递、“一起送”、冷链物流园建设企业等进行前期招商引资对接，争取引进大型物流项目，推动东兴市物流产业的发展。

3. 促进互联网与实体经济高度融合，推动电子商务健康有序发展

一是扎实推进电子商务进农村试点工作，推销农村好产品，帮助农民增产增收，确保扶贫攻坚任务的完成；二是推进农产品标准化种植及深加工，通过互联网进行

包装与品牌策划，农业企业、合作社等牵头，组织农民进行标准化种植，提升农产品附加值，鼓励东兴妙姝、广源等农业企业开发适合互联网销售的农产品深加工产品，拓展农产品销路；三是进一步加强人才培训力度，采取走出去、学回来、再培训、一传十、十传百的滚动培训方式，不断扩大培训范围，建立规范的人才培育体系。

4. 继续着力提高通关便利化水平

加快推进海关 H986 系统建设，完善互市区边小监管货场的建设，增设货物通关通道，并在互市区实行互市、边小“二合一”的通关模式，实现东兴口岸多通道的管理，促进贸易发展，减少通关环节，优化通关流程，提高货物通关效率。

5. 充分利用指定口岸政策优势，推动边境特色产业大发展

充分利用东兴进境水果指定口岸、东兴进境苗木（景观树）指定口岸政策优势，充分发挥好联检部门、农林主管部门的专业协会的作用。

四、跨境金融

自 2014 年广西沿边金融综合改革试验区启动以来，东兴市紧紧抓住沿边金融综合改革试验区重大战略机遇，充分发挥沿边沿海的区位优势，积极开展先行先试工作，全力推进沿边金融综合改革。向上争取到开办人民币、越南盾双向跨境调运业务资质，率先在全国实现了人民币与越南盾点对点现钞跨境双向调运。成功升级东盟货币交易服务平台，为辖区企业办理首笔宏观审慎管理模式下外债签约登记业务。中国东盟货币交易服务平台做成了可复制的人民币对越南盾“抱团定价”“轮值定价”的“东兴模式”，形成的汇率成为上海外汇交易中心的官方汇率。建立了全国首创的新型民间金融机构——边民信用互助社，印发了《防城港市边民信用互助社管理办法（试行）》，研究制定《防城港市边民信用互助社组建审批工作指引》，扎实推进边民信用互助社组建。进一步推进了跨境保险业务创新。

2015 年全年，东兴跨境人民币结算总量为 260 亿元（其中个人跨境贸易人民币结算总量为 119 亿元）。2016 年 1—6 月，跨境人民币结算总量 182.44 亿元，同比增长 27.01%，其中个人跨境贸易人民币结算总量 79.56 亿元，同比增长 11.23%。2017 年，东兴试验区实现跨境人民币结算 362.4 亿元，增长 28.2%，个人跨境贸易人民币结算 264.8 亿元，增长 94.3%；实现越南盾交易 5.6115 万笔，金额 935.22 亿元。2017 年 4 月，东兴市开办跨境人民币结算业务的银行由 7 家增加到 8 家，增加了东兴农商行。更多银行的参与对东兴市沿边金融综合改革以及经济社会的发展

具有重大、深远的意义。

(一) 人民币与东盟货币汇兑及结算

东兴建立了全国第一个东盟货币服务平台。2014 年 4 月 26 日，农行中国（东兴试验区）东盟货币业务中心正式揭牌成立，成为目前云南、广西两省区唯一一家专门为推进沿边金融综合改革试验区建设在边境一线设立的银行业务中心，并探索形成了可复制的人民币对越南盾“抱团定价”（一周一次）、“轮值定价”（中国工商银行、中国农业银行、中国银行、中国建设银行四大行）的“东兴模式”，实现人民币对越南盾的直接报价兑换。上海外汇交易中心已挂牌建立越南盾交易子系统，将该平台形成的汇率作为上海外汇交易中心的官方汇率。截至 2016 年 6 月底，该中心业务量达 12548 笔，金额折合人民币达 158.39 亿元。其中，2016 年 1—6 月，业务量为 1910 笔，金额为 39.24 亿元。①

东兴是全国第二个开展个人跨境人民币结算试点的城市。2013 年 7 月 10 日，经人民银行南宁中支批准，东兴市成为浙江义乌市之后，全国第二个试点个人跨境人民币结算地区，境内外自然人凭个人身份证即可办理个人边境贸易人民币结算。2015 年，全市个人跨境贸易人民币结算累计 334 亿元，跨境人民币结算额是全国平均水平的 6 倍多。2016 年 1—6 月，全市个人跨境贸易人民币结算累计 79.56 亿元，同比增长 11.23%。此外，东兴是全国第一个开展人民币与越南盾特许兑换业务的试点地区。2014 年 5 月 23 日，国家外管局正式批复东兴试验区扩大个人本外币兑换特许业务试点。2014 年 7 月 22 日起，天津渤海通汇货币兑换公司、北京联合货币兑换公司以及东兴市京华实业有限公司先后正式开展兑换业务。2016 年 5 月 18 日，东兴新华速汇正式营业，本外币特许兑换机构由 3 家增至 4 家。2017 年 1—9 月，东兴试验区内这 4 家本外币特许兑换机构共办理人民币与越南盾项下兑换业务 2908 笔，金额合计 148671.66 万元人民币。其中越南盾兑换业务 2872 笔，合计 148656.87 万元人民币，越南盾兑入 210 笔，合计 387.42 万元人民币，越南盾兑出 2662 笔，合计 148269.45 万元人民币。

东兴市在全国率先开展人民币和越南盾现钞跨境调运业务。2016 年，农业银行东兴支行向总行申请并获批复开展跨境现钞调运工作，并与东兴海关、边检等相关部门达成意向，积极推动跨境现钞调运通道建设。2017 年 10 月 12 日，中越人民币/越南盾现钞跨境双向调运业务正式启动，中国农业银行东兴支行与越南农业与农

---

① 东兴市推进沿边金融综合试点改革创造五项全国第一 [EB/OL]. 防城港市人民政府门户网站，2016-07-19 [2018-11-07]. http://www.fcgs.gov.cn/zxzx/qxdt/201607/t20160719_27280.html.

村发展银行芒街市分行完成首批 50 亿越南盾（约合人民币 145 万元）现钞调运业务，是全国第一个真正意义上实现两国银行点对点完成双币现钞跨境双向调运的业务，有利于解决赴越南游客的越南盾的兑换需求，有利于企业办理边贸进出口业务，有利于解决越南盾和人民币现钞来源及头寸消化问题，有利于推进人民币国际化进程。东兴市实现现钞跨境调运之后，将有越来越多的银行和本外币兑换特许机构开展人民币与越南盾现钞兑换业务，不断助推"一带一路"建设发展。[①]

（二）跨境金融服务

针对东兴边民互市区的交易情况，新华速汇投资 200 多万元自主开发边民互市贸易交易系统，同时与农业银行、农村商业信用银行、银盛支付等金融机构签订了合作协议。东兴中越边民互市贸易交易结算中心在与中国农业银行、中国银行等商业银行合作的基础上，将现有的结算、汇兑、融资、信贷、边民理财等"一站式"非金融性综合服务功能不断发展完善，致力于为边民、商家及企业提供一个安全、快捷、可信赖的第三方非金融服务平台。该中心的运营将满足互市交易主体对交易款项电子收付以及边民、互助组短期融资的金融需求，助推东兴市边贸升级。该中心以边民联保贷款参与互市贸易的理财模式，开展了以"中国银行互市贸易联名卡"和"中国农业银行边民贴息贷款"为基础的边民融资模式。通过该中心参与融资的边民达到近 2000 人次，融资金额达到 6880 万元。

（三）跨境保险服务

东兴市建立了全国第一家跨境保险服务中心。2014 年 10 月 16 日，中国平安财产保险中国东盟（东兴试验区）跨境保险服务中心在东兴市挂牌成立，成为全国首家跨境保险服务中心，并于 2015 年 3 月出台了外国务工人员意外保险方案，并针对跨境自驾游开发了跨境车险产品。截至 2017 年 9 月，中国平安财产保险东兴支公司跨境保险业务实现保费合计 89 万元，其中跨境车险 75 万元、跨境旅游人身意外险 14 万元。

（四）跨境反假币合作机制

东兴在全国率先建立了跨境反假币合作机制。2015 年 12 月，中国银行东兴支行与越南西贡商业信贷银行在东兴举行中越边境银行反假货币合作备忘录签约仪式。此次签约标志着中越边境地区的反假币交流合作、金融交流合作取得了新成果、实现了新突破，中越双方进一步深化金融战略合作关系、开创互利共赢发展新局面。

---

① 东兴市推进沿边金融综合试点改革创造五项全国第一［EB/OL］. 防城港市人民政府门户网站，2016－07－19［2018－11－07］. http：//www. fcgs. gov. cn/zxzx/qxdt/201607/t20160719_ 27280. html.

（五）探索人民币回流机制

东兴努力探索人民币回流机制，充分发挥 QFLP① 在资本市场中的重要作用。目前已初步拟定了《关于在东兴市设立跨境人民币国际投贷基金的初步方案》和《关于在东兴市设立人民币回流通道（QFLP 基金）的初步方案》，东兴市将加快脚步，积极推动跨境人民币国际投贷基金落户东兴。

五、跨境电子商务

近年来，东兴市利用沿边、沿海、“长寿之乡”等优势，积极发展东盟特色食品、红木家具及工艺品、沉香、本地特色农副产品等电子商务产业。经过几年的努力，东兴电子商务逐步发展壮大，成效凸显。据阿里研究院发布的 2013—2015 年度中国县域电子商务发展指数报告，东兴 3 年间分别排名全国县域第 26、第 27、第 26，连续 3 年排名广西第 1；同时发布的 2015 年中国大众创业县域最活跃指数，东兴排名全国第 38、广西第 1。在阿里巴巴研究院发布的 2017—2018 年电商示范百佳县中，东兴跃居第 7 名。②

2015 年，东兴市电子商务企业达到 1905 家，实现销售额 16.7 亿元，提供就业岗位约 8900 个，分别较 2014 年同期提高 108.9%、116.8%、58.9%；全市共有快递企业 17 家，物流企业 70 余家，全年电子商务快递进出货物达 1000 余万票，物流进出货物达 1800 余万件。2016 年 1—8 月，新增电子商务经营户 235 家，新增就业人员 407 人，实现销售额 13.9 亿元，相比上年同期增长 41.2%，其中东盟商品占全年东兴电商销售额的 90% 以上。截至 2018 年 9 月，东兴市电商企业达 2573 家，就业人数超过 1 万人。2018 年 1—9 月，东兴市电商交易额超 26 亿元。

（一）电商平台迅速发展

东兴市电商业态不断丰富。2015 年 9 月，防城港·阿里巴巴全球货源采购平台正式上线。防城港市成为阿里巴巴全球货源平台全国十家合作城市之一，也是广西唯一一家合作城市。目前，已建成和在建的大型商品交易市场有中国—东盟进出口商品交易市场、水果物流园、北部湾国际海产品交易市场、东兴边民互市区、东兴浙江轻纺城、东兴红木文化市场等。本地电商平台百岸网作为东兴市第一个区域化网上第三方

① QFLP（Qualified Foreign Limited Partner，合格境外有限合伙人），是指境外机构投资者在通过资格审批和其外汇资金的监管程序后，将境外资本兑换为人民币资金，投资于国内的 PE 以及 VC 市场。

② 与此前 3 年从全国县级区划范围筛选不同，2018 年的电商百佳县从国家打造的电商进农村示范县中选拔，对 750 多个示范县，从电商创业活跃度、电商销售规模、网购消费活跃度、物流快递服务强度等 6 个方面进行打分，统计最终结果。

交易平台已于2015年建成并正式投入使用，该平台拥有自己的物流团队，真正实现了网购本地化。八找网、两国e城跨境电商平台、万冠生鲜本地电商平台等区域化交易平台、网站都将陆续推出使用。另外，电子商务在文化、旅游、金融等领域也不断普及，东兴已成为防城港市电子商务业态最完整、最丰富的县市之一。

目前，东兴市自建电商平台，构建跨境电商新格局。自建电商平台主要包括：①百岸网。2015年8月完成交易网站上线运营，为网络商品交易提供第三方交易平台，模式为B2C模式，设置越南版和中国版，实现人民币和越南盾直接兑换，利用东兴口岸政策及互市政策，实现快速通关。2016年5月，百岸网推出手机版客户端，主要将越南食品进口到中国，中国小商品出口到越南。②八找网。主要目标为打造“互市+边民+全网营销”进口模式和“互市+边民+电商企业（落地加工企业）+线上线下分销”进口模式，目前已经实现买方与卖方的交易平台运营，截至目前，实现日均交易1000万元左右。③“两国e城”跨境电商平台。以“两馆一平台”（东兴馆、越南馆与边贸正品货源采销平台）为载体，搭建边贸正品货源采销平台，着力完善电子商务产业链，探索边贸共享经济模式。

（二）电子化结算创新发展

东兴市电商平台采取电子化支付，主要由八找网（京越通）和新华速汇提供代收和结算服务。八找网通过引入电子化结算和金融服务，极大地助推了边贸流程正规化（如图3-3所示），并且在一级市场提供金融配套，与越南金融衔接，串联产业链金融，提高贸易效率。

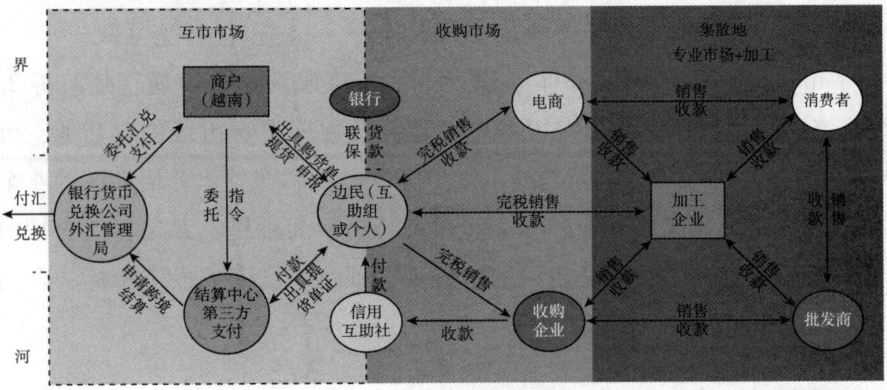

图3-3　八找网结算流程图

新华速汇于2014年11月成立，积极参与沿边金融改革，尝试在东兴建立小币种结算中心，做成一个多元化、多国家主体的平台，吸引东盟的金融企业参与合作。目前新华速汇已全面启动外汇代兑业务，2015年3月16日，新华速汇通过了国家外汇管理局境内机构外币代兑业务备案，获准开展人民币与外币的兑换业务，推出货币交易平台。以前，大量中越之间的货币流通都是基于贸易交易，很多是基于地摊银行的定价，边贸互市也没有成形的结算机制。2016 年 6 月 1 日，新华速汇正式在越方银行开立银行账号，2016 年 9 月 10 日，与越方西贡商业银行签署了金融合作协议，一方面开展金融服务的合作，探索商业汇率形成机制，另一方面为境外大宗商品交易场所的建立提供咨询。新华速汇开通交易系统以来至 2017 年 9 月，两年半时间已经形成了几亿元人民币的总兑换量。

（三）大力发展跨境电商和电子商务进农村

一是大力发展跨境电商模式。积极探索推进“互市 + 边民 + 全网营销”“互市 + 边民 + 电商企业（落地加工企业） + 线上线下分销”进口模式，以及“边民 + 互市申报 + 货物出境”出口模式。2017 年电子商务交易额突破 28 亿元，同比增长 20%，电子商务网上零售额突破 9 亿元，新增电商企业（含个体、个人网店）180 家，电子商务企业（含个体、微商）突破 2500 家，新增就业人数 250 人，重点扶持东兴本地百岸网、八找网、东兴汇、京东中国特产——东兴馆等跨境电商平台上线运营。

二是加大基础设施建设，提升跨境电商发展环境。目前已建成东兴市电子商务公共服务中心，占地面积 4750 余平方米，提供电商培训和电商培植的有关服务。此外，逐渐建成了覆盖全市的物流配送体系、产品质量保障体系和二维码溯源体系。

三是加大招商引资工作力度，积极引进大型电商企业投资建设产业园。2017 年分别引进了网信集团有限公司、圆通速递等大型企业落户东兴市。

（四）构建和完善物流配送服务体系建设

启动了市、镇、村三级服务体系建设：一是建成圆通、申通、邮政等 3 个县（市）级物流中心；二是完成市级服务中心建设及规划设置市级创业基地、市级公共 O2O 展示中心、市级孵化运营与展示宣传区、市级品牌与业务培训区等 4 个功能板块；三是在马路镇建成服务中心 1 个，在大旺村、大桥村、万尾村、松柏村、横隘村建成村级服务点 5 个；四是启动二维码溯源项目，已完成投资招标、合同签订并预拨项目经费。

六、跨境旅游

（一）东兴市旅游业发展基本情况

东兴市既沿边又沿海，是我国西部地区乃至全国通往越南等东盟国家最便捷的陆路通道。东兴市跨境旅游资源独特，与越南北部最大、最开放的经济特区——芒街市山水相连，共同拥有界河北仑河、全球最大跨国连片红树林等具有垄断性的旅游资源。近年来，东兴市充分发挥区位优势和旅游资源优势，大力挖掘“边、海、山、少”特色，着力推动商贸文化旅游一体化发展，大力发展跨境旅游，努力打造广西特色旅游名县升级版，促进了东兴市旅游业蓬勃发展。目前，全市拥有国家4A级旅游景区2个、国家3A级景区4个、四星级旅游饭店6家、三星级旅游饭店8家、广西特色景观旅游名村1个、四星级乡村旅游区1个、五星级农家乐1家、四星级农家乐7家、三星级农家乐5家、各类旅行社31家、全国休闲农业与乡村旅游示范区2个、特色旅游线路9条，为探索全域旅游“东兴模式”奠定了良好基础。据统计，2016年，东兴市共接待游客752.9万人次，增长11.2%；全市旅游总消费65.2亿元，增长31.6%；经东兴口岸出入境人数715.6万人次，旅游团队8万多个，跨境旅游人数达119.9万人次，增长20.5%。2017年上半年，全市共接待游客439.1万人次，增长19.3%；全市旅游总消费33.1亿元，增长35.7%；经东兴口岸出入境人数464.75万人次，跨境旅游人数达58万人次，增长21.8%。

（二）跨境旅游合作不断扩展

近年来，东兴市与芒街市的跨境旅游合作发展迅速，取得了令人瞩目的成绩。同时，东兴市与越南芒街市签订了《关于共同推进旅游发展的合作机制》等合作协议，进一步促进了跨境旅游合作。此外，东兴市于2011年3月举办了首届“中国东兴—越南芒街跨境旅游合作区建设研讨会”。与会专家提出，要把跨境经济合作区和跨境旅游区作为推进国家级东兴重点开发开放试验区建设的载体。东兴市投入60多亿元推进旅游项目建设，着力加快京岛风景名胜区、国门景区、北仑河口景区等景区景点建设，全力打造滨海特色、民族特色、边关特色、长寿养生特色旅游产品；国门景区、意景园二期等重大旅游项目建设有序推进，2017年上半年累计完成固定资产投资5亿元；加大旅游项目招商引资力度，东盟自驾车总部基地通过招商联席会准入，与大型旅游投资企业西江文旅集团、北京东方园林文旅集团达成初步合作意向，开通东兴—芒街跨境自驾游旅游线路，截至2017年6月底，中越双方共有137辆次自驾游车辆通关，其中中国车100辆次、越南车37辆次。

根据东兴市旅游局相关统计数据，2010年经东兴口岸的入境游客数达4.36万人次，创外汇收入1044万美元；2011年，东兴市累计接待游客369.09万人次，同比增长28.49%，其中出境游客22.05万人次，同比增长35.16%，入境游客21.52万人次，同比增长38.66%。2017年东兴市旅游业迈上新台阶。2017年1—10月，东兴市旅游发展状况良好，基本呈现上升趋势，全市共接待游客834.62万人次，旅游总消费达到69.89亿元。其中入境旅游方面，接待入境过夜游客数10.19万人次，旅游外汇消费总计3952.90万美元；国内旅游方面，接待国内游客824.43万人次，国内旅游消费总计67.44亿元。总体而言，无论是接待旅客数量，还是旅游消费额度，2017年前10个月均实现较大的环比增长率，旅游发展态势良好（见图3-4、图3-5）。

如图3-4所示，2017年1—10月东兴市游客总数不断上涨，8月达到118.7万人次的高点，旅游总体规模较大。如图3-5所示，2017年1—10月累计游客数同比增长率均为正值，且都在13%以上。图3-4与图3-5表明，2017年东兴市旅游发展整体良好，相对于2016年游客数增长明显，全市旅游业呈现稳步上升、健康积极的发展趋势，全市的旅游资源正在不断开发之中，旅游发展潜力逐渐显现。

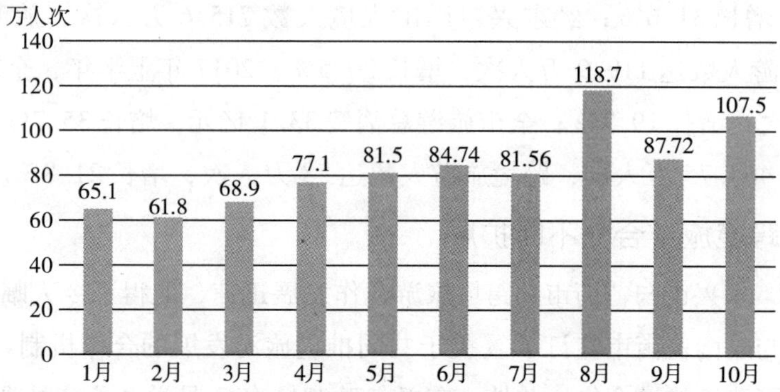

图3-4 2017年1—10月东兴市游客数

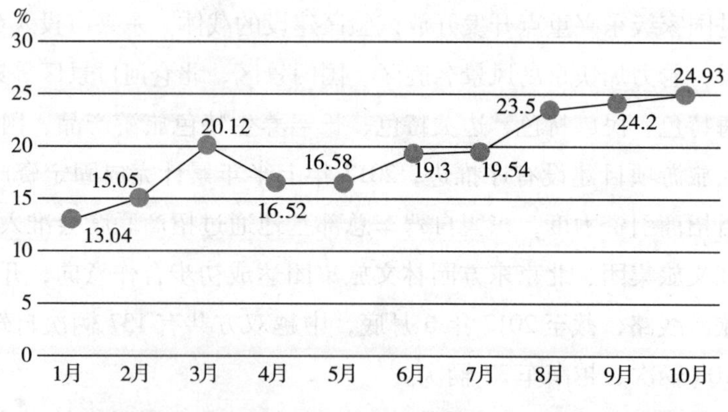

图3-5 2017年1—10月东兴市当年累计游客数同比增长率

由图3-6和图3-7可知，2017年东兴市旅游总消费规模不断扩大，10月达到12.44亿元的高点，累计旅游总消费绝对量较大，为当地的经济发展提供了强劲的动力。累计旅游总消费同比增长率为正且增长率在30%左右，表明相较于2016年，2017年东兴市旅游消费大增，对当地经济发展的贡献率不断增长。图3-6和图3-7

共同表明，东兴市旅游业的发展极大地带动了当地的消费，从而促进了经济增长，如果增长态势继续保持，那么旅游业必然成为当地的支柱型产业，可以为东兴市经济发展带来可持续的发展动力。

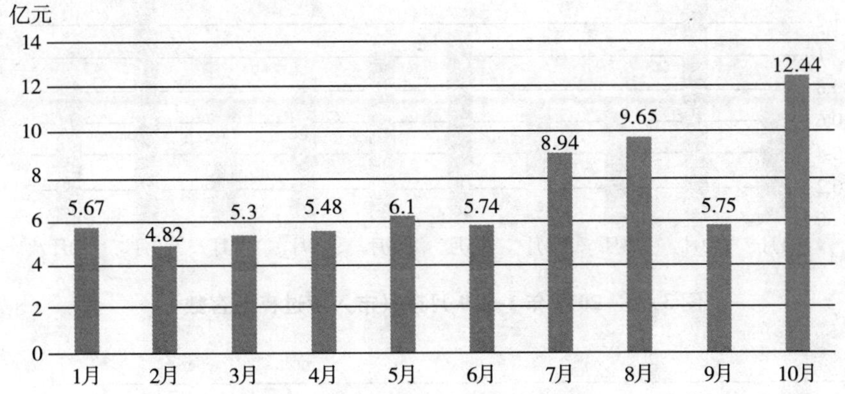

图 3－6　2017 年 1—10 月东兴市旅游总消费

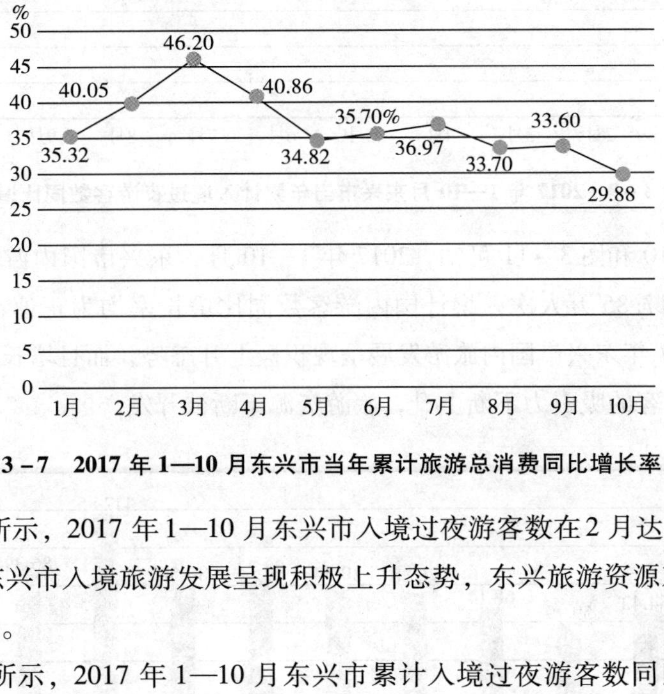

图 3－7　2017 年 1—10 月东兴市当年累计旅游总消费同比增长率

如图 3－8 所示，2017 年 1—10 月东兴市入境过夜游客数在 2 月达到最高值，为 1. 81 万人次，东兴市入境旅游发展呈现积极上升态势，东兴旅游资源对入境游客的吸引力不断上升。

如图 3－9 所示，2017 年 1—10 月东兴市累计入境过夜游客数同比增长率均为正值，表明较于 2016 年同一时期，2017 年入境过夜游客数量增长，东兴市入境过夜旅游发展水平有所提升。说明 2017 年入境旅游市场前景更为明朗，跨国旅游将逐渐成为当地经济发展的重要动力。

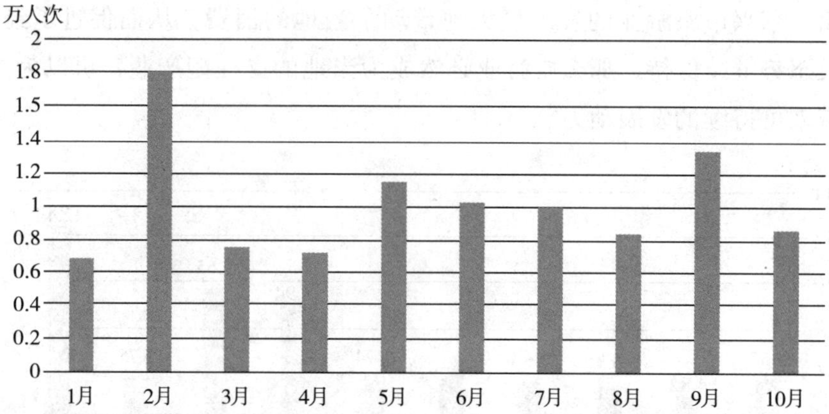

图 3-8　2017 年 1—10 月东兴市入境过夜游客数

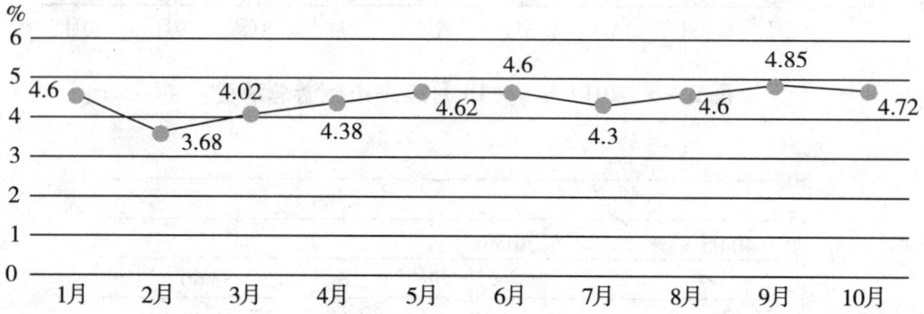

图 3-9　2017 年 1—10 月东兴市当年累计入境过夜游客数同比增长率

由图 3-10 和图 3-11 可知，2017 年 1—10 月，东兴市国内游客数在 8 月达到最高值，为 117.85 万人次，累计国内游客数同比增长率均为正值，且均在 13% 以上，说明 2017 年东兴市国内旅游发展呈现积极上升态势，而且增长明显，东兴旅游资源对国内游客的吸引力不断上升，旅游资源不断被开发。

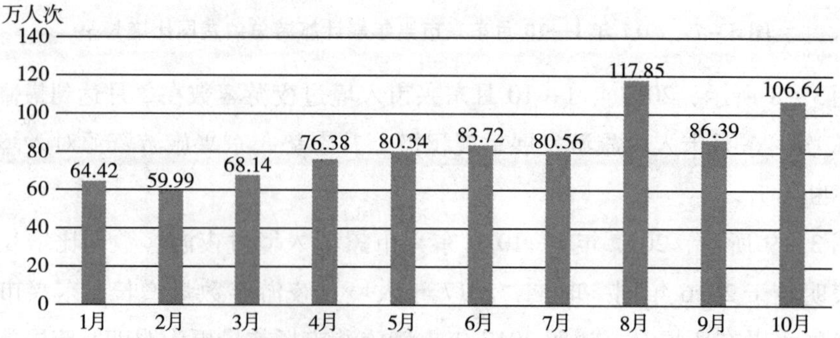

图 3-10　2017 年 1—10 月东兴市国内游客数

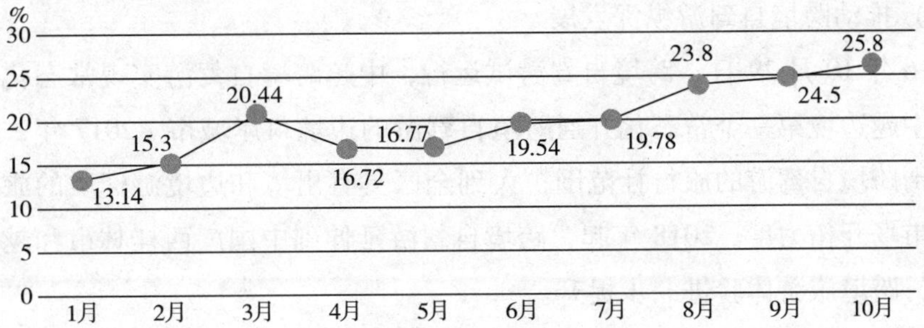

图 3－11　2017 年 1—10 月东兴市当年累计国内游客数同比增长率

从旅游人数规模来看，国内游客是东兴市旅游客源的主要来源，入境游客人数相对于国内游客来说规模很小，表明东兴市旅游市场主要面向国内，受到收入等各方面限制，入境旅游不是东兴旅游发展的动力。根据二者之间的差距以及越南国情，可以判断未来东兴市的游客还将以国内游客为主，主要发展方向仍然是出境旅游。

（三）东兴与芒街跨境旅游合作区建设构想和进展

2015 年，东兴市启动设立中国东兴—越南芒街跨境旅游合作区研究工作。2016 年推进自治区旅发委和越南广宁省旅游厅签订《加快推进东兴—芒街跨境旅游合作区建设协议》。2017 年，东兴市编制完善了《中国东兴—越南芒街跨境旅游合作区合作规划》。2018 年，国家文化和旅游部批准防城港市建设边境旅游试验区，跨境旅游开放合作迈上新台阶。

1．夯实跨境旅游发展基础

首先，突出东兴市滨海特色、民族特色、边关特色和长寿养生特色，加大特色旅游项目的投资。2017 年上半年累计完成固定资产投资 5 亿元，国门景区、意景园二期等重大旅游项目建设有序推进。其次，加强旅游服务设施和服务管理水平的建设。建成一批旅游厕所、停车场、旅游标识牌、导览图等基础设施配套建设，解决景区可进可出问题。提升服务管理档次，倡导商家诚信经营，建立危机应急预案。最后，多方合作推动旅游项目的深度发展。加大旅游项目招商引资力度，加强与东盟国家以及邻国越南的合作。

2．打造跨境旅游特色品牌

（1）拓展跨境旅游线路

在原先开通的 8 条跨境旅游精品路线的基础上，新增 1 条涵括中国东兴、桂林，越南芒街、下龙“两国四地”的中越跨境旅游黄金线路。

（2）推动跨境自驾游纵深发展

2016年10月29日，跨境自驾游试运行，中越跨境自驾游实现常态化开通，东兴成为中越边境第一个常态化开通跨境自驾游的边境口岸城市。2017年，将经营东兴—芒街跨境自驾游的旅行社范围扩大到全区具有出境和边境游资质的旅行社，不断加大市场开拓力度。2018年起，跨境自驾游延伸到中国广西桂林市和越南广宁省下龙市，跨境旅游体验进一步提升。

（3）打造市内游品牌

强化京岛风景名胜区建设管理，提升旅游档次，打造龙头景区，推进国门景区、北仑河口景区、北投国际旅游集散中心建成国家4A级景区，扶持七彩贝丘湾、长湖生态园、百果香山庄等一批乡村旅游示范点及农家乐提星升档。

（4）打造滨海风光特色旅游品牌

打造以金滩旅游岛为核心的“5+5+2美丽乡村”边海乡村旅游示范带；积极引导远福农庄、桃缘山庄创建星级农家乐，不老峰石斛生态园、百果香山庄、长湖原生态园创建四星级乡村旅游示范区，七彩贝丘湾创建五星级乡村旅游示范区；开展竹山旅游名村提升工程；启动古街竹林步道、古街道路改建，进港大道、古榕部落游览步道建设项目，打造广西滨海旅游新热点。

3. 推动跨境旅游转型升级

大力实施“旅游+”产业融合发展计划，推动商贸、旅游、文化一体化发展，打造多点支撑、融合发展的大旅游、大产业、大发展格局。

（1）大力实施“旅游+农业”

坚持“一村一品”发展理念，推进农旅结合，形成亦农亦旅的休闲观光农业、家庭农业等生态农业模式。目前，东兴市已成功打造了全国休闲农业与乡村旅游示范区、示范点3个，星级农家乐13家，成功创建了自治区级京岛海洋渔业核心示范区、东兴市七彩贝丘休闲产业核心示范区等4个县乡级现代特色农业示范区。2017年1—6月，全市共接待乡村旅游人数125.1万人次，旅游收入2.62亿元，分别增长25.5%、33.4%。

（2）大力实施“旅游+文化”

围绕京族、边海、东盟元素，大力发展以文艺演出等为载体的文化旅游产业，建成使用东兴国门演艺剧场和东兴国门大剧院。大型旅游演艺精品《百鸟衣》《秘境·东南亚》实现常态化演出。其中《秘境·东南亚》每日2场，日接待游客约1000人。

（3）大力实施“旅游 + 体育”

依托体育馆、游泳馆等场地优势，积极申办系列重大体育赛事，重点在足球、篮球、功夫对抗、马拉松、汽车拉力赛、自行车赛等方面引进重大赛事，通过重大赛事提升东兴市知名度，促进“旅游 + 体育”发展。

（4）大力实施“旅游 + 边贸”

利用游客在互市区购物享受 8000 元/（人・天）的免税额度等优惠政策，建成使用互市商品购物一条街和试验区免税商城，加快东兴边贸中心商贸街区和京街等一批特色街区建设，打造商贸旅游融合发展的国际旅游名城，不断满足游客旅游购物的需求。

（5）大力实施“旅游 + 扶贫”

建立旅游企业结对帮扶定点回购制，旅游企业与农户达成果蔬、家禽等农副产品回购协议，保障贫困户销售渠道，通过产业引领、结对帮扶的方式，引导农村贫困户与酒店、景区等企业主达成农副产品供给合作。

4. 推动跨境旅游合作

（1）联合开展跨境旅游形象推广

联合越南芒街市政府、广宁省旅游厅，到中国桂林、贵州、湖南及越南下龙、河内、胡志明市举行跨境旅游推介会，开创中越跨境旅游推广的先河，“上山下海又出国”的旅游品牌在国际国内进一步打响。

（2）积极搭建跨境旅游合作发展平台

每年与芒街市轮流举办“中越（东兴—芒街）国际商贸・旅游博览会”，举办跨境旅游合作专家论坛、跨境自驾游、边境旅游形象展、高尔夫友谊邀请赛等系列活动，成为跨境旅游合作品牌。同时，通过内引外联，鼓励中越旅游企业建立良好合作，共同打造跨区域的国际旅游品牌。

七、跨境文化交流

（一）中越跨境文化交流

中国东兴市与越南芒街市仅一河之隔，作为友好城市，双方不仅开展跨境经济、旅游的合作，体育活动的交往也相对密切，形成了中越国际商贸・旅游博览会、中越青年界河对歌、中越边民大联欢、中国—东盟国际青少年足球邀请赛、中越元宵节足球友谊赛、中越跨境足球赛、网球联赛等品牌活动。东兴的国际友好城市已达 3 个，分别是越南芒街市、韩国高兴郡、印尼东勿里洞县。

早在民国年间，中国东兴与越南芒街就经常举行足球友谊赛。中越元宵节足球友谊赛从 1993 年开始，每年都在元宵节当天举行，至 2017 年已经是第 24 届，成为中越边境文化交流的重要平台。该赛事在芒街已经被大家所熟知，双方的友谊赛已经成为芒街民众元宵节最期待和喜爱的活动。随着东兴市体育赛事举办能力的增强，基础设施的不断完善，在东兴举行的足球赛事的规模也在逐渐扩大。从最初的中越边民自发的足球文化交流，到政府每年定期举办的中越元宵节足球友谊赛，到中国—东盟 U16 少年足球四国邀请赛，再到 2017 年的国字号 U19 青年足球四国邀请赛，比赛的规模和范围逐渐扩大，精彩程度也不断提高。

（二）东兴文化的再发掘

东兴是我国较少民族京族唯一的聚居地，集边关文化、海洋文化、长寿文化、红木文化、伏波文化、[①] 京族文化以及历史文化等特色于一体，有京族哈节、京族独弦琴艺术等 2 个国家级非物质文化遗产和京族独弦琴、京族鱼露、京族民歌等多个自治区级非物质文化遗产。

八、东兴—芒街跨境经济合作区的综合社会效应

随着东兴和芒街跨境经济合作的不断推进，跨境经济合作区的社会经济发展综合效益显著提升。

（一）提升边境城市区位价值

随着东兴市与越南芒街市跨境经济合作的深入发展，两市的经济社会发展也取得了长足进步，产业结构不断趋向合理，投资环境得到进一步改善，边境效应凸显，边境城市区位价值得到开发利用。同时，东兴市与越南芒街市跨境经济合作的加强，进一步扫除了中越边界的“屏蔽效应”，增大了“中介效应”和“集聚效应”，众多的企业不断向该地区集聚，边境城市区位价值得到进一步提升。

首先，允许中越两国人、货、车自由进出东兴—芒街跨境经济合作区，推动了人流的空间自由流动和地域重组。目前，每天从东兴到越南芒街上班的中国人约 4000 人，而到东兴上班的越南人近 2000 人；另外，越南北部地区每月由陆路到中方购物、旅游以及中方由陆路到越方旅游的人数达数万人次之多，人流量很大。其次，通过跨境经济合作形成了良好的国际影响与国际吸引力，吸引了包括东盟国家

---

① 防城是东汉伏波将军马援南征交趾重大历史事件的主要发生地，由马援南征而产生、形成、发展并传承下来的优秀历史文化——伏波文化，在该市源远流长、影响深远、群众基础广泛。

在内的国家（地区）的参与。此外，逐步在东兴市与越南芒街市实现人民币与越南盾自由兑换，跨境人民币结算业务发展迅猛，不断向纵深发展。

推进东兴—芒街跨境经济合作有利于实现资源、政策等优势互补，通过辐射效应带动双方的经济社会发展，有利于实现互联互通，加快中国—东盟一体化进程，有利于发挥先行示范效应，加速中越跨境经济合作进程。

（二）实现稳边固边

边境贸易除经济利益外，其维护边境稳定的社会效益同样重要。因此，各国往往对边境贸易给予优惠政策，并且在 WTO 中也予以认可，属于 WTO 各项协议的例外规定。关税及贸易总协定（General Agreement on Tariffs and Trade，GATT）1994 第 24 条指出，GATT 的各项规定不得阻止任何缔约国为便利边境贸易对毗邻国家给予某种利益。为了稳边固防，我国对边境贸易给予特定优惠，特别是对边民互市，目前每人每天可以从越南免税采购 8000 元人民币限额的日常用品，这相当于一种特殊的转移支付，让利于中越两国边民，提高了两国相互连接的程度，淡化了边境矛盾，有效避免了边境冲突。

京族地区的区位优势及独特的族群关系确立了京族人在中越边境贸易上的重要地位。东兴市京族三岛是中国人口较少民族——京族的唯一聚居地，京族和越南的主体民族本是同源民族，语言没有障碍，生活习惯也类似，彼此互信度较高，文化包容开放。这一独特的人文优势大大降低了交易风险和交易成本。京族人在中越边境贸易中扮演着不可替代的角色，成为中越边境贸易的积极参与者和最大受益者。由于缺乏资金和经商经验，在贸易初始阶段，京族人主要利用语言优势，充当中介人或翻译，后来才逐步开始独立经商。东兴京族从事边贸的人数较多，有很多成功的例子。这个“海上民族”也被评为中国最富裕的少数民族之一。

（三）助力脱贫攻坚

1. “边境贸易 + 互助组”

至 2017 年 10 月，东兴市边民互助合作社（组）共 62 个，约 2200 人；据统计，“边境贸易 + 互助组”扶贫模式解决贫困人口就业 113 人。2016 年，“边境贸易 + 互助组”扶贫模式带动参与货物运输、货物搬运等工作的贫困户月均收入 3000 元左右。“边境贸易 + 专业市场”扶贫模式鼓励贫困户参与互市贸易工作，每人月收入由原来的不足 1000 元增至 3000 元以上，例如东兴镇河洲村、江那村、大田村 3 个村委会共组建了 22 个边民互助组，75 名贫困村民在互助组的带领下，每人月平均收入超过 1000 元；其中，直接参与贸易环节的贫困户中，融资分红收益可达到 333.5 元/月，帮扶分红收益可达到300元/月，参与贸易收入约为12580元，贫困户家庭每月平均收入可达4000~5000元。另外一部分贫困户以委托经营方式参与贸易，可以获得333.5元/月的融资分红和300元/月的帮扶分红，贫困户家庭每月平均收入可达634元。

2. "边境贸易+金融服务"

根据自治区开展脱贫攻坚"边贸政策扶助一批"相关规定，对参与边贸的贫困边民提供10万元以内、3年以下、免抵押、免担保的小额信贷支持。目前，每户贫困户由地方财政贴息可向银行融资5万元。有经营能力的贫困户，利用融资资金直接参与互助组的经营，每年收益达3万~4万元；没有经营能力的贫困户，可委托互助组代经营，每年按8%的收益分红，年收入4000元，互助组每月再分红收益300元，每年可分得7600元的收益。互助组还可利用融资分红金购买车辆，分配给贫困户人员运输经营或委托经营，贫困人口驾驶技能由政府出资培训。据统计，"边境贸易+金融服务"扶贫模式惠及贫困人口452人。

3. "边境贸易+落地加工"

为吸引边贸加工企业落地加工，以贸易带动加工产业，将互市政策"红利"留在边境助农增收脱贫，东兴市依托完整的口岸边贸体系，实施互市商品"落地加工合法化、通关便利化、成本最低化、落地加工企业优先化、贸工互动效益最大化"等"五化"措施，组建57个互助组与10家试点落地加工企业建立合法互市商品购销协议，收购加工海产品、坚果、农副产品等商品，既解决了工业加工原材料进口问题，又增加了边民收入和就业岗位，促进"边境贸易+跨境加工制造业+扶贫"互动发展。截至2017年10月，互市商品落地加工产业完成加工总产值32亿元，同比增长200%，互市商品落地加工试点企业发展到24家，"边境贸易+落地加工"扶贫模式解决贫困人口就业36人。

4. "边境贸易+电子商务"

至2017年3月，东兴市电商企业（含个体、个人网店）共2173家，其中，2017年新增电子商务经营户268户，新增就业人员448户，实现销售额22.3亿元，比上年同期增长33.53%；全市物流、快递企业达83家，日进出货物6.5万余件，培育出万丰"红姑娘"红薯、"万诚"海鸭蛋、"哈哥哈妹"绿茶、"良佳优"柠檬香茅① 等网销品牌。互联网一定程度上解决了之前单个边民获取市场信息渠道窄、

① 柠檬香茅是一种具有香味的植物。多年生草本，全株具有柠檬的香味。原产于热带亚洲，如印度、斯里兰卡，现在广东、海南、台湾栽培，广泛种植于热带地区。主要用于萃取精油。

收益微薄的问题。通过互助组的形式，分工合作、抱团经营、集体采购试点商品，再通过互联网桥梁，使边民获取商家信息更方便、销售渠道更广泛，不仅降低了互市运营成本，还增加了互市贸易总量，使边民逐渐成为真正的交易主体。除此之外，重点扶持东兴本地百岸网、八找网、新华速递、东兴汇等跨境电商平台上线运营，“边境贸易 + 电子商务”扶贫模式带动农民人口就业 110 人，其中包括贫困户人口 15 人。

东兴试验区，从成立边民互助组到发展电商扶贫，始终以实现振兴边境、富裕边民为出发点，注重从顶层设计到“最后一公里”的落地，精准扶贫的举措越来越实，边民致富的步伐也越来越快。

九、东兴—芒街跨境经济合作区建设存在的问题

（一）跨合区的管理组织和机制仍然缺位

1. 跨合区建设共同总体方案尚未批复

跨合区建设共同总体方案是东兴—芒街跨境经济合作区的顶层设计，由于两国政府尚未批复该方案，双方在园区规划设计、口岸开放、政策安排等方面尚未有明确态度，有关的基础设施、投融资未能全面发力，影响了东兴试验区体制机制改革深入推进。

2. 中越之间对接的管理机制不健全

跨合区还没有组建真正意义上的地方政府合作协调机构，只是在国家和地方政府层面建立了会晤机制，合作还存在很多不确定性，导致东兴—芒街跨境经济合作进程缓慢。这就需要中越双方在合作框架、合作协调机构、法律制度的对接等方面进行磋商协调，共同落实“两个协议”。①

3. 双边贸易服务体系不完善

目前，就国家层面上看，中越两国在海关程序、人民币与越南盾的跨境结算、检验检疫及货代运输等领域的合作还不能满足跨境经济合作的发展需求，在一定程度上制约了双方跨境经济合作的发展进程。另外，由于没有形成完善的符合国际惯例的贸易制度，中越边境贸易缺乏相应的约束机制，目前还存在某些不规范行为，如低值报关、关税流失、通关效率低、随意扣留货物资金等。

① 2007 年和 2010 年，中越两国分别签署了《中国东兴—越南芒街跨境经济合作区的框架协议》《共同推进建立中国广西东兴—越南广宁省芒街跨境经济合作区协议》。

（二）通道能力建设压力较大

1. 通道能力弱

目前，东兴市的交通基础设施建设明显滞后。全市还没有铁路、高等级公路，且东兴与越南芒街相连的北仑河大桥运力不足的问题已经凸显。东兴与越南芒街相连的北仑河二桥还处于建设中，东兴至防城港的铁路、高等级公路也还处在规划建设中。此外，港口码头泊位较低级，水路的发展也不够快，总体运力不足问题严重。

2. 建设资金缺口较大

中越北仑河二桥口岸联检设施及配套道路、标准厂房等园区基础设施建设所需投资较大，目前仅解决部分建设资金，缺口较大。由于跨合区地处边境，所在的防城港市产业基础薄弱、财政收入不高，国家、自治区给予跨合区的建设资金不多，后续建设资金压力较大。

3. 征地搬迁任务重

口岸开放涉及的征地搬迁项目共有8项，需搬迁4.66万平方米，涉及1个改制工厂和106户群众。跨合区建设指挥部已按照倒排工期要求，明确了征地搬迁的时间节点，落实并加强了工作组及具体工作人员配置，但由于这些房屋基本都是征地搬迁收尾的最难完成的部分，工作压力大，时间紧迫。

4. 中越北仑河二桥口岸开放协调难度大

检验检疫划入海关，边防检查站改为移民管理局后，原来已经完成的口岸规划方案需要重新调整，影响到口岸的如期建成。

（三）过于依赖具有优惠政策的互市和边小贸易

东兴市对外贸易严重依赖于互市贸易和边小贸易，以2017年为例，东兴市外贸进出口总额35.35亿美元。其中，一般贸易进出口总额0.64亿美元，仅占1.81%；边小贸易进出口总额13.39亿美元，占37.88%；互市贸易进出口总额21.32亿美元，占比高达60.31%。互市贸易和边小贸易得益于国家的优惠政策，然而，优惠政策存在不确定性。以边小贸易为例，2006年以前，国家对边境小额贸易减半征收进口关税和进口环节税，2006年后开始全额征收，但根据地方贡献会在转移支付中部分返还。互市贸易政策尽管逐年优惠，但是自2008年提高免税进口额度以来，已有10年没有再增加额度，说明其优惠余地已经很小。随着中国与其他国家达成越来越多的自贸协定、中国—东盟自由贸易区继续升级，越来越多地区和商品将纳入协定关税。协定关税率降低，互市贸易免税政策的吸引力也会受到挑战。此外，各地为完成进出口经济指标任务，会实施出口补贴，这给东兴市出口贸易带来压力。一方面，出口补贴是 WTO 所禁止的，中国作出了承诺，各地方政府须引起警惕，注意国际规则；另一方面，补贴并不一定带来利益，各地推出补贴政策，企业往补贴高的地方走，形成补贴的恶性竞争，于国、于地方都不利。

（四）越南与中国在民心相通方面存在挑战

2015 年，零点集团对“一带一路”沿线国家民众对华态度进行了网络调查。基于民众对中国的整体好感度、对中国文化的欣赏度、对中国道路的认同度、对中国发展前景的信心度、对中国制造和中国品牌的好感度、对中国领导人的关注度、对中国领导人正确处理国内国际事务的信心度、对本国与中国双边关系的认可度、对本国与中国经济关系的信任度等 10 大指标，将 18 个“一带一路”沿线国家划分为 5 大类别。在所有 18 个参与调查的国家中，越南是唯一一个在喜欢度、关注度、认同度和信任度 4 个维度，以及在 10 个指标上均对中国释放出消极信号的国家。中越之间一直存在的南海岛礁争端与贸易不平衡问题使得越南对华容易抱有负面的敌对情绪。①

中国提出了“人类命运共同体”的理念，在以美国为代表的发达国家贸易保护主义抬头的情况下，高举开放大旗，于 2018 年召开首届进口贸易博览会、缩减外商投资企业负面清单、扩大金融业等服务业对外开放，赢得了世界范围的广泛称赞。中越两国也不断加强政治互信，党的十九大之后，习近平主席首次出访就来到越南，参加岘港 APEC 领导人非正式会议，对越南进行国事访问，宣示中国发展道路和执政方略，立足周边践行亲诚惠容与合作共赢理念，深耕周边、扎根亚太、辐射全球。中越两国进一步达成共识，为未来跨境经济合作营造了积极氛围。

（五）跨合区主导产业不够明确，产业链协调程度不足

跨合区在招商引资策略中强调了引入加工贸易等项目，也强调了引进高端制造业，在核心区既要重点发展纺织服装等传统产业，也要发展新能源、智能产品研发等新兴产业。此外，跨合区还期待利用东兴指定进口水果和苗木口岸，发展相应产业。跨合区规划和实践中的主导产业不够明确，无法形成凝聚力，也无法为产业配套指明方向，产业协调就会无章可循。

---

① “一带一路”沿线国家对华态度重磅调研［EB/OL］. 中国国际贸易促进委员会网站，2015－08－25［2018－11－04］. http：//www. ccpit. org/Contents/Channel_3430/2015/0825/483638/content_ 483638. htm.

十、加快东兴—芒街跨境经济合作区发展的建议

（一）切实履行共商共建共享原则

坚持包容性发展、共享式发展，基于共商共建共享原则，跨合区投资方向和合作内容应充分尊重双方发展诉求，寻求共同价值，以建设人类命运共同体的理念进行园区运营。

（二）突出产业特色，聚焦核心竞争力

应该基于中越两国在当地和邻近区域的比较优势，确立主导产业。越南劳动力丰富，在“泛珠三角”合作的背景下，东兴具有承接粤港澳劳动密集型产业转移的潜力。发展加工贸易，提高加工贸易的附加值应该是比较可取的发展道路。贸然强调发展高端制造业，恐怕力不从心，很有可能沦为空淡。

此外，在中美经贸摩擦的背景下，美国对中国出口商品进行围堵，一些出口加工企业可以考虑利用跨合区转移原产地证明，并借助越南通道进行外销，绕过美国的贸易壁垒。

（三）探索多元化的盈利模式

跨合区不仅要关注工业地产领域的开发运营，也要根据园区的行业定位，深入把握行业的发展特点和其产业链上下游的协作关系，为入驻园区的企业提供综合服务平台，提供咨询、培训、信息、企业孵化、物流、人力资源、软件服务外包等服务。注意从产业融合发展中获得收益，通过跨合区的建设改善外部的基础设施条件，形成对人口的集聚，辐射和带动周边地区。

（四）提升东兴营商软环境

党的十九大和中央经济工作会议精神已经指出，优化营商环境，才能持续激发市场活力和社会创造力。全球主要国家贸易政策变革的经验表明，“第二代贸易政策”已经成为备受关注的主要问题，经济一体化从浅层次向深层次转变，中国应顺这种潮流，提高开放的水平。例如，一些对贸易或国有企业的补贴行为，不符合公平竞争原则，扭曲了市场竞争。今后，中国应致力于采取竞争中立原则。尽管东兴是一个小城市，但应该具有这样的国际规则意识。

进一步深化“放管服”改革，营造更有吸引力的国际化、法治化、便利化的营商环境，降低制度性成本，培育提升我国国际竞争的新优势。正如李克强总理强调的，“要做好简政放权的‘减法’、做强监管的‘加法’和优化‘服务’的乘法。

地方政府部门，既要不忘‘抓项目’的老本事，更要学习‘造环境’的新本领，要由过去偏重追求政策‘洼地’，转为更倾力打造公平营商环境的‘高地’”。①

（五）重视人才建设

边境地区少数民族知识、技能较为薄弱，应当有针对性地进行培训和引导。政府应当发挥引领作用，以扶贫资金、兴边富民资金为导引支持边境地区开展人力资源培训。一是激发边境少数民族带头人和能人的创业精神，从自主和自治、主动创新、承担风险、积极性、竞争进取心、协作6个维度进行设计、引导和培养，由此形成创新和创业能力。二是培训经营的基本知识和操作技能，特别是跨境电商能力，重点培养店铺商品设计能力、在线交易流程熟悉度和客户服务能力；结合少数民族文化特点和跨境人文特点，探索适当的市场营销技能。

① 李克强总理在2017年6月13日“放管服”会议上的讲话。

第四章　凭祥—同登跨境经济合作区进展报告

近年来，随着国家“一带一路”倡议和中新南向通道建设的深入推进，凭祥市对外开放合作不断深化，已成为中国与东盟市场和资源承接的“洼地”。作为中国对外开放的前沿阵地，凭祥市对接双边市场的跨境经济合作的重要性越发凸显。跨境经济合作区是屏蔽边界效应、释放开放效应的特殊区域，是“一带一路”建设的重要抓手，也是推动我国边境地区发展的重要手段。地处中国西南边境的凭祥—同登跨境经济合作区建设受到国家和地方政府的高度重视。2017 年 12 月 13 日，为了进一步推动跨境经济合作区的建设和发展，凭祥市政府举办了中越凭祥—同登跨境经济合作区（筹）投资推介会。2018 年 1 月 10 日，李克强总理出席了澜沧江—湄公河合作第二次领导人会议，提出面向东南亚、面向东盟，双方要“共同建设好现有经贸合作区、跨境经济合作区，开辟一些新的特色园区”。凭祥市跨境经济合作区迎来了新机遇和新发展。①

一、凭祥—同登跨境经济合作区建设背景

跨境经济合作区作为一种新型的国际经济合作和区域经济合作模式，已成为我国沿边民族地区对外开放的重要媒介。目前，中国跨境经济合作区主要以东北边境地区与东北亚国家、西北边境地区与中亚五国、西南边境地区与东南亚国家为主。其中，作为联合国开发计划署大力支持和资助的中越跨境经济合作项目之一，中越凭祥—同登跨境经济合作区是以中国—东盟自由贸易区为合作框架的“试点”。跨合区总体规划面积为 17 平方千米，位于中国广西凭祥的浦寨边贸区与越南谅山同登的新清口岸区交界处。

① 除特别注明外，本章所使用资料、数据均来自调研所得。

（一）凭祥市经济发展概况

凭祥市于1956年11月建立，是广西壮族自治区最早建立的城市之一，由地级市崇左市代管，地处祖国南疆，西南两面与越南谅山省接壤，边境线长达97千米，全市土地面积650平方千米，2016年年末常住人口11.75万人，[①] 素有“中国南大门”之称。当前，凭祥市是北部湾经济区、华南西南经济区、中越“两廊一圈”等战略发展区域的交汇点，已经成为我国通往越南和其他东南亚国家最便捷和最大的陆路通道。同时，凭祥市也是广西壮族自治区拥有边疆口岸范围最广、数量最多、种类最全的城市。凭祥市辖区内有凭祥（铁路口岸）和友谊关（公路口岸）2个国家一类口岸，平而关（水路口岸）1个国家二类口岸，弄尧（含浦寨）、凭祥（叫隘）、平而、油隘4个边民互市点，铁路、公路、水路口岸一应俱全，是广西最大的陆路开放口岸。其中的友谊关口岸是广西第一个实现电子化通关的口岸，被列为广西壮族自治区关检“三个一”[②] 试点，通关速度广西第一。凭祥市立足“边”的优势，一直加强推进口岸加工业、商贸物流业、专业市场建设、红木文化产业、电子商务发展等，力促产业转型升级，经济社会发展趋势良好。

1. 地区生产总值

2008年—2018年上半年，凭祥市地区生产总值保持较快增长，年均增长率高达15.01%，与此同时，人均生产总值也保持较快增长，年均增长率为14.87%，两者基本保持一致，如表4-1所示。其中，由于2008年爆发国际金融危机，凭祥市对外贸易规模受到较大影响，2009年地区生产总值增速出现大幅下降，直接降至2.01%，人均生产总值增长率亦只有1.74%。随后，在国家适当的扩张性财政政策影响下、在广西的支持下，凭祥市地区生产总值和人均生产总值在2010年重新获得了较高的增长率。

表4-1　凭祥市2008年—2018年上半年地区生产总值与人均生产总值

时间	地区生产总值（万元）	地区生产总值增速（%）	人均生产总值（元）	人均生产总值增速（%）
2008年	215038	—	18419	—
2009年	219442	2.01	18740	1.74
2010年	251320	14.53	21886	16.79
2011年	314009	24.94	27855	27.27

① 根据《广西统计年鉴（2017）》整理得到。
② “三个一”是海关和检验检疫部门“一次申报，一次查验，一次放行”通关作业模式的简称。

续表

时间	地区生产总值（万元）	地区生产总值增速（%）	人均生产总值（元）	人均生产总值增速（%）
2012 年	362035	15.29	31885	14.47
2013 年	403998	11.59	35376	10.95
2014 年	452424	11.99	39479	11.60
2015 年	569269	25.83	49300	24.88
2016 年	653498	14.80	55974	13.54
2017 年	759826	16.27	64147	14.60
2018 年上半年	334000	14.00	56371	14.10

资料来源：历年《广西统计年鉴》，2017 年和 2018 年上半年数据来自调研。

2. 三次产业增加值

10 年来，凭祥市三次产业增加值均保持较快增长，第一产业增加值年均增长率为 9.12%，第二产业增加值年均增长率为 18.31%，第三产业增加值年均增长率为 14.67%。2017 年，凭祥市三大产业的结构比例为 7.3∶29∶63.7，第三产业占据绝对主导地位，如表 4－2 所示。其中，受制于耕地面积狭小、林牧生态保护等，第一产业增加值增速最慢。凭祥市抓住边境经济合作的契机，一方面承接国内发达地区的产业转移，另一方面面向欠发达的东南亚地区出口工业产品，大大推动了边境贸易和工业的发展，第二产业增加值增速最快。最后，经济的繁荣也带动了旅游业等服务业的发展，依托自身旅游资源丰富的优势，凭祥市的第三产业也获得了较大发展。

表 4－2　凭祥市 2008 年—2018 年上半年三次产业增加值及增速

时间	第一产业		第二产业		第三产业	
	增加值（万元）	增速（%）	增加值（万元）	增速（%）	增加值（万元）	增速（%）
2008 年	25345	12.45	48482	19.72	141211	12.60
2009 年	27427	8.21	56556	16.65	135459	－4.07
2010 年	35916	30.95	67020	18.50	148384	9.54
2011 年	43833	22.04	94307	40.71	175869	18.52
2012 年	43440	－0.90	114718	21.64	203877	15.93
2013 年	46365	6.73	133486	16.36	224147	9.94
2014 年	47995	3.52	155744	16.67	248686	10.95
2015 年	49908	3.99	164172	5.41	355190	42.83

续表

时间	第一产业		第二产业		第三产业	
	增加值（万元）	增速（%）	增加值（万元）	增速（%）	增加值（万元）	增速（%）
2016 年	53060	6. 32	187210	14. 03	413229	16. 34
2017 年	55612	4. 81	220241	17. 64	483973	17. 12
2018 年上半年	13800	6. 40	107400	12. 20	212700	15. 40

资料来源：历年《广西统计年鉴》，2017 年和 2018 年上半年数据来自调研。

3. 居民人均可支配收入和社会消费品零售总额

如表 4 -3 所示，10 年来，凭祥市的城镇居民人均可支配收入保持较快增长，年均增长率为 9. 28%，农村居民人均纯收入也保持较快增长，年均增长率为 13. 68%。从表 4 -3 中可以看出，凭祥市居民的总体消费水平、购买力都得到了较大提高，人民生活水平也有了很大程度的改善。随着凭祥市居民人均可支配收入的不断增加，凭祥市社会消费品零售总额也大幅增加，2008—2017 年，凭祥市社会消费品零售总额年均增长率为 14. 39%，且增长速度较为平稳，基本分布在 10% ~ 20%。以 2017 年为例，凭祥市社会消费品零售总额 25. 76 亿元，比上年增长 11. 3%；其中城镇消费品零售额 19. 22 亿元，增长 11. 6%，乡村消费品零售额 6. 54 亿元，增长 10. 6%。

表 4 -3　凭祥市 2008 年—2018 年上半年居民人均可支配收入和社会消费品零售总额

时间	城镇居民人均可支配收入（元）	增速（%）	农村居民人均纯收入（元）	增速（%）	社会消费品零售总额（亿元）	增速（%）
2008 年	14470	13. 17	3430	10. 86	7. 91	24. 37
2009 年	15812	9. 27	3800	10. 97	9. 42	19. 09
2010 年	17392	9. 99	4281	12. 64	10. 74	14. 01
2011 年	19285	10. 88	5305	23. 93	12. 71	18. 34
2012 年	21582	11. 91	6280	18. 39	14. 82	16. 6
2013 年	23719	9. 9	7090	12. 9	16. 91	14. 1
2014 年	25877	9. 1	7664	8. 1	19. 03	12. 54
2015 年	27455	6. 1	8346	8. 9	20. 99	10. 3
2016 年	29772	8. 44	9889	18. 49	23. 14	10. 24
2017 年	32154	8	10878	10	25. 76	11. 3
2018 年上半年	18211	7	6824	11. 7	13. 2	12. 52

资料来源：历年《广西统计年鉴》，2017 年和 2018 年上半年数据来自调研。

4. 财政预算收支和固定资产投资

如表4－4所示，10年来，凭祥市的公共一般财政预算收入保持较快增长，年均增长率为9.53%，公共预算支出也保持较快增长，年均增长率为18.77%，基本属于“吃饭财政”。2015—2017年，受经济步入新常态的影响，凭祥市公共一般财政预算收入降幅较大，到了2018年上半年才有所回升。总体上看，凭祥市的预算收入和预算支出都明显增长，但是二者的增速不太一致，政府还需要继续把控大局，稳定和协调预算收入与预算支出。此外，凭祥市的固定资产投资在10年间也保持着较快增长，年均增长率达到32.11%，固定资产投资增长的黄金时段在2009—2012年，随后投资增速放缓，但也保持着20%左右的增长率。2017年国家提倡经济高质量发展，凭祥市固定资产投资增速下降为16.8%。

表4－4 凭祥市2008年—2018年上半年财政预算收入、支出与固定资产投资

时间	公共一般财政预算收入（万元）	增速（%）	公共预算支出（万元）	增速（%）	固定资产投资（亿元）	增速（%）
2008年	22746	17.71	36366	0.93	10.72	－37.00
2009年	29670	30.44	56496	55.35	22.45	109.42
2010年	38607	30.12	94726	67.67	31.9	42.09
2011年	45981	19.10	102812	8.54	46.53	45.86
2012年	57530	25.12	121286	17.97	66.81	43.58
2013年	68997	19.93	130753	7.81	59.82	－10.46
2014年	86352	25.15	144020	10.15	73.02	22.07
2015年	74666	－13.53	160186	11.22	92.72	26.98
2016年	66802	－10.53	168718	5.33	112.51	21.34
2017年	51621	－22.73	171023	1.37	131.37	16.80
2018年上半年	29038	12.50	98963	12.20	—	—

资料来源：历年《广西统计年鉴》，2017年和2018年上半年数据来自调研。

(二) 凭祥市跨境经济合作区建设历史沿革

随着中国—东盟自由贸易区建设的深入推进、中越经贸关系的纵深发展，加快国际合作机制与方式的创新已成为当前发展的现实要求，中越跨境经济合作区正是在这一历史背景下酝酿提出的。一般而言，边境贸易会经历“边民互市贸易区—跨境经济合作区”的发展路径，而位于中越边境的凭祥—同登跨境经济合作区正是中越边境贸易合作的高层次形式。其兴起于20世纪80年代，经历了“边境经济合作区—边民互市贸易区—凭祥综合保税区、金融改革试验区—跨境合作先行先试—跨境经济合作区”① 的发展路径与“边境—跨境”的空间动态演化过程，具体沿革如表4－5所示。

表4－5　凭祥市跨境经济合作区建设历史沿革

时间	大事件
1992年	我国实施沿边开放政策，同年9月，国务院批复设立凭祥边境经济合作区
1996年3月	中国海关总署发布《边民互市贸易管理办法》，其中第五条规定边境地区居民每人每日从边境口岸或从边民互市贸易区（点）内带进的物品，价值在人民币1000元以下的，免征进口关税和进口环节税，各地方的边民互市贸易区相继形成
2005年	中越双方正式提出建设中越跨境经济合作区的设想
2007年1月	中国广西壮族自治区和越南谅山省签署了《中国广西壮族自治区与越南谅山省建立中越边境跨境经济合作区合作备忘录》，根据初步设想，越南谅山省同登市与广西崇左市凭祥市在接壤地带各划出土地8.5平方千米，共同建设一个面积17平方千米的实现中越两国跨境合作的特殊经济区域，即中越跨境（广西）经济合作区
2007年10月	在第四届中国—东盟博览会上，联合国联合开发计划署驻华代表处启动了“援助中国—越南跨境经济合作区项目”。项目拟在两国接壤各划一定范围的边境地区，共同建设此一跨界的经济合作区域，这标志着为期三年的中越边境经济合作区项目正式启动
2008年4月	谅山省商贸旅游厅上报同登边境经济合作区方案得到谅山省人民委员会审批
2008年12月	经国务院批准设立凭祥综合保税区，是我国获批的第四家综合保税区，也是我国第一个设立在陆路边境线上的综合保税区
2010年12月	中国海关总署将《边民互市贸易管理办法》第五条修改为“边民通过互市贸易进口的生活用品（列入边民互市进口商品不予免税清单的除外），每人每日价值在人民币8000元以下的，免征进口关税和进口环节税”，这也是最新的价值标准
2011年9月	凭祥综合保税区一期建成，正式封关运营。成立了中越凭祥—同登跨境经济合作区管理委员会，在凭祥综合保税区管理委员会机构内增挂中越凭祥—同登跨境经济合作区管理委员会牌子，实行“两块牌子一套人马”
2013年9月	中国广西凭祥综合保税区与越南谅山同登口岸经济区在南宁市联合举办项目推介会。双方园区联动发展、以项目合作推动中越合作区的建设已成为双方共识
2013年10月	国务院总理李克强出访越南期间，中越双方签署了《关于建设跨境经济合作区的谅解备忘录》，将设立中国凭祥—越南同登跨境经济合作区的项目正式上升到国家层面予以推动
2013年11月	国务院批准成立滇桂沿边金融综合改革试验区
2013年12月	国务院关于加快沿边地区开发开放若干意见中，明确提出研究设立广西凭祥重点开发开放试验区
2014年6月	自治区批复建设凭祥沿边金融综合改革试验区。

① 赵林婧．新常态下凭祥市边境贸易的转型升级研究［D］．南宁：广西大学，2016.

续表

时间	大事件
2015 年 11 月	习近平总书记访越期间，中越发表联合声明，提出积极商签跨境经济合作区建设共同总体方案
2016 年 8 月	综合保税区产业配套区开工建设
2016 年 8 月	国务院正式批复设立广西凭祥重点开发开放试验区
2016 年 9 月	全国第一个国检试验区“中国—东盟边境贸易凭祥国检试验区”正式启动投入试运营
2016 年 2 月	申报创建中国（北部湾）自由贸易试验区崇左区块凭祥园区

2017 年，凭祥市政府采取更加主动的开放战略，积极将政策优势、区位优势转化为开放优势、发展优势，努力构建全方位开放新格局。按照《广西凭祥重点开发开放试验区建设总体规划（2016—2025)》、自治区赋予凭祥试验区的若干政策，重视发挥中国—东盟边境贸易凭祥国检试验区先行先试作用，推动扩大水果进口准入种类、越南乳制品准入和进口水产品、农产品采信第三方认证等建设；加大沿边金融改革力度，深化跨境人民币结算制度改革，规范边民互市结算服务；加快水果等大宗商品交易市场建设，巩固凭祥口岸外贸优势。2018 年，凭祥市政府着重加快推进中越“两国一检”试点，加强与越南规划对接，推动“两国一检”中方区域建设。深入推进跨境劳务合作，创新跨境劳务管理模式，启用越南入境务工人员信息管理系统，优化“一站式”办证服务，推动延长境外边民务工停留期限，完成境外边民务工人员传染病监测和体检中心建设，丰富跨境劳务金融保险服务。通过先行先试，推动凭祥—同登跨境经济合作区建设，“以建促批”加快跨合区批复设立。

二、凭祥—同登跨境经济合作区概况

凭祥—同登跨境经济合作区目前正处于快速推进过程之中，建设成果集中于中方园区建设、口岸互联互通建设、“两国一检”试点、友谊关口岸扩大开放、中越旅游国际合作区建设等方面，其载体主要为凭祥市综合保税区，跨境经济合作区尚未真正开始运营。下面仅就跨境经济合作区的推进情况、相关扶持政策、综合保税区的发展情况及规划进行介绍。

（一）跨境经济合作区推进情况

凭祥—同登跨境经济合作区是在中国—东盟自由贸易区（CAFTA）、大湄公河次区域经济合作以及中越“两廊一圈”三大国际性区域合作框架下，我国西南沿边地区对新型国际经济合作模式进行的探索与实践，是我国西部沿边地区分享国家对外开放新机遇、参与国际竞争合作、提高对外开放层次的重要媒介。作为泛北部湾经济合作区、南宁—新加坡经济走廊、大湄公河次区域的重要组成部分，该跨境合作区可辐射多重次区域合作，从而弱化沿边民族地区的“边境效应”，为沿边民族地区边境贸易创造新的机遇。①

现在凭祥市的跨境经济合作区主要还是依托综合保税区在发展。凭祥综合保税区与凭祥—同登跨境经济合作区、凭祥边境经济合作区、广西凭祥重点开发开放试验区的范围和区位关系如图4-1所示。其中，凭祥综合保税区于2008年12月19日经国务院批准设立，是全国获批的第4家综合保税区，总规划面积8.5平方千米，分三期建设。一期1.2平方千米于2011年9月30日封关运营；二期（筹）规划面积2111亩已于2016年6月28日开工建设，分为轻工产业园、机电加工产业园、东盟特色资源加工产业园、农副产品加工物流园4个产业园区，主要功能以保税加工为主，同时开展公路铁路保税联运、大宗货物中转配送等业务。

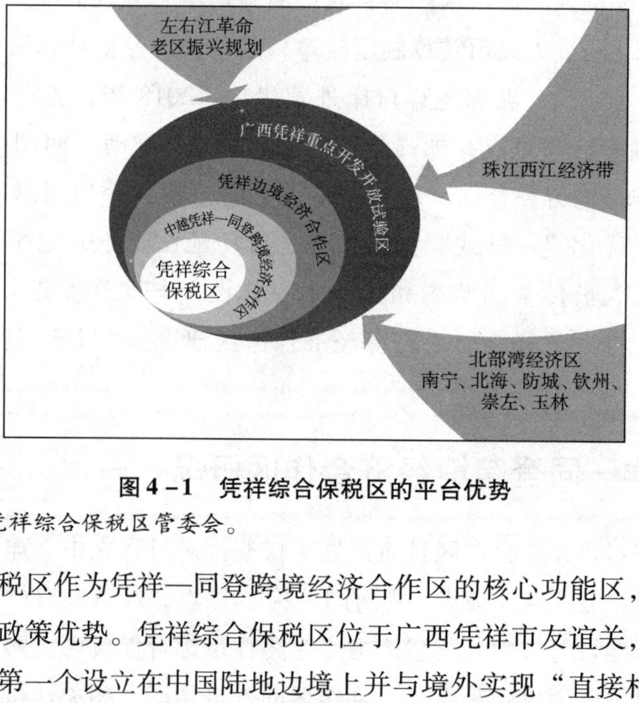

图4-1 凭祥综合保税区的平台优势

资料来源：凭祥综合保税区管委会。

凭祥综合保税区作为凭祥—同登跨境经济合作区的核心功能区，具有得天独厚的区位、交通、政策优势。凭祥综合保税区位于广西凭祥市友谊关，与越南友谊口岸直接相通，是第一个设立在中国陆地边境上并与境外实现“直接相连”的具有跨境合作背景的综合保税区，其周边已经形成陆海空立体物流运输便利条件，距广西北部湾港口和越南海防港分别为230千米和300千米，距广西首府南宁市195千米，距越南首都河内市160千米，是中国通往东盟的陆路主通道。凭借“面向东盟、贴

① 詹小颖．沿边民族地区跨境经济合作区研究——以桂越边域凭祥—同登跨境经济合作区为例［J］．云南民族大学学报（哲学社会科学版），2015，32（4）：98-102.

边发展”之便利，凭祥综合保税区充分发挥境内境外两个市场和两种资源的优势，坚持“扩容提量、改革创新、跨境合作”的发展方向，重点发展国际贸易、保税物流、加工贸易等口岸经济业务，形成了独具特色的产业发展格局。截至 2016 年年底，园区共有入区企业 186 家，进出口总额为 186.65 亿美元。①

2018 年 1—9 月，凭祥综合保税区通过加强南向通道项目建设、园区基础设施建设、口岸畅通、招商引资等工作，实现了口岸经济快速发展，保税区经济运行态势良好，口岸通关便利化水平持续提升，南向通道作用凸显；进出口总额、货物吞吐量、进出境车辆、集装箱吞吐量继续呈现迅猛增长态势，口岸物流、保税物流发展较为突出。2018 年 1—9 月，口岸进出口总额完成 1217.11 亿元（180.31 亿美元），同比增长 31.04%；进出境车辆 21.72 万辆次，同比增长 36.9%；口岸过货量 188.78 万吨，同比增长 3.4%；集装箱吞吐量 25.72 万标箱，同比增长 120.02%。截至 2018 年 9 月 30 日，园区共有企业 240 家，另有 200 多家区内外企业依托广西凭祥综合保税区平台开展各种业务②。目前，凭祥跨境经济合作区管理委员会和广西凭祥综合保税区管理委员会都有机构和编制，但实际属于“一套人马，两块牌子”。

作为凭祥—同登跨境经济合作区的重要载体，凭祥综合保税区目前已经成为中国采购东盟优质大米、热带水果、橡胶、风景苗木和东盟采购中国机电产品、化肥等商品的重要采购配送基地。保税区积极推进谅山中国产业园项目，引导中国企业或联合越南企业在中国产业园内进行投资，建设中国机电产品展示租赁维修检测中心、加工生产项目、物流基地等，通过开通两区间直通车，打造货物配送转运中心。凭祥综合保税区还通过进一步优化通关环境，提升口岸通关效率，优化进出口通关环境，加快部署跨境电商系统，促进跨境电商“新业态”发展。

（二）国家和地方相关扶持政策

凭祥市拥有重点开发开放试验区、凭祥—同登跨境经济合作区、边境经济合作区、综合保税区等多个国家级开放平台，享有多重优惠政策。凭祥综合保税区除享有综合保税区应有的优惠政策外，还享有西部大开发、大湄公河次区域合作以及广西、崇左市、凭祥市的优惠政策。

广西属于西部地区，可以享受国家西部大开发的有关优惠政策及广西贯彻实施的国务院西部大开发政策措施，如对西部地区内资鼓励类产业、外资鼓励类产业及优势产业的项目，在投资总额内进口自用的先进技术设备，除《国内投资项目不予

① 根据凭祥综合保税区管理委员会提供的资料整理。

② 前 9 月广西凭祥综合保税区经济运行稳中向好［EB/OL］. 搜狐网 . https：//www. sohu. com.

免税的进口商品目录（2000 年修订）》和《外商投资项目不予免税的进口商品目录》所列商品外，免征关税和进口环节增值税等。

凭祥综合保税区属于《广西北部湾经济区发展规划》所确定的南宁、北海、钦州和防城港四市以及功能组团中涉及的凭祥和龙潭范围内，因此可以享受广西北部湾经济区优惠政策，如对进出友谊关口岸的国际标准集装箱（20 尺箱、40 尺箱）运输车辆减半收取车辆通行费；实施检验检疫直通放行制度，对年进口总额 150 万美元以上的诚信管理 A 类企业和分类管理一类企业实施直通放行的便捷检验检疫通关措施；等等。

崇左市《关于加快推进市本级工业产业发展的若干意见（试行）的通知》适用于广西中国—东盟青年产业园、凭祥边境经济合作区，部分条例也适用于凭祥综合保税区。

此外，凭祥综合保税区管委会还制定了入区产业差别化的鼓励政策。例如根据《招商引资激励暂行办法（试行）》《进一步扶持坚果加工业发展优惠政策》《关于进一步做大做强边境贸易加工业的若干政策》等优惠政策，综合保税区成功引进坚果、粮油、水果、酸奶等 8 个边贸加工项目落地友谊关工业园，使边贸加工业初见雏形。

1. 保税物流鼓励政策

对租用保税仓库、堆场的入区企业，分别按年限和比例给予一定的补助，第一年按租金的 30%，第二年按租金的 20%，第三年按租金的 10%。

对使用园区设施设备并开展保税业务的入区企业，给予适当的补助。

减半收取标准集装箱国内至凭祥口岸高速公路通行费。

对业绩突出的保税物流企业，协助申请自治区专项资金支持。

2. 加工贸易鼓励政策

自建标准厂房的，按楼层高低给予补助。建一层的按 100 元/平方米的标准补助；建二层的按 150 元/平方米的标准补助；建三层的按 200 元/平方米的标准补助；建四层的按 250 元/平方米的标准补助。轻钢结构标准厂房减半补助。

租赁标准厂房合同租期五年以上的，由所在地政府给予“免三减二”扶持政策，即前三年免收租金，后两年减半收取租金。已获得租赁补助的企业，五年内不得将所租赁的标准厂房对外转租。

对于政府投资建设、企业进行购买的标准厂房，按自建标准厂房的标准给予一次性补助。已享受本条款的，不再享受上述租赁扶持。

凡是入住标准厂房的项目，投产后三年内达到规模以上企业（年总产值 2000 万元以上），从达到当年起，由所在地政府按税收当地留存部分 100% 的等同金额连续三年给予扶持，用于企业技术改造和扩大再生产。

申请自治区加工贸易专项资金支持。

（三）凭祥综合保税区发展情况及规划

2017 年，凭祥市开放平台建设稳步推进，凭祥综合保税区已进入加快推进的阶段，其总体发展规划和园区产业发展战略规划已编制完成，综合保税区二期（筹）项目顺利推进。凭祥市“区市一体化”加快融合，边境经济合作区扩容扩区加快推进，从凭祥扩区至毗邻的宁明县，同时，凭祥—宁明贸易加工园区产业大道进入全面建设阶段，成为凭祥—宁明“同城一体化”的发展纽带。

凭祥综合保税区分为 3 个功能区：友谊关口岸作业区、卡凤保税物流区和配套服务区。以配套服务区为例，如图 4－2 所示，产业配套区已启动建设，未来重点发

图 4－2　凭祥综合保税区产业配套区建设项目分布

资料来源：凭祥综合保税区管委会。

展电子及机电产品加工装配及跨境检测维修、东盟特色资源加工、轻纺产品加工等。其中，电子及机电产品加工装配及跨境检测维修将重点引进电动自行车装配、汽车配件、手机及其他数码产品模块装配、电子装配锡条锡丝加工、品牌手机入境返修、特种及重型牵引车辆入境返修、集装箱专业维修检测等项目；东盟特色资源加工将重点引进变性淀粉加工、植物油脂加工、桂醛精油加工、咖啡加工、大米加工、坚果加工、胶合板加工、红木加工、橡胶加工等项目；轻纺产品加工将重点引进高端服装加工、小家电加工、家居产品加工等项目。除了产业配套区，凭祥综合保税区的配套服务也有重点发展规划，将进一步健全企业服务体系，降低企业运营成本，打造高效透明、贴近需求、营造宜商的经营环境。

目前，凭祥市依托地理和政策的优势重点打造边贸加工产业。凭祥市充分利用边民每人每天8000元进口货物免税的政策，进行多种形式的组织创新，大力发展边境贸易带动当地加工业，并取得了不错的效益。例如，以边民互助组的形式把越南的水果原材料运进国内，再对其进行加工，从而增加附加值、延长产业链，推动经济的进一步发展。兼顾国内国外两个市场、两种资源，凭祥—同登跨境经济合作区未来将大力发展国际贸易、物流配送、展示展销、检测维修、国际租赁、特色加工产业，重点发展保税物流、仓储、国际中转、国际采购、配送、进出口贸易、转口贸易、报关报修、跨境电商、展示直销、维修检测、金融保险等。

三、跨境贸易

边境口岸是国家实施全面对外开放的平台和窗口，也是西部大开发战略和兴边富民政策在边境地区的重要体现。凭祥市跨境贸易的发展首先取决于边境口岸的建设，口岸建设的质量直接影响口岸经济的发展；其次取决于跨境产业园区的发展。

（一）口岸建设情况

凭祥市是广西口岸种类最齐全、规模最大的边境贸易城市，拥有2个国家一类口岸——友谊关公路口岸和凭祥火车南站口岸，1个国家二类口岸——平而关口岸，以及5个互市贸易点——弄尧、浦寨、叫隘、油隘和平而。其中，友谊关口岸是我国通往越南等东盟国家最大的陆路口岸，也是旅游口岸，2015年友谊关口岸的出入境人次首次超过100万。浦寨互市贸易点则是中越边境上最大的边民互市贸易点，1992年成立，现已拥有4家大型商贸城、2400间商业铺面，由互市贸易点发展成为东南亚最大的红木家具半成品市场和中国对东盟最大的水果交易市场，每天有上千辆货车在此交易。[①]

面对不断增长的贸易量，凭祥市政府不断提升通关效率。第一，友谊关口岸率先实现了通关电子化，启动关检合作的“三个一”通关模式，实行“一次申报、一次查验、一次放行”，大大加快了通关速度，大幅降低了企业的成本。同时，国务院已批复友谊关公路口岸扩大开放至浦寨、弄尧两个通道，友谊关口岸外国人落地签功能常态化。中越友谊关—友谊口岸国际货物运输专用通道正式开通，日均通关车辆从700多辆次增至1200多辆次。凭祥边境贸易货物监管中心、友谊关口岸公共服务平台接入广西国际贸易“单一窗口”，报关代理、收费“一站式”服务，实现农副产品快验快放、优进优出，货物通关滞留时间大幅压缩。第二，浦寨、弄怀、叫隘等互市点已实行每周七天工作制和预约报关制，保证货物随到随检。凭祥边境贸易货物监管中心率先实施“全申报+风险监控+问题追溯”的监管模式，各项监管设施设备完善，货物进出实现信息化系统管理，中越浦寨—新清国际货物运输专用通道中方段实现贯通，解决了长期以来浦寨货物进出安全准入和途中监管两个难点问题，货物通关实现规范化和系统化管理，货物通关环境进一步优化，为浦寨实现人货通关分离打下良好基础。

在开放平台建设方面，凭祥市早在1992年就获批设立边境经济合作区，面积为7.2平方千米，采用“一区多园”的模式，合作区内包括工业园区、物流园区和商贸园区等，主要负责承接产业转移、贸易产品的流通和加工等工作，现已有红木加工、食品加工、电子和医药等多个产业入园。凭祥综合保税区（一期）于2011年6月完工，同年9月正式投入使用。这是我国继天津滨海新区综合保税区、苏州工业园综合保税区、北京天竺综合保税区和海口综合保税区之后的第五个综合保税区，也是我国第一个陆地边境线上的保税区，集保税物流、保税加工、口岸作业、国际贸易及配送等功能于一身，已成为促进中国与东盟之间贸易往来的重要服务平台。

（二）口岸经济发展情况

近些年，凭祥市加快建设面向东盟开放合作的国际口岸城市，强力推进“口岸+”产业建设，加快从“通道经济”向“口岸经济”转型升级。

1. 边贸加工业发展迅速

凭祥市积极探索“前岸中区后厂”发展模式，促进边贸产品落地加工。2017年，新增入规入统口岸加工企业7家，引进口岸加工项目15个，占崇左市的

---

① 浦寨边贸点：中越边境线上最大边民互市贸易点［EB/OL］. 人民网 . https：//www. people. com. cn.

31.8%，口岸加工业产值达23亿元，同比增长117%。加快推进凭祥边境经济合作区（凭祥—宁明）主体加工园区建设，新建成标准厂房18.21万平方米、保税仓库1万平方米。同时，凭祥市各政府部门制定印发了《招商引资激励暂行办法（试行）》《进一步扶持坚果加工业发展优惠政策》《关于进一步做大做强边境贸易加工业的若干政策》等优惠政策，成功引进坚果、粮油、水果、酸奶等边贸加工项目落地友谊关工业区，美洋水产品加工、润格电子材料包装、贝斯塔高端层积板材等项目落户综合保税区。其中中国上市企业盐津铺子食品加工、中越合资企业越香园酸奶加工、佰秀农粮油农副产品加工等项目已正式投入试运营，广西越香原乳制品加工生产项目和长盈、汇隆坚果加工项目等也已实现开工建设，这促进了凭祥边贸加工业的快速提升。在2018年9月中新互联互通南向通道—凭祥口岸经济恳谈会上，民生药业集团有限公司等10家企业与凭祥市政府就项目合作相关事宜进行签约，签约总额达12.6亿元，其中框架协议9.5亿元、合同3.1亿元，大部分签约企业为加工型企业，为凭祥口岸贸易加工业注入新的活力。①

2. 专业市场建设初具规模

凭祥市坚持打造特色品牌，充分发挥规模经济效益，重点推进中国汽摩配城、中国轻纺边贸城、中国红木家具城、中国水果城、中国珠宝城“五城”建设。其中，汽摩配城（轻纺边贸城）已正式开业运营，目前从事汽摩配、边贸纺织品的商家入驻率已达70%。红木家具城建设加快，红木文博城三期、红木文化创意产业园（一期）全面开工建设，全市拥有红木企业406家、红木个体户2778家，“广西著名商标”10个、“广西名牌”产品称号15个，名列全区前茅。水果城已正式投入试运行，目前正抓紧规划产业布局。珠宝城已与广州明将琅珠宝有限公司完成签约。②

3. 商贸物流发展水平提升

凭祥市的互联互通水平显著提升，其中友谊关—友谊口岸国际货运专用通道正式开通，浦寨—新清国际货运专用通道中方段实现贯通，卡凤边境货物贸易监管中心启用运营，友谊关、浦寨堵车的历史基本结束。众多商贸物流企业入驻凭祥，如浙江传化、浙江聚贸等中国500强企业，其中捷递中国总部迁入凭祥综合保税区。同时，综合保税区还注重商贸物流配套建设，已成功与万杰（亚洲有限公司）签约凭祥市大同冷链物流一期项目。综合保税区浙江传化智慧物流信息平台的正式启用，东盟水果冷藏集装箱专列和首个东盟水果保温列车的成功试运行，均助推了凭祥商

① 凭祥口岸经济发展恳谈会签约12.6亿元［EB/OL］. 广西新闻网. http：//www.gxnews.com.cn.
② 广西凭祥：建设南向大通道构建开放新格局［EB/OL］. 搜狐网. http：//www.sohu.com.

贸物流的跨越发展。此外，平而互市贸易点综合开发项目一期建成使用，叫隘及油隘互市贸易点综合开发顺利推进，各互市贸易点边民无纸化申报顺利实施，这都促进了互市贸易的大幅增长。根据南宁海关的数据，2017 年全年口岸出入境人员 155.56 万人次，同比增长 44.45%；口岸出入境车辆 407869 辆（列）次；口岸货物进出口 231.18 万吨，同比增加 60.5%，其中试验区水果进出口 130 万吨，同比增长 5.95%。

4. 新兴业态培育初见成效

凭祥市培育壮大电商新兴业态，转变营销模式，深入实施“电商东盟”工程，促进跨境电商产业迅猛发展。目前，凭祥市已经连续 4 年上榜“中国县域电子商务发展百佳县”。中国—东盟（凭祥）水果电商供货平台、红木文博城电商平台线上运营良好。“广贸通”广西边境贸易综合服务平台、凭祥大数据中心暨跨境电商综合服务平台、跨境电商产业园、电商孵化基地等相继挂牌启用。2017 年，凭祥以“千年雄关新时代 · 丝路凭祥果飘香”为主题成功举办首届水果电商节，引导电商企业走品牌发展之路，形成“仁香堂”沉香、“贝卓”火龙果、“开泰”榴梿、“品味东南亚”榴梿饼等众多电商品牌。农村电商发展取得实质进展，成功引进乐村淘、村邮乐购、百姓乐淘，实现购物、销售、生活、金融、创业“五个不出村”。浦寨全球商品跨境电商体验中心和中国—东盟（凭祥）跨境保税商品直购体验中心建成运营。综合保税区跨境电商监管中心也已正式运营，物流配套、仓储清关、专业培训、信息技术、金融等服务日趋完善。

同时，凭祥市大力发展沿边金融业，重点深入推进沿边金融综合改革，促进外贸良性发展。2016 年，凭祥市跨境人民币结算业务发展良好，跨境人民币结算金额 841.01 亿元，个人跨境人民币结算金额 249.53 亿元，同比增长 213.28%。

（三）进出口贸易发展情况

如表 4-6 所示，在全国、全区外贸发展下行压力持续加大的背景下，2016 年，凭祥市外贸继续保持逆势上扬，全年外贸进出口累计总额 757.62 亿元，同比增长 16.17%，占全区出口的 23.9%，位居广西第一，其中出口总额 468.22 亿元，同比增长 9.10%，占全区出口的 30.7%，位居广西第一。2017 年，凭祥市外贸进出口总额实现 826.35 亿元，比 2016 年同期增长 9.07%，占同期广西的 22.8%，继续领跑广西各地市（县），其中出口总额 576.74 亿元，增长 23.18%；进口总额 249.61 亿元，下降 13.75%。

表4-6 凭祥市2015年—2018年上半年外贸进出口总值

时间	进出口总额（亿元）	名义增速（%）	出口总额（亿元）	名义增速（%）	进口总额（亿元）	名义增速（%）
2015年	652.18	20.6	426.83	2.22	225.34	37.25
2016年	757.62	16.17	468.22	9.70	289.41	28.43
2017年	826.35	9.07	576.74	23.18	249.61	-13.75
2018年上半年	408.77	4.76	260.26	0.86	148.51	12.39

资料来源：历年《广西统计年鉴》，2017年和2018年上半年数据来自调研所得。

1. 边境小额贸易稳步增长

凭祥市凭借优越的地理位置和便捷的陆路通道，继续实行边贸优惠政策，不断优化通关环境，边境小额贸易进出口稳步增长，从2010年的191.87亿元增长至2017年的531.50亿元。除2014—2016年受国际经济增长趋缓影响外，其他年份的增长率基本保持在30%左右，在整个广西边境小额贸易中的比重一直在50%上下浮动，如表4-7所示。2017年，凭祥市边境小额贸易共进出口229.2万吨，与上年同期相比下降1%，货值531.50亿元，同比增长38.30%，占全国19.77%。其中进口78.9万吨，同比减少21%，货值25.2亿元，同比增长19.9%；出口150.3万吨，同比增加14.2%，货值506.3亿元，同比增长34.1%。

2017年，凭祥市边境小额贸易发展呈现以下特点：一是主要进口商品为鲜龙眼、火龙果、红木家具，货值分别为9.7亿元、6.1亿元、2.1亿元，分别增长50.3%、17.9%、57.3%；二是主要出口商品有棉制女式上衣、蒜头、洋葱，货值分别为17.1亿元、15.1亿元、4.8亿元，分别下降44.4%和增长65.3%、0.2%：三是私营企业仍然是经营凭祥市边境小额贸易的主力军，全年进出口贸易总额为525.5亿元，增长32.1%，占同期凭祥市边境小额贸易的98.9%。凭祥市边境小额贸易已成为中国—东盟贸易的重要组成部分。2016年，凭祥口岸进出口水果（包括鲜、干水果及坚果）204万吨，是中国对东盟水果进出口最大的口岸。2017年，盛产于东南亚的榴梿、山竹、莲雾等30多种热带水果，有近1/4从凭祥进入全国市场。

表4-7 2010年—2018年上半年凭祥和广西边境小额贸易发展对比

时间	凭祥边境小额贸易额（亿元）	增速（%）	广西边境小额贸易额（亿元）	凭祥边境小额贸易占广西比重（%）
2010年	191.87	29.20	289.58	66.26
2011年	243.08	26.69	413.84	58.74
2012年	299.50	23.23	525.93	56.95

续表

时间	凭祥边境小额贸易额（亿元）	增速（%）	广西边境小额贸易额（亿元）	凭祥边境小额贸易占广西比重（%）
2013 年	388.45	29.70	723.88	53.66
2014 年	417.16	7.39	904.71	46.11
2015 年	391.70	-6.10	1058.89	36.99
2016 年	384.32	-1.88	786.78	48.85
2017 年	531.50	38.30	836.28	63.56
2018 年上半年	211.78	30.10	506.50	41.81

资料来源：广西商务厅和凭祥市商务局。

2. 边民互市贸易发展情况

凭祥市边民互市贸易呈现以下特征。第一，互市贸易商品类型日渐丰富。2015年，广西边民互市生活用品目录合并后商品共计438项，增加了45种越南常见的生活用品。进口商品以农产品为主，主要包括水海产品（海蜇、带鱼等）、水果、坚果、食用蔬菜、农副产品（芝麻、木薯淀粉等），坚果进口呈劲增态势；出口商品则以工业制成品为主，包括出口机器及其零件、日用杂货、棉麻及其制品等。

第二，互市贸易通关信息化。2016年，凭祥市规范边民贸易申报，开展通关作业无纸化，大幅提升了互市贸易通关便利化程度。

第三，互市贸易成为带动边民脱贫的主要途径。凭祥市出台政策，凡是新参与录入海关指纹系统的贫困边民，给予每人一次性50元补助，参与互市贸易的贫困边民，政府每天补贴4元。沿边地区2015年参与边民互市贸易（在海关系统备案）的人数只有1.11万人，但到2018年8月已激增至11.3万人，增长了10倍，2017年通过参与边民互市贸易直接脱贫1.3万多人。① 边贸扶贫的模式形式多样。"党支部+互助组+贫困边民"模式，创建了以党支部为核心、边贸合作社为平台、党员干部为骨干的边境互市贸易新型载体，吸纳边民特别是贫困边民加入边贸合作社，帮助边民特别是贫困边民增加收入；"落地加工+扶贫车间"模式，通过加大招商引资力度，吸引有实力的边贸加工企业落户园区，互市贸易商品由"穿岸而过"变为"落地加工"，逐步实现"通道经济"向"口岸经济"转变，并依托园区内的互市加工企业创建"扶贫车间"；"优惠政策+边贸扶贫产业园"模式，大力支持边贸扶贫产业园区建设，延长边贸产业链。互市贸易带动口岸地区的专业市场、跨境物流、电子商务、边关旅游等蓬勃发展，促进边境地区脱贫致富。

① 广西边贸带动边民脱贫数居全国首位［EB/OL］. 广西壮族自治区人民政府门户网站. http：//www. gxzf. gov. cn.

四、跨境金融与国际结算

凭祥市结合沿边、贴边的区位优势和对外开放优势，积极探索开展沿边金融体制机制改革，大力开展个人跨境贸易人民币结算业务，推动电子商务发展，并积极探索规范地摊银行市场，创新开发红木融资产品，大力发展政策性农业保险。凭祥市及时制定《凭祥市建设沿边金融综合改革试验区实施方案》，并成立了建设沿边金融综合改革试验区工作领导小组，沿边金融综合改革工作取得了显著成果。

首先，进一步简化跨境人民币结算业务流程，大力推进个人跨境贸易人民币结算试点工作，开拓越南盾现钞兑换和跨境调运业务。2016 年，凭祥市的跨境人民币结算业务继续领跑广西全区，跨境人民币结算金额 841.01 亿元，占全区结算总额的 49.13%，个人跨境人民币结算金额 249.53 亿元，同比增长 213.28%，均居全区第一。2017 年全年，凭祥市辖区共有 7 家银行与越南 14 家银行签订了代理结算协议，跨境人民币结算实现常态化，全市跨境人民币结算 364.15 亿元，个人跨境人民币结算 73.66 亿元，虽然与 2016 年相比有所下降，但继续位居广西前列。这些无疑将进一步促进人民币的国际化。①

其次，推进边民互市跨境结算和信用卡业务，方便边民互市贸易结算与融资。凭祥市充分利用互市贸易 8000 元的免税政策，把企业化的互市贸易真正转化为以边民为主体的互市贸易。凭祥市于 2014 年开通首个互市贸易结算中心试点，与中国银行、中国农业银行合作发放边民互市信用卡，实现了个人跨境贸易人民币结算业务合规化。2016 年，中国（广西凭祥试验区）东盟货币服务平台交易额已达 316.04 亿元，比上年同期增长 149.79%，凭祥市的互市贸易服务中心也实现市区全覆盖。

再次，凭祥市还设立了很多与跨境金融、国际结算相关的机构、公司等，例如成功设立中国首个沿边开放开发产业发展基金、成功设立崇左市首家本外币兑换特许机构——广西银融汇通投资有限公司、推动北部湾银行凭祥支行成功开办越南盾现钞兑换业务、创新开展红木“转贷通”业务并为企业解决亿元续贷问题等。

最后，随着中越跨境货币需求逐年增多，凭祥市对于跨境金融与国际结算的改革也取得了突破性进展。2018 年 3 月 1 日，在友谊关中越边境零千米处，中国银行广西分行成功从越南调运 800 万元人民币现钞入境，这是广西办理的首笔中越人民币现钞跨境调运。这标志着广西边境人民币正式形成了“出得去、留得住、回得来”的闭环流动模式，中越双方在金融领域的务实合作又迈进了一步，这对推进中

① 先试先行：广西跨境人民币业务步入收获期［EB/OL］. 中国金融新闻网 . http：//www. financialnews. com. cn.

国—东盟金融合作、深化沿边金融综合改革具有重大意义。①

五、跨境旅游与文化交流

凭祥市是一个文化底蕴深厚、风光旖旎的边境国际旅游名城，有 2 个国家 4A 级旅游景区，即中国九大名关之一友谊关和“中国红木之都”南山红木文博城，同时还拥有白玉洞、平岗岭地下长城、金鸡山古炮台、大连城和大清国万人坟等历史人文景观，以及世界第二大的亚热带珍稀植物园等自然资源。目前，军事探秘游、东盟跨境游、红木文化游、边关风情游等多种形式旅游产品魅力十足，使凭祥市被称为“最美中国·特色魅力旅游目的地城市”，旅游业不断发展。2016 年，凭祥市接待游客突破 600 万人次，同比增长 7.72%，旅游总消费 46.42 亿元，同比增长 5%，全年游客接待量和旅游总消费居崇左市前列。2017 年全年，接待旅游人数 630.93 万人次，比上年增长 22.3%，其中接待入境过夜游客人数 15.64 万人次，增长 3.8%，旅游总消费 55.14 亿元，增长 18.79%。2018 年上半年，凭祥市全市接待游客人数 397.49 万人次，同比增长 10%，旅游总消费 32.33 亿元，同比增长 19.38%。

近年来，凭祥市立足边境优势，以打造边境国际旅游目的地为目标，主动融入中越边关风情旅游带、国家风景道建设，重点推进“口岸 + 文化旅游”发展。在巩固“广西特色旅游名县”的基础上，深入实施文化旅游大发展三年行动计划，推动“景区旅游”向“全域旅游”模式转变。目前，友谊关—大连城景区和红木文博城景区的国家 5A 级景区创建工作进展顺利，景区基础设施不断完善；博物馆、城市规划馆开工建设，乡村旅游区民宿酒店主体工程竣工。跨境旅游合作取得突破，中越旅游异地办证业务审批权限正式落地，通关便利化水平进一步提升，友谊关旅游开发公司为此特别设立了驻越南联络处。越南旅行社组织摩托车和自驾车团队游客从友谊关口岸入境游凭祥，结束了跨境自驾游客“只出不进”的历史。2017 年，友谊关口岸累计办理外国人落地签证 4578 人次。此外，2016 年，凭祥市还成功举办了中越边关旅游节和第 24 届中越商品交易会，创新引入房车嘉年华巡游、啤酒狂欢节、中越水幕电影和水上木偶戏、中越跨境风情游以及中国—东盟（凭祥）首届红木旅游工艺品和纪念品设计大赛等活动，配合广西壮族自治区旅发委成功举办“乐游广西”冬季推广系列活动，使凭祥的知名度和影响力大幅提升，吸引了区内外大

① 广西成功办理区内首笔中越人民币现钞跨境调运入境业务［EB/OL］. 新华网. https：//www.xinhuanet.com.

批游客。①

跨境文化交流是实现凭祥市与越南及其他东盟国家民心相通的重要路径。除了上述跨境旅游赛事之外，凭祥市还创新多种形式的跨境文化交流。首先，凭祥市政府经常组织行业协会和商会去越南访问交流。例如，2018 年 6 月组织带领“水果商会”中的 40 多人赴越南进行文化交流。其次，凭祥市每年还会和越南谅山省合办诸多形式的活动，如春节、国庆、庙会、旅游节及其他民间文化体育活动等，这些活动加强了彼此间的人文交流合作，实现了文化交流方面的互联互通。再次，通过吸收“一带一路”沿线国家的留学生，扩大双边文化交流的领域。中越互派留学生数量不断增多，包括越南知名歌手杜氏清花在内的在华留学生已成为两国友谊和文化交流的使者。最后，凭祥市政府联手中国驻东盟各国大使馆，创新各种交流机制促进跨境文化交流，例如强化彼此互访与会晤、运用交流培训等机制，促使跨境文化交流与多元发展，在试验区规划、联合招商、产业部署、跨界合作等方面加强合作，深耕中越经贸合作，推动凭祥深度融入“一带一路”建设发展。

六、跨境劳务

随着中国国内劳动力成本不断提升，“招工难”“用工贵”已成为制约中国边境地区开发开放的“瓶颈”。为此，凭祥市积极推动跨境劳务合作，充分利用越南的劳动力红利，创新中越跨境劳务合作模式，成为广西跨境劳务合作试点市。

凭祥市凭借与越南谅山省高禄、文朗、长定 3 个沿边县接壤的先天优势，主动和越方协商，通过缔结中越边境友好村屯的形式，加强中越跨境劳务合作。目前，凭祥市友谊镇卡凤村浦寨屯与越南谅山省文朗县新清乡那楼村、友谊镇平而村与越南长定县桃园乡北览村已分别缔结为友好村屯，这为凭祥市发展跨境劳务合作打下了良好基础。凭祥市的跨境劳务以越南劳工在凭祥国家重点开发开放试验区内务工的行为为主。首先，建立跨境劳务合作机制，建设“两个中心、一个平台”，即凭祥境外边民务工管理服务中心、凭祥跨境劳务人员传染病监测和体检中心、边民入境务工管理系统平台；其次，规范跨境劳务市场，保障跨境劳务人员的合法权益，加强工作监督、材料审查以及强制购买商业保险等。

2017 年 6 月，凭祥市正式成立凭祥境外边民务工管理服务中心，率先在全区开展跨境劳务用工规范办理，检验检疫、人社、公安出入境、保险等单位集中办公，面见、受理、审批、制证、发证全部放在中心完成，受到用工企业、劳务中介、越

① 根据 2018 年 1 月凭祥市人民政府工作报告整理得到。

南务工人员广泛好评。完善《凭祥市跨境务工管理暂行办法》，通过“四证两险一中心”规范跨境劳务合作管理。2017 年全市有劳务派遣中介公司 28 家，为 2016 年的 4 倍，累计办理跨境劳务 9.5 万余人次，同比增长 45%。据凭祥市人社局统计，2017 年到凭祥国家重点开发开放试验区内工作的跨境越南务工人员约 8.2 万人次，人社部门签发务工登记卡 4.46 万人次；2018 年 1 月 1 日至 7 月 19 日，到凭祥国家重点开发开放试验区内工作的跨境越南务工人员为 87249 人次。据崇左市保险行业协会统计，2017 年崇左市保险行业共承保跨境劳务人员 45103 人次，保费 118.37 万元，赔款 1.02 万元；2018 年 1—5 月，承保 70535 人次，保费 183.27 万元，赔款 2.12 万元。

办理跨境劳务，越南劳工可以用护照或者边境通行证办理，继而去凭祥工作（不能深入内陆地区工作），工人的用工、保险等事宜由正规的跨境劳务公司按国家规定办理。2016 年中越跨境劳务合作正式实施后，仅凭祥市就引进跨境劳工 6.7 万人次，2017 年全年凭祥市引进跨境劳工 10 万人次，跨境劳务结算量超过 2.7 亿元。凭祥市跨境劳务的具体办理流程及费用如图 4－3 所示。

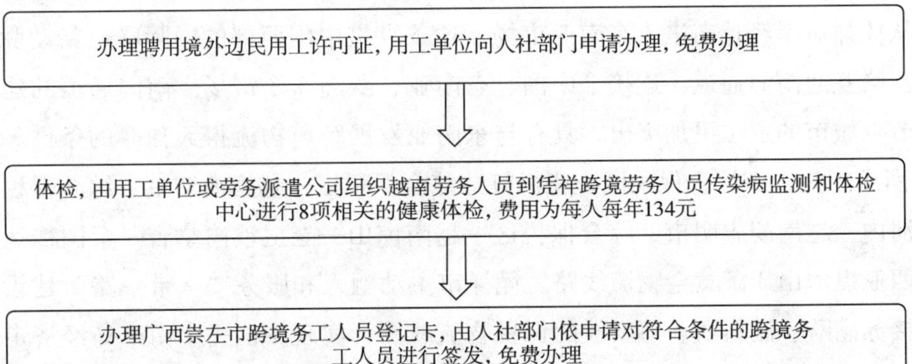

图 4－3　凭祥市跨境劳务的具体办理流程及费用

越南劳工在用工成本方面具有的较大优势，也成为凭祥市吸引企业入驻的一大优势。第一，越南劳工可以大幅缓解凭祥市劳动力紧缺的现象。凭祥本地劳动力较少，大多数青壮年外出广东、浙江、福建等地打工，当季节性工人需求量比较大时，劳动力就会出现短缺，而越南劳工的到来正好可以补充砍甘蔗、建筑、红木加工、林业、生活服务等劳动密集型产业工人，缓解凭祥劳动力紧缺的现象。第二，越南国内平均工资低且失业率高，特别是越南的边境地区，如谅山省等地富余劳动力比较多，这使越南劳工愿意对外输出劳动力以获取更多收入。

七、跨境物流与跨境电商

凭祥作为东盟“桥头堡”，处于中国与中南半岛的中心位置，地理位置十分优越。跨境物流与跨境电商发展较快。

（一）跨境物流

2017 年 8 月，重庆、广西、贵州、甘肃四方签署《关于合作共建中新互联互通项目南向通道的框架协议》，这标志着四省（区、市）将合力打造南向通道。其中以重庆为起点，经凭祥口岸，连接东盟国家的跨境公路建设成为重要建设内容。2018 年 1 月 8 日，甘肃省首列原产地农产品国际货运专列载着 800 多吨洋葱、马铃薯，从凭祥口岸经越南进入东南亚市场。这条纵贯中国西部的国际联运新动脉——中新互联互通南向通道，连接了中国、东南亚、欧洲 3 个市场。南向通道的建设使凭祥节点城市的定位更加突出，具有与东南亚发展跨境物流得天独厚的条件。如图 4 - 4 所示，凭祥市综合保税区正积极打造综合保税区—越南海防港、综合保税区—越南河内—越南胡志明市、综合保税区—越南谅山—老挝沙湾拿吉—泰国穆达汉—马来西亚黑木山 3 条黄金物流线路。凭祥市主动融入和服务“一带一路”建设，拓展链接苏满欧、渝新欧、郑新欧的保税物流线路，实现中国—中南半岛经济走廊与丝绸之路经济带的无缝对接。

2018 年，凭祥市商贸物流业加快升级，整体上口岸通关便利化水平持续提升，南向通道作用凸显；进出口总额、货物吞吐量、进出境车辆、集装箱吞吐量继续呈现迅猛增长态势，口岸物流、保税物流一枝独秀。第一，凭祥市全力打造“中国—东盟水果之都”品牌，2017 年水果进出口突破 235 万吨，连续 3 年超过深圳，居全国各口岸首位。第二，加快培育专业市场，建成首家面向东盟的广西（凭祥）出口商品采购中心，为市场销售、商品进出口提供一体化综合服务和通关便利化支持。第三，现代物流升级发展，凭祥综合保税区成为第二批国家级示范物流园区，成为广西唯一上榜园区。捷递集团中国总部从深圳迁入综合保税区，富士康准时达绿色物流中心落户综合保税区。珉丰、华泰、捷递等陆路集装箱枢纽工程暨保税物流项目加快推进，新开通青岛—凭祥—谅山—河内铁路冷链、广州—河内铁路冷链、仁川—胶州—凭祥铁路冷链、中国—东盟铁路冷链、东盟水果冷藏集装箱和中越跨境集装箱等班列，开辟重庆—凭祥—越南物流线路，中新互联互通南向通道不断延伸，加快打造直通胡志明市、曼谷、吉隆坡等地区的中国—东盟物流枢纽基地。

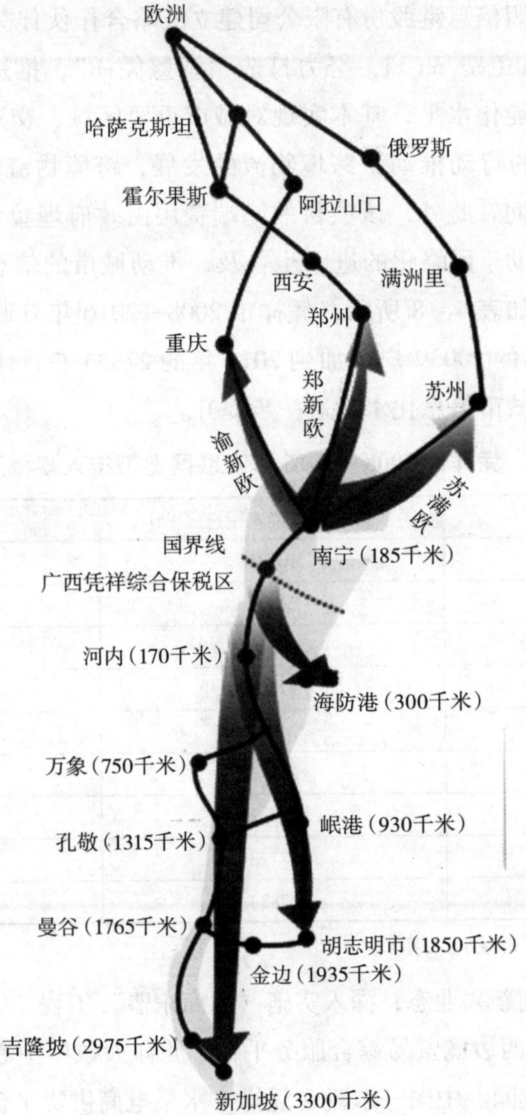

图4－4　广西凭祥综合保税区的物流优势

资料来源：凭祥综合保税区管委会。

（二）跨境电商

凭祥是中国通往东盟最便捷的陆路通道，发展跨境电商优势得天独厚。在阿里巴巴2014年发布的《2013年中国电子商务发展百佳县》中，凭祥市居第64位。凭祥市充分利用综合保税区和边境贸易特殊政策等优势，大力发展跨境电商。凭祥市政府《关于加快电子商务发展的若干意见》明确提出：到2020年，凭祥市要初步建成面向中国—东盟自由贸易区的产业集中度高、市场辐射能力强的区域电子商务中心。

一是与中国—东盟信息港股份有限公司建立战略合作伙伴关系。凭祥市于2016年12月正式启用城市免费Wi-Fi，努力打造“智慧凭祥”，推进城市建设、提高城市品质和提升城市智能化水平，基本实现对城市重要区域、交通要道Wi-Fi的全覆盖。城市免费Wi-Fi的行动推动了跨境物流的发展，跨境物流信息现在可在Wi-Fi平台上进行预约和查询。此外，该项目的终端费用由政府埋单，3年花费800万元并对市民免费，这有助于网络化的进一步普及，推动城市的信息化、网络化，推动凭祥市电商的发展。如表4－8所示，凭祥市2008—2016年互联网宽带接入用户数增长较快，从2008年的10039户增加到2016年的27834户，增长接近3倍，网络普及率进一步提高，城市信息化水平进一步提升。

表4－8 凭祥市2008—2016年互联网宽带接入规模及增速

年份	互联网宽带接入用户（户）	增速（%）
2008	10039	81.50
2009	21269	111.86
2010	22330	4.99
2011	22400	0.31
2012	24197	8.02
2013	25846	6.81
2014	27643	6.95
2015	27723	0.29
2016	27834	0.40

资料来源：历年《广西统计年鉴》。

二是培育壮大电商新兴业态，深入实施“电商东盟”工程。凭祥市新成立凭祥电商商会，“广贸通”广西边境贸易综合服务平台、凭祥大数据中心暨跨境电商综合服务平台、跨境电商产业园、中国—东盟（凭祥）水果电商供货平台、电商孵化基地等相继挂牌启用并上线试运营。这些平台的建立和启用给原有的市场营销模式带来了很大的变化，例如红木文博城电商平台实现线上运营之后，就加快转变了原有的红木营销模式，促进了红木产业的发展。同时，2017年，广西凭祥综合保税区正式投入使用的我国西南地区第一家沿边地区跨境电商监管中心，标志着凭祥跨境电商产业的迅猛发展。在配套设施方面，综合保税区邮政跨境电商监管仓开始试运行，配置进出境邮件、快件查验分拣线4条，8小时上机处理量可达4万票。2017年9月，集电商运营中心、跨境电子商务交易平台、跨境人民币结算中心、实体交易展示中心、物流配送中心、创业孵化中心6大核心功能于一体的中国—东盟（凭祥）电商产业园正式挂牌成立，标志着凭祥由传统经济正式迈入电子商务新时代。2017年，凭祥市电商行业已初具规模，电商企业已超过300家，年总营业额已超过50亿元。①

三是多渠道培养电商人才，积极培育本地创业人才。专业人才的储备是凭祥市跨境电商实现可持续发展的重要基础。为推进红木电子商务发展，拓展红木企业产品展示销售渠道，凭祥红木文博城和桂林理工大学管理学院签订了校企合作协议。校方为企业推介电子商务、市场营销等专业人才，企业则为学校提供场所作为电商创业孵化与实训基地。凭祥电商商会也和广西民族师范学院签订了人才培养协议。为培育本地优秀创业人才，从2015年起凭祥每季度举办一期“凭祥市电子商务知识、技巧、创业培训班”，培训对象包括政府机关人员，参与电子商务业务的有关领导及相关科室人员，工业企业、商贸企业和中小微企业管理人员及销售人员以及全市有志于在电子商务行业创业发展的人员。

八、凭祥—同登跨境经济合作区的经济效应

作为中国自由贸易区推进的前沿阵地，跨境经济合作区不仅开创了区域经济一体化在边境地区发展的新路径，还开创了中国边境地区、内陆地区及沿海地区对外贸易的新格局。中越跨境经济合作区的深入开拓，使中国与越南经贸合作更加深入，双边贸易额连创历史新高，中国已经连续13年成为越南第一大贸易伙伴，2017年双边贸易额突破1000亿美元。凭祥市借助凭祥—同登跨境经济合作区取得了经济上的较快发展和基础设施建设的不断完善，从而对城市发展、产业升级等起到了积极的推动作用，城镇化、工业化水平得以逐渐提高，人民生活水平更是得到了切实的提高。同时，中越文化各具特色、精彩纷呈，两国通过跨境经济合作区加深了文化上的交流与交往，深化民心相通，为凭祥市深度融入“一带一路”奠定了基础。

（一）促进城镇化发展

凭祥市在地缘上具有良好的区位条件，其城镇化属于边境口岸城镇的“核心—边缘”城镇化模式，边境贸易、进出口加工以及物流业是城镇化发展的主要动力。凭祥市拥有凭祥综合保税区、凭祥—同登跨境经济合作区、凭祥边境经济合作区等

① 凭祥：连续四年蝉联中国电商百强县［EB/OL］. 搜狐网. http：//www. sohu. com.

多个平台助力新型城镇化。

凭祥一同登跨境经济合作区基于自由贸易、口岸物流、跨境投资等经济功能，成为一个复杂的资源要素集聚的平台，对区域经济产生了不同程度的聚集效应，加快了凭祥市城镇基础设施建设，使其城乡交通网络得到不断完善。目前，友谊关工业园污水处理厂、上石镇污水处理厂已开工建设，投资1500万元的路灯升级改造工程已竣工，“i-Pingxiang”城市免费Wi-Fi工程实现市区主要公共区域全覆盖。此外，凭祥市生态环境不断优化，2017年凭祥市深入推进美丽乡村建设，绿化竣工村屯数115个，绿化面积144.82亩，农村人居环境得到极大提升。凭祥市森林覆盖率提高到69.78%，荣获“国家森林城市”称号，并有27个村获崇左市级以上生态村命名。

作为广西唯一的国家中小城市综合改革试点城市，凭祥市的城镇化发展充分把握了国家对外开放和跨境经济合作区建设的时机，大力发展以口岸为平台、边境贸易和加工业带动的城镇化。2017年，凭祥的城镇化率已经达到71.3%，远高于广西全区49.21%的平均水平。

（二）优化产业结构

凭祥市是我国通往东盟最便捷的陆路通道，正在从以边贸带动为主的单一发展模式向贸易、加工制造、投资等综合发展模式转变。凭祥市充分利用“两种资源、两个市场”优势，引进高新技术，培植和引进精深加工企业，大力发展农副产品和轻工业产品深加工，拉长产业链条，以构建合理的产业结构，为开放型经济发展提供产业支持。2017年以来，凭祥市工业经济克服制糖、酒精等重点行业企业停产等不利影响，通过大力发展过境产品落地加工，使“通道经济”向“加工经济”转型。到2017年年底，凭祥市规模以上工业企业累计完成工业总产值38.26亿元，同比增长26%。2003年以来，凭祥口岸对外贸易成交额、增长幅度等主要指标均连年居广西全区第一位。凭祥口岸经济的迅速发展带来了人流、资金的聚集，带来了旅游、餐饮和娱乐等第三产业的蓬勃发展。目前，凭祥市已经拥有9家星级酒店，在接待能力和服务水平上具有较高水准；东盟跨境游和边关游发展迅速，2015年至今友谊关口岸出入境人数已达到百万人次，充分带动了凭祥市产业结构的优化升级。

近10年来，凭祥市第一产业增加值占地区生产总值的比例总体上缓慢减少；第二产业产值增加值的占比总体上缓慢增长，2015年下降较多，之后缓步恢复；第三产业增加值的占比总体上呈先减少后增长的趋势，谷底出现在2008年，国际金融危机之后呈现逐年上升的态势。2017年，凭祥市产业结构比例为7.3∶29∶63.7，相比2010年的14.29∶26.67∶59.04，第一产业比重在下降，第二产业、第三产业的比重都在上升，产业结构逐步优化，如图4-5所示。

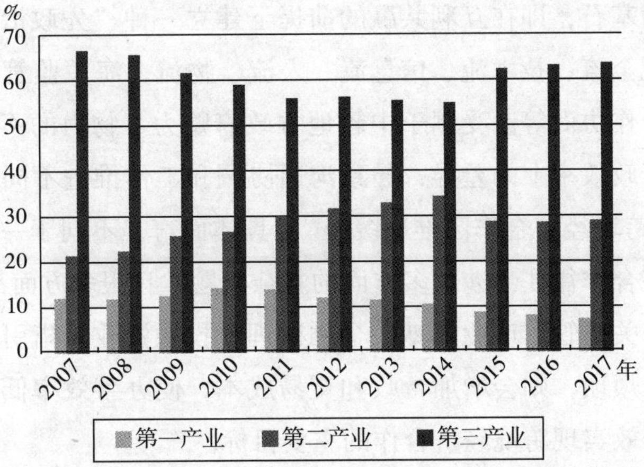

图 4－5　凭祥市 2007—2017 年三次产业增加值占地区生产总值的比例

资料来源：历年《广西统计年鉴》，2017 年数据来自凭祥市政府工作报告。

（三）推动区域经济一体化

凭祥市作为中国面向东南亚地区的前沿地带，与越南等国发展边境贸易的时间较长，积累了大量的宝贵经验，拥有其他地区不具备的优势，延伸了贸易活动的范围。从凭祥—同登跨境经济合作区的运行来看，其产生的贸易创造效应远超过贸易转移效应，这从凭祥近年不断增长的进出口贸易规模和“由轻转重”的贸易结构中可以得到印证。同时，跨境经济合作区为凭祥带来了巨大的信息流和物资流，使凭祥的医疗、卫生、文化、教育等方面的发展水平都得到极大提高。

为提速中越跨境经济合作区建设，2016 年 8 月，中国政府批复设立广西凭祥重点开发开放试验区。该试验区将以凭祥为核心，建设面向东盟高度开放的国际经贸商务中心和跨国企业总部基地，打造沿边经济合作区、国际旅游合作区和边境新型村镇建设先行区，建设国际产能合作示范基地、加工贸易合作基地、临空产业合作基地，有利于凭祥市充分利用中越双方互为原产地的产品市场及丰富的劳动力市场，吸收外部地区投资，利用外部资金积极发展合作区内经济贸易活动，助推东南亚区域的经济一体化，实现区域间的互利共赢。

九、凭祥—同登跨境经济合作区发展的制约因素

凭祥—同登跨境经济合作区经历多年的探索和建设，已经取得了一定的成效，但在实践中还存在诸多制约因素。

（一）管理机制配合不够

跨境经济合作区的设立和建设牵涉两国主权管理的问题，需要双方友好政治关

系和高度互信作为基石，即在互利共赢的前提下建立一种“先政治后经济”的紧密合作机制，涉及现金流、技术流、信息流、人流、物流、海关监管和检验检疫管理及国家间次区域合作协商等。受制于中越地方政府财力、物力的不平衡，中越双方仍然存在体制和行政效率上的差异，导致沟通协调和工作推进不同步，表现为“中方热，越方冷”，跨境经济合作区推进缓慢。① 具体而言，不同于一国之内的经济区域合作，跨境经济合作往往会涉及多方面的复杂问题，且很多方面都没有先例可循，包括商务谈判、海关监管、产业谋划、金融监理、投融资政策指引、行政司法管理等。如果程序过于烦琐，则会增加行政和交易成本，使办事效率低下，束缚彼此合作的效益，难以有效实现跨境经济合作的主要目标。

（二）跨境产业合作缓慢

随着国内经济增速放缓，凭祥市的内外需不足，很容易导致进出口减少，凭祥市以往拥有的资源优势、劳动力优势开始减弱。特别是随着中国—东盟自贸区升级版实现后，中国与东盟十国之间90%以上的税目产品实现零关税，边境贸易的政策优势也被大大弱化。此外，凭祥与同登在产业层次上虽有一定的互补性，但由于中越边境地区均属于经济欠发达地区，产业结构较为落后，缺乏技术和资金优势，双边产业合作没有很好地发展起来，双边优势没有得到充分发挥。加之中越之间尚未建立起长期、稳固、有效的沟通交流机制，这些均制约着凭祥—同登跨境经济合作区贸易自由化、便利化的进程，使凭祥市未来贸易抵御风险的能力减弱。

（三）投资环境不甚稳定

中国与越南之间还存在一些历史遗留问题，在一定程度上对中越地缘政治关系造成了负面影响。此外，越南国内政策不稳定，民间也有一些排外情绪。部分中方投资者在越投资办厂时由于政策变动不得不撤资或发展停滞。政策风险不利于边境贸易领域和范围的拓展，制约着双方边境贸易的发展。而且边境地区的贩毒、赌博、疫病等问题，也可能会成为两国边境地区直接的、现实的安全隐患。

（四）基础设施建设滞后

跨境经济合作区的建设需要大量的建设用地，但以喀斯特地貌为主的凭祥市用地指标有限，远远无法满足建设用地需求。2017 年，凭祥市国有建设用地供应总量1470.99 公顷，比上年增长 78%。其中，工矿仓储用地 801.4 公顷，增长 38%；住宅

① 杨建基．中国凭祥—越南同登跨境经济合作区的发展现况、问题和对策［J］．时代金融，2017（35）：65－66.

用地 0 公顷，下降 100%；基础设施等其他用地无供应。

虽然凭祥市政府一直加大对口岸基础设施的建设力度，但是目前口岸的通关效率和承载能力仍无法满足不断增加的通行量，离现代化口岸的要求还有一定的差距。例如，凭祥市的友谊关公路口岸和火车南站口岸 2 个一类口岸，虽然已经实现了电子化通关，通关相对便利，但效率未得到有效提高，主要是因为布局不合理、中越设施未实现有效对接等。以友谊关公路口岸为例，由于越方区域仅能容纳 200 辆货车，因此它所能承载的进出货车量上限是 200 辆，而实践中友谊关口岸每天的进出货车量基本在 500 辆左右。加上友谊关口岸没有足够大的停车场提供给等候通关的车辆，所以货车经常在公路上排起长龙，这大大增加了边境贸易的时间成本和人工成本。部分边民互市点发展条件相对较差，基础设施还不完善，承载能力较弱，这些都严重影响了贸易往来的效率。

另外，凭祥市还没有与周边地区、周边国家形成较为完备的高速公路、铁路网，尚未进入首府南宁的“一小时经济圈”，友谊关口岸到河内的高速公路尚未开工建设。凭祥市虽然拥有独特的区位优势，却没有发展成为辐射区内和东盟国家的交通枢纽，导致其无法充分发挥平台优势和通道作用。这无疑会影响整个区域经济合作的进程。

（五）制造业基础薄弱

虽然凭祥市在产业结构方面已形成一定规模，但内容尚不丰富，特别是制造业基础薄弱，造成产业配套能力较弱，很多制造业配套产品还需要去南宁甚至广东采购，大大增加了企业的成本。制造业基础薄弱也限制了凭祥从“通道经济”向“口岸经济”转型的步伐。凭祥市边境贸易的商品多是农副产品、纺织品和机电产品，缺少高附加值的工业制成品。出口商品的价值普遍不高，高科技商品极少，而且广西本地生产的商品在出口商品中的比重不大，大部分产品来自内陆或东南沿海地区；进口商品以坚果和红木等产品为主，但是大部分产品都是通过凭祥的口岸入境后运往山东、广东等地进行深加工。凭祥市“通道经济”比重高，对制造业的吸引力还不是很高。

十、加快凭祥—同登跨境经济合作区发展的思考

“一带一路”倡议为凭祥—同登跨境经济合作区发展提供了难得的历史机遇，凭祥市要充分发挥地缘政治和经济优势，加快推进凭祥—同登跨境经济合作区的建设和发展。为此，我们给出以下几点建议。

（一）强化双边沟通机制

要加强中越间相关政策的沟通和交流，在管理上进行创新，努力克服差异，减

少管理配合问题，把主要力量和精力有效地投入实际建设和管理工作中，从而加快凭祥—同登跨境经济合作区建设的步伐。第一，积极推动两国高层的互动，在加快落实跨境经济合作区建设的问题上达成共识。同时，积极争取来自中央政府的宏观指导和政策支持。第二，加强双方的规划对接，统筹协调相关事宜。积极展开凭祥与同登间的沟通协调，加快构建实质性的跨境经济合作区建设协作机制和有效的常规性联合工作机制。凭祥市地方政府还应充分发挥非正式协议的作用，将税收、投资、贸易、出入境管理、检验检疫、矛盾解决等问题纳入协商框架中。

（二）积极推进产业合作

积极发挥企业推动跨境经济合作区建设的主体作用。成立或控股跨境经济合作区开发总公司，进行土地开发、基础设施建设和招商引资等工作；通过多元渠道进行融资，引入中外战略投资者，支持跨境经济合作区开发总公司的运营。积极引入新兴业态，重点发展特色农产品加工、矿产资源精品加工、国际金融服务、现代物流、跨境旅游等产业合作项目，通过多元发展解决双边贸易结构单一的问题，促进对外贸易的质量提升和发展。在凭祥市各口岸及互市区（点）相近相邻之地，重点建设红木、水果、坚果等专业加工贸易基地，大力发展化工品、纺织品、机电产品、农产品等出口加工业，结合凭祥市城镇化进程和土地使用规划，建设一批集内外贸于一体、投资贸易于一体的边境贸易专业加工市场，发展边境加工贸易。未来仍需继续提高农业产品冷链加工水平，充分服务农业“走出去”的企业主体，引导企业建立抵御“走出去”风险的保险机制。同时，由双边企业层面的互动带动双边民间层面的交流合作，进而推动跨境经济合作区的快速发展。

（三）加强中越民心相通

中越两国边民习俗相似，语言相通，民族相近，文化相融，自古以来朝去晚回、经商买卖、走亲访友十分频繁，凭祥市可借此进一步发挥自己面向东盟国家的文化优势与种族亲缘优势，加强对越文化交流。通过联合打造跨境旅游精品线路、跨境旅游拳头产品，开展跨境旅游形象推介和跨境旅游演艺交流，建立跨境旅游联合宣传推广机制，常态化举办跨境旅游从业人员培训班，共同提高双方旅游从业人员素质，推动跨境文化旅游合作，实现两地间民心相通、睦邻友好。同时，强化中越两国互访与会晤，运用交流培训等机制，促使中越交流多元发展，在跨境经济合作区规划、联合招商、产业布局、跨界合作等方面加强合作，为推动跨境经济合作区建设营造良好的人文环境。

（四）推进基础设施建设

口岸、市场设施、水电仓储、通信交通等基础设施是凭祥—同登跨境经济合作区功能发挥最重要的载体，是跨境经济合作区建设的首要内容。随着口岸的扩大开放，凭祥市正着力升级口岸基础设施，加速融入南向通道建设，更加凸显“门户”优势，如推进油隘边民互市点升级改造综合开发项目、叫隘边民互市点升级改造综合开发项目并将友谊关公路口岸扩大开放至油隘和叫隘。目前，凭祥市政府集约化使用有限的土地资源，努力提高土地利用效率。凭祥市政府还通过建设用地增减挂钩政策，在一定程度上缓解了土地资源供应紧张的局面。未来，凭祥与同登双方应重点规划与落实基础设施建设的配套与对接，实现双边便捷的互通互联，为跨境经济合作区的顺利建成和生产要素的集聚提供基础保障。

（五）增强产业配套能力

凭祥市应抓住“一带一路”倡议机遇，着力推进“口岸＋加工业”发展，加快各工业园区建设发展，整体优化投资和营商环境，实现“通道经济”向“口岸经济”的转型升级。继续充分利用多重政策红利优势吸引加工企业入驻。充分发挥凭祥独一无二的区位优势以及中国—东盟自贸区、新一轮西部大开发、边疆少数民族地区振兴、左右江革命老区振兴、广西北部湾经济区开放开发、珠江—西江经济带建设等多重政策优势，借助各类媒体，全方位、多渠道宣传和推介凭祥及其产业发展规划。重点围绕边贸加工、商贸物流、文化旅游、跨境电商等“口岸＋”产业主动承接国内外产业转移，延长边贸加工产业链条，形成“口岸经济”集聚效应和规模效应。

凭祥—同登跨境经济合作区未来应按照友善环境、节约资本、共享资源的顶层设计来规划并逐步完善，注重充分运用中国和越南彼此的资源与市场，发展进出口贸易、跨境电商、跨境金融、跨境旅游等，建设成为优势明显、互利共赢的跨境经济合作区。凭祥市既可顺势利用全球新一轮产业转移流向东盟北部的趋势，大量吸引国内外的产业转移，真正实现园区内的生产要素自由流动，又能将部分可能转移到境外的产业保留在我国的边境地区，防止边境地区过早产业空心化和过度资本外流，发挥边境贸易优势，实现“通道经济”向“口岸经济”转型，从而不断提高我国边境地区深度融入全球经贸网络的主动性。

第五章　瑞丽—木姐跨境经济合作区进展报告

习近平总书记考察云南时曾明确指出：“云南经济要发展，优势在区位，出路在开放。”瑞丽是国家第一批批准实施沿边开放战略的沿边开放城市。中缅瑞丽—木姐跨境经济合作区是中缅经济走廊的3个支撑点之一。从瑞丽开始对中缅边境经合作区建设进行论证，十多年来，瑞丽—木姐跨境经济合作区走过了不寻常之路。如今瑞丽利用自身区位优势，抓住国家战略机遇，进一步扩大开放，为瑞丽—木姐跨境经济合作区建设做足前期准备，主动服务和融入“一带一路”建设。

一、瑞丽—木姐跨境经济合作区建设背景

随着区域经济一体化的不断发展和“一带一路”建设的不断推进，瑞丽—木姐跨境经济合作区的建设得到了双方政府的高度关注。切实推进瑞丽—木姐跨境经济合作区建设，能够为中缅双边经贸往来和经济建设带来发展良机。

（一）中缅边境城市对比

中国与缅甸边境线长达2180千米，其中云南省与缅甸的陆地边境线长达1997千米，两侧分布着两国十几个大小城市（镇）。这些城市中，瑞丽市是位于云南西部的边境口岸城市，其西北、西南、东南三面均与缅甸接壤，与缅甸木姐、南坎和棒赛3个城市相毗邻；陇川县与缅甸雷基市接壤，其章凤口岸与雷基口岸对应开放；腾冲市的猴桥口岸与缅甸甘拜地口岸相对接，出境121千米便可进入缅北重镇密支那。

下面根据口岸所在城市（镇）的交通条件、地区生产总值、工业总产值、固定资产投资、财政收入、地区贸易总额等统计指标，对中缅边境主要口岸所在城市的各方面情况进行比较（见表5－1）。

表5－1　2017年中缅边境城市主要指标对比　（单位：亿元）

指标	瑞丽市	陇川县	腾冲市
对应口岸	瑞丽、畹町	章凤	猴桥
交通条件	高速公路、铁路、航空	高速公路	高速公路、航空
地区生产总值	103.6	43.78	176.83
工业总产值	53.8	26.38	186.5
固定资产投资	123.6	36.29	201.15
财政收入	7.72	5.41	16.99
地区贸易总额	418.4	12.49	18.84

资料来源：陇川县统计局网站、腾冲市人民政府网站、瑞丽市2018年政府工作报告。
注：以当年人民币兑美元的平均汇率换算。

由表5－1可知，从口岸数目和规模来看，瑞丽市拥有的口岸最多，并且拥有2个国家级一类口岸；腾冲市拥有1个国家级一类口岸；陇川县仅拥有1个国家级二类口岸。从交通运输的发展来看，瑞丽市的高速公路、铁路以及机场等交通基础设施早已完善并投入使用，其交通运输最为便利，更具多样性；腾冲市的航空口岸将在2019年建成并对外开放，保山至猴桥铁路仍未开通；陇川县的交通条件在三者之中相对滞后，目前尚只有瑞陇高速公路建成通车。从地区生产总值、工业总产值、固定资产投资以及财政收入等指标来看，虽然瑞丽市较腾冲市具有一定的差距，但瑞丽市的地区贸易规模却远远超过腾冲市。陇川县的经济发展水平、质量以及富裕程度在三者中是较为落后的。

在这几个边境城市中，瑞丽市内国境线长达169.8千米，毗邻缅甸国家级口岸木姐。瑞丽市面积944.75平方千米，管辖3个乡、3个镇、5个经济功能区、2个国营农场。全市人口约19.7万人，少数民族人口约占42.9%，少数民族以傣族和景颇族为主。瑞丽口岸和畹町口岸是2个国家级一类口岸，以它们为中心形成了2个国家级跨境经济合作区。此外，瑞丽市还设立了在全国率先实行“境内关外”特殊监管模式的姐告边境贸易区，使瑞丽市成为中国最大的对缅贸易陆路口岸。同时，瑞丽市也是大中华经济圈、南亚经济圈、东盟经济圈的交汇点。天然的地理位置、众多的口岸以及便利的交通，使瑞丽市成为中缅边境通道最多、国家级口岸和特殊经济功能区最密集的区域。因此，在云南中缅边境上，瑞丽—木姐跨境经济合作区的建设基础最好。

（二）瑞丽市发展概况

从表5－2可以看出，瑞丽市经济始终保持较快的增长速度。瑞丽地区生产总值在2011—2017年的7年间增长了约2.6倍。瑞丽市边民生活水平不断提高，2017年城镇居民可支配收入与2010年相比，增加了约1.15倍。瑞丽市口岸贸易进出口增幅巨大，2011—2017年，口岸贸易规模扩大了3.83倍，实现了跨越式发展。

2017年，瑞丽市地区生产总值103.6亿元，首次突破百亿元大关，同比增长约20%；全社会固定资产投资123.6亿元，同比增长25.3%；口岸贸易进出口总额为433亿元，首次突破400亿元大关，同比增长46.9%；地方公共财政预算收入7.72亿元，同比增长4.2%；社会消费品零售总额39.1亿元，同比增长11.4%；城镇和农村常住居民人均可支配收入分别为32180元、10659元，分别增长约11%和10.1%，多项经济指标增速在7个沿边开发开放试验区中名列前茅。由此可见，瑞丽的经济发展稳步上升，尤其是贸易的发展，瑞丽—木姐跨境经济合作区建设有了坚实的基础。

表5-2 2011—2017年瑞丽市主要经济指标

年份	地区生产总值（亿元）	城镇居民可支配收入（元）	口岸贸易进出口总额（亿元）
2011	35.2	16700	113
2012	39.6	18819	138
2013	47.1	22199	193
2014	73.3	24863	286.3
2015	77.1	26355	297.7
2016	86.1	28991	306
2017	103.6	32180	433

资料来源：瑞丽市人民政府《政府工作报告》和《云南商务年鉴》。

（三）瑞丽—木姐跨境经济合作区建设的历史沿革

随着中国对外贸易的迅速发展，中缅双方的经济交流与合作进一步扩大，瑞丽口岸逐渐成为我国西南地区重要的人流、物流、信息流集散地，是云南省最早开放、对缅贸易额最高、货物吞吐量最大、管理进出境人员最多、管理进出境车辆最多的边境内陆口岸。1990年7月9日，国务院批准瑞丽口岸对第三国开放，1991年，云南省人民政府批准成立了瑞丽姐告边境贸易经济区。1992年，中国开始实施沿边开放战略，国务院陆续批准瑞丽、畹町、河口、凭祥、东兴、满洲里等14个城市为沿边开放城市。云南省最早提出了“跨境经济合作区”这一概念，在2007年明确开始针对瑞丽—木姐跨境经济合作区进行论证。但由于种种原因，在随后的几年当中中缅跨境经济合作区项目并没有什么实质性进展。2013年6月，在“第五届GMS经济走廊活动周·中缅跨境经济合作区建设协商会”上，缅方初步同意双方共同建设跨境经济合作区的构想。2015年12月，中缅瑞丽—木姐跨境经济合作区前期推进工作联合工作组第一次会议在瑞丽召开，会议达成多项共识。由于缅甸新旧政府换任，中缅瑞丽—木姐跨境经济贸易合作区的相关事宜一度搁置。2016 年 9 月，云南省政府向商务部上报了《云南省人民政府关于推进中缅瑞丽—木姐跨境经济合作区建设有关事项的函》，又通过其他方式加强对中国对缅甸的汇报。与此同时，瑞丽方面委托新加坡邦城规划顾问公司对中缅边合区（中方区域）的总体发展规划和产业规划进行编制。经过多方的不懈努力与推动，2017 年 5 月 16 日，在中国总理李克强和缅甸国务资政昂山素季的见证下，中国和缅甸正式签署了《中国商务部与缅甸商务部关于中缅跨境经济合作区的谅解备忘录》，中缅双方高层商签中缅跨境经济合作区共同开发总体方案等工作有序推进。

在谅解备忘录签署后，为了推动共同开发总体方案和总体发展规划的签署，瑞丽市成立了由市委书记为组长、市长为常务副组长、分管副市长及“1 +3 +1”各片区的主要领导为副组长、相关职能部门为成员的边合区推进领导小组，具体负责机构批复之前边合区的各项筹备工作；瑞丽市与商务部国际贸易经济合作研究院合作启动了边合区的研究工作，已完成《中缅瑞丽—木姐边合区规划研究报告（中方区域）》的编制，已完成中缅边合区（中方区域）产业规划和总体发展规划的编制；向省政府提交了推动边合区建设的财政税收政策、金融外汇政策、投资服务政策、口岸开放政策、土地开发政策、人才激励政策 6 大类支持政策措施。积极组建边合区投资开发有限公司，由瑞丽市仁隆投资开发有限公司与云南省海外投资有限公司合资成立，负责对边合区进行基础设施投资。

二、瑞丽—木姐跨境经济合作区概况

在国家政策的支持和中缅双方各相关部门的推动下，瑞丽—木姐跨境经济合作区的建设正在有条不紊地推进。

（一）跨境经济合作区推动情况

瑞丽—木姐跨境经济合作区属于国家间的战略合作，在瑞丽—木姐跨境经济合作区的建设过程中，中国还未形成国、省、州、市四级强有力的统筹协调机构，瑞丽—木姐跨境经济合作区还未正式成立，但相关的筹备工作正在有序推进。

2012 年以来，德宏州在缅甸内比都、曼德勒、腊戌、密支那和八莫陆续设立了驻缅商务代表处，希望借此与缅甸官方部门交流，向缅甸介绍瑞丽—木姐跨境经济合作区的构想，主动争取缅甸和中国一起共同推动瑞丽—木姐跨境经济合作区的建设，提高中缅边境人民生活水平。

此外，瑞丽方面努力与缅甸商务部和木姐地方政府就瑞丽—木姐跨境经济合作区

（中方区域）总体规划和产业规划进行交流与对接。为了调动起缅甸的积极性、主动性，2017 年 11 月，中国商务部与缅甸商务部进行了中缅跨境经济合作区的专题会晤，为缅甸解答了“什么是跨境经济合作区”“跨境经济合作区能够给缅甸带来哪些积极影响”“怎样建设中缅跨境经济合作区”3 个问题，中缅双方达成了共识，并计划在 2018 年完成并签订瑞丽—木姐跨境经济合作区共同开发总体内容。2018 年 4 月，云南省政府邀请缅甸考察团到中国考察了中哈霍尔果斯、中老磨憨—磨丁、中缅瑞丽—木姐边合区建设情况。通过实地考察与了解，缅甸意识到跨境经济合作区的积极效应，与中国达成了共识。目前，缅甸成立了部长级委员会以及工作小组。瑞丽—木姐跨境经济合作区共同开发总体方案等事项已经被列入中缅双方议事日程。

（二）国家和地方相关扶持政策

依靠“一带一路”和孟中印缅经济走廊建设的推进，以及云南省建设面向南亚东南亚辐射中心的发展定位，瑞丽主动抓住国家新一轮沿边开发开放机遇。根据《中共中央、国务院关于深入实施西部大开发战略的若干意见》（中发〔2010〕11 号文件）、《国务院关于支持云南省加快建设面向西南开放重要桥头堡的意见》（国发〔2011〕11 号文件）精神，德宏州组织编制了《云南瑞丽重点开发开放试验区实施方案》和《云南瑞丽重点开发开放试验区建设总体规划》，并上报国家发展改革委。2012 年 7 月，国务院办公厅印发了《关于同意广西东兴、云南瑞丽、内蒙古满洲里重点开发开放试验区建设实施方案的函》（国办函〔2012〕103 号）。2013 年 8 月，国家发展改革委批复了《云南瑞丽重点开发开放试验区总体规划》。2015 年 12 月，国务院印发了《国务院关于支持沿边重点地区开发开放若干政策措施的意见》，其中明确了建立瑞丽重点开发开放试验区、瑞丽边境经济合作区、畹町边境经济合作区。

2016 年年初，为加快瑞丽重点开发开放试验区建设，云南省出台了加快推进试验区建设的若干政策，包括税收财政政策、投融资政策、产业政策、土地政策和公共服务政策等。例如，2013—2020 年，云南省财政每年给予试验区 1 亿元综合财力补助；对入驻试验区的新办企业，除国家禁止和限制的产业外，应缴纳企业所得税地方分享部分实行“五免五减半”优惠，即自取得生产经营第一笔收入年度起，前 5 年免征、后 5 年减半征收企业所得税地方分享部分。具体免税范围由德宏州人民政府确定。争取通过试验区进口电力、石油、天然气的企业在试验区设置进口环节财务核算机构，在试验区缴纳输送环节增值税。①

① 云南省人民政府关于印发加快推进瑞丽重点开发开放试验区建设若干政策的通知［EB/OL］. 瑞丽国家重点开发开放试验区网站，［2016－01－15］. http：//www. rlsyq. gov. cn/content－49－1031－1. html.

表5－3给出了德宏州结合瑞丽当地发展实际情况而出台的相关政策，通过财税政策、投融资政策、产业与贸易政策、土地资源政策、口岸通关与旅游管理政策、公共服务管理政策及其他政策等来支持瑞丽的建设，同时惠及瑞丽—木姐跨境经济合作区。

表5－3　德宏州人民政府关于加快推进瑞丽重点开发开放试验区建设的若干政策

财税政策	①2014—2020年，州财政每年给予试验区5000万元专项补助，用于支持基础设施建设和扶持重大产业发展。 ②州级财政在资金调度上和预算内安排的重大项目资金向试验区倾斜，在安排各类一般性转移支付和专项转移支付时，充分考虑试验区基础设施建设、口岸发展、产业发展、经贸发展、边境维稳、禁毒防艾、国际河流治理等因素，给予试验区支持和倾斜。将试验区工管委行政支出纳入州级财政预算。切实贯彻落实国家和省给予试验区的税收优惠政策，政策规定有幅度的，按照最优惠的执行
投融资政策	①对列入规划并由州级统筹推进的重大项目，优先安排给试验区。 ②鼓励各类金融机构将试验区列为业务发展和信贷支持重点区域，设立试验区发展专项贷款。鼓励支持在试验区设立金融总部和分支机构，引导社会各类资本在试验区设立小额贷款公司、融资担保公司、典当公司。支持试验区符合条件的企业到境内外资本市场融资。对支持试验区建设有突出贡献的金融机构和融资平台给予奖励。 ③支持试验区建立中缅货币交易平台，推动货物和服务贸易项下的本外币特许业务，促进试验区外汇及人民币贸易投资便利化。 ④支持试验区发行城乡投资债券，设立城乡发展投资基金，重点支持试验区符合条件的企业发行中小企业集合债券
产业与贸易政策	①优先安排承接东部产业转移项目和引进的大企业、大项目落户试验区。支持试验区发展依托国外资源、能源、市场等“多头在外”的工业项目。支持试验区发展航空产业、文化产业和现代服务业。加快推进姐告购物天堂、瑞丽国际和谐文化示范区建设。 ②州级用于扶持产业发展的各类专项资金向试验区倾斜；州级争取到的中小企业国际市场开拓资金和进出口配额向试验区倾斜。 ③健全试验区工业园区、边境经济合作区和边境贸易区管理机构，理顺管理体制，在人员编制上给予重点倾斜
土地资源政策	①赋予瑞丽市州级土地管理权限。属州级用地预审的建设项目由瑞丽市国土部门预审，报省、州主管部门备案；省级以上项目的建设用地预审由瑞丽市国土部门初审后直报省主管部门，并在州级主管部门备案；农用地转用及集体土地征收报件由瑞丽市国土部门报瑞丽市人民政府审查后，直报省政府或省主管部门审批。芒市、陇川县属试验区范围内用地预审的建设项目，州国土部门优先办理。 ②根据试验区建设情况，对土地利用总体规划进行评估和修改，推进城乡建设用地增减挂钩，低丘缓坡、低效土地的二次开发利用，城中村改造等土地综合开发利用工作。支持与相邻县、市开展土地利用合作，州内耕地占补平衡指标优先流转给试验区有偿使用。 ③支持试验区建立耕地保护基金，采取货币直接补偿方式，增加农民收入；支持建设试验区土地收储与运营平台。 ④在全州范围内统筹征占用林地指标，重点支持试验区的发展；瑞丽市建设项目征收、占用林地申请由瑞丽市林业部门审核后直报省林业部门审核审批，同时报州林业部门备案

续表

口岸通关与旅游管理政策	①加大试验区口岸建设支持力度。加快芒市口岸机场联检设施建设步伐；积极争取国家批准芒市机场正式开放为国际口岸机场；积极争取实现章凤口岸正式对外开放；争取将盈江口岸、弄岛通道列入国家口岸发展规划；积极争取将畹町口岸芒满通道开通为进出口货物通道。 ②支持试验区优化出入境管理服务，创新口岸管理体制机制。推广无纸化通关、分类通关、提前报关、集中申报等便利通关方式；推进电子口岸实体平台建设；开展重点项目、重点企业通关便利化试点
公共服务管理政策	①法律、法规或规章规定可以委托或下放的州级行政许可和管理权限，全部下放瑞丽市。 ②支持试验区建设中国—东盟国际劳务市场、高技能人才培养示范基地。建立宽松灵活优厚的人才引进机制，制定出台试验区人才管理办法。 ③支持试验区根据财政状况，提高机关事业单位人员工资待遇水平，率先试行守边边民补助制度；放开试验区范围内的户籍管理，加快统筹城乡发展示范区建设进程
其他政策	①由试验区工管委综合办代行原州桥头堡黄金口岸建设办公室工作职能。 ②支持芒瑞陇一体化、瑞畹同城化建设，积极推进瑞丽、畹町、姐告行政管理体制改革，建立适合试验区经济社会发展的行政管理体制和运行机制。支持瑞丽边境经济合作区、畹町边境经济合作区、姐告边境贸易区扩区移位；积极推进中缅瑞丽—木姐跨境经济合作区建设

资料来源：瑞丽国家重点开发开放试验区网站，http：//www.rlsyq.gov.cn/。

瑞丽—木姐跨境经济合作区是“一带一路”建设的重要一环、面向南亚东南亚辐射中心的关键节点、孟中印缅经济走廊的先行区，沿边开放的新高地。瑞丽市早已被纳入国家发展战略层面，不仅可以享有沿海经济特区的优惠政策，还可以叠加享受国家新一轮西部大开发、支持沿边重点地区开发开放、云南辐射中心建设、沿边金融综合改革试验区、边境经济合作区、民族区域自治等一系列优惠政策。瑞丽—木姐跨境经济合作区是国家重点开发开放试验区的重要组成部分，因此，云南省、德宏州政府出台的针对瑞丽国家重点开发开放试验区的扶持政策，同时也支持着瑞丽—木姐跨境经济合作区的建设与发展。

（三）跨境经济合作区发展规划与前景

瑞丽—跨境经济合作区有很好的发展前景。首先，瑞丽拥有独特的区位优势。瑞丽处于中国经济圈、南亚经济圈和东盟经济圈的交汇点，向南可直达缅甸皎漂、仰光及孟加拉湾，是我国向东南亚、南亚等印度洋沿岸国家开放的重要门户，瑞丽—木姐跨境经济合作区建成之后辐射范围最广。其次，通过瑞丽进入缅甸腊戍经曼德勒再到皎漂港口，便可直接到达印度洋，这是我国经缅甸直达印度洋最便捷、最经济的陆上通道，这条通道可以有效地破解“马六甲困局”，符合陆水联运大通道建设的要求。最后，瑞丽市人口密集，与缅甸接壤的部分是缅甸的重要经济带。瑞丽姐告距史迪威公路只有8米的距离，距缅甸木姐中心区域仅有500米。

瑞丽—木姐跨境经济合作区中方区域的规划面积为64.29平方千米，区域内包含1个核心片区、3个配套片区和1个拓展片区，即“1+3+1”5个片区。其中核心片区是姐告国际商务核心区，占地面积为12.24平方千米；3个配套片区分别为畹町国际产业合作区，占地16.55平方千米，芒令国际港务区，占地14平方千米，环山进出口装备制造区，占地10.55平方千米；拓展片区即弄岛产业拓展区，占地10.85平方千米。其中与缅甸陆地相连的有3个片区，分别是姐告国际商务核心区、畹町国际产业合作区、弄岛产业拓展区。这5个片区的建设和规划以瑞丽—木姐跨境经济合作区为中心，具体功能如表5-4所示。

表5-4 “1+3+1”5个片区功能及作用

姐告国际商务核心区	人流的主要通道。主要发展现代服务业，包括跨境金融、跨境旅游服务、国际贸易、总部经济、免税购物、珠宝文化等，打造国际化商务环境，建立国际贸易与产业服务平台
畹町国际产业合作区	依托芒满货运通道，利用原产地政策和缅方劳动力成本低的优势，与缅方建立产业链上下游分工合作关系，重点发展汽车、机械、纺织服装、生物医药、建材、日用品、食品加工等制造业，以及农产品、海产品的商贸物流业
国际进出口加工区	重点发展摩托车及零部件制造、红木加工、电子信息、农用机械、日用品加工等原材料进口或者产品出口的相关制造业
芒令国际港务区	综合保税区申报
弄岛产业拓展区	以牛羊进口为重点

资料来源：德宏州商务局网站，http://www.dh.gov.cn/swj/web/。

除上述5个片区之外，在瑞丽—木姐跨境经济合作区中方区域的规划中还叠加了5个功能区，即进出口加工区、国际商贸旅游服务区、国际物流仓储区、“一江两国”旅游区和姐告边境经济合作区，与缅甸的城市形成联动和互动。瑞丽—木姐跨境经济合作区形成了国际商贸、国际金融服务、国际仓储物流、进出口加工制造、珠宝玉石、红木家具制造、旅游文化和特色农业8大产业，并建设重点产业园项目，通过产业的集聚效应，让瑞丽的汽车、电视、摩托、手机、珠宝、红木等面向国际，打造沿边贸易核心区。

瑞丽积极完善交通基础设施建设，从航空、公路、铁路以及口岸4个方面来进行对外交通的总体规划（见表5-5）。加强互联互通建设，对外依托芒市机场、龙瑞高速、瑞陇高速、大瑞铁路、中缅跨境铁路等，打造“一小时客运圈”和“两小时货运圈”，同时构建3级路网结构，建设4条轨道交通，发挥区域交通辐射能力，增强地区的可到达性，大力发展多式联运，将瑞丽建成中缅印交通枢纽城市、国际边境综合交通枢纽。

表5－5　对外交通规划

航空	将芒市机场定位为口岸机场
公路	规划建设龙瑞高速、瑞陇高速，对 G320、S321、S233 进行升级改造
铁路	规划建设大瑞铁路、环州铁路
口岸	客运口岸：瑞丽姐告、瑞丽弄岛、畹町九谷桥 货运口岸：瑞丽弄岛、畹町芒满 铁路口岸：瑞丽芒令

瑞丽市目前有瑞丽和畹町2个国家级口岸，下一步的规划目标就是提升口岸经济价值，以口岸带动片区发展，在口岸附近建立产业园区，同时把部分区域升级为保税区等海关特殊管理的区域。瑞丽口岸规划如表5－6所示。

表5－6　口岸经济空间布局规划

口岸	周边配套园区	口岸/通道主要功能
姐告口岸	姐告边境贸易区	口岸服务业、综合保税、商务商贸、国际金融、酒店会展
芒令口岸	国际物流园区、保税物流园区	仓储、加工、物流配送
弄岛口岸	进出口加工、物流园区＋保税区	进出口加工、仓储物流、特色农业
畹町口岸	进出口加工园区＋综合保税区（芒满通道） 畹町边关文化旅游片区（九州桥通道）	商务商贸、旅游业、休闲娱乐

三、边境贸易

瑞丽市位于我国西南边境，毗邻缅甸，且有瑞丽和畹町2个国家级一类口岸，是中缅两国贸易的“中转站”和“集散地”。2000年，国务院正式批准设立实行“境内关外”特殊监管模式的姐告边境贸易区，在该贸易区内可开展一般贸易、加工贸易、转口贸易、过境贸易、边民互市和国际经济技术合作。由于中国西南与缅甸接壤，中缅之间交通便利，且中国产品丰富，缅甸工业原料价格便宜，自2010年起，中国成为缅甸第一大贸易国。长期以来，瑞丽市口岸贸易占云南省全省对缅甸贸易总额的64%以上，占全国对缅甸贸易总额的26%左右。对于缅甸来讲，木姐地区对中国进出口额占整个缅甸陆地进出口总额的50%，占全缅边境贸易的75%。由此可见，瑞丽—木姐跨境经济合作区的贸易基础很扎实（见表5－7）。

边境贸易是中缅双方贸易往来的重要组成部分，也是瑞丽主要的贸易形式，瑞丽的边境贸易额可占到总贸易额的90%以上。① 从表5－7可以看出，在边境贸易

① 资料来源：《云南商务年鉴》。

中，瑞丽边境贸易出口额远远大于边境贸易进口额，一直维持着贸易顺差的状态，并且贸易顺差额逐年攀升。长此以往，缅甸的贸易逆差会降低缅甸国内消费力水平，进而使中缅双方的贸易摩擦不断加剧，不利于中缅边境贸易合作。

表 5－7　2011—2015 年瑞丽市边境贸易情况　（单位：亿元）

年份	边境贸易总额	边境贸易进口额	边境贸易出口额
2011	78.1	21.6	56.5
2012	88	26	62
2013	120.16	46.28	73.88
2014	114.28	29.56	84.72
2015	80.86	17.88	62.99

资料来源：《云南商务年鉴》。

注：部分数据仅取小数点后两位。

从瑞丽市边境贸易商品的结构来看，瑞丽的进口商品以工业原料、农副产品为主，如矿产品（玉石、树化石、其他金属沙）、木材、藤条、水产品、农产品（大米、玉米）、各种水果、中药材等。而瑞丽的出口商品以工业制成品为主，如手机、摩托车、货运机动车辆、机械设备配件、汽车及零件、拖拉机及配件、温带水果（苹果和梨）、纺织品、药品及医药类等。

瑞丽边境贸易中也存在一些问题。一方面，由于缅甸加强了对资源性产品出口的控制，瑞丽资源性产品进口减少，从表 5－7 中可以看到瑞丽边境贸易进口额从 2013 年开始有所下降。另一方面，农产品是缅甸的主要出口商品，但是我国对进口大米、玉米实施严格的配额管理，边境每年的粮食进口配额极低，在无配额的情况下，通过陆路运输进口的大米税率较高，成为进口缅甸粮食的主要障碍。此外，瑞丽边境贸易出口的产品大部分源于省外，本地企业生产的工业制成品较少，侧面反映了瑞丽边境产业基础薄弱。

（一）口岸建设情况

瑞丽口岸是国家级一类口岸，与缅甸国家级口岸木姐对应开放。多年来，瑞丽已经形成了以瑞丽口岸为核心枢纽的“中国—缅甸—孟加拉国—印度”货物通道、资源通道、人员通道、信息通道。

表 5－8 给出了 2011—2017 年瑞丽和畹町 2 个口岸的贸易情况。可以看到，近几年来口岸贸易交易额、口岸贸易规模呈扩大趋势；口岸的进出口货物量也在持续攀升；口岸出入境人流量和车流量均保持上涨趋势，但幅度较口岸货运量增长幅度较小。由图 5－1 可知，瑞丽市口岸贸易总额在 2012—2014 年，增长的幅度不断加

大；2015 年，口岸贸易增长势头减弱，但 2015 年后总体仍然保持上涨趋势。

表 5－8　2011—2017 年瑞丽口岸、畹町口岸贸易情况

年份	贸易总额（亿元）	进出口货运量（万吨）	出入境人流量（万人次）	出入境车流量（万辆次）
2011	112.77	147	1109	254
2012	130.98	158	1323	280
2013	189.95	204	1534	327
2014	292.83	364	1780	389
2015	282.89	431	1797	393
2016	304.30	503.41	1780.53	474.65
2017	433.00	930	2048.02	479

资料来源：《云南商务年鉴》，2017 年数据来自瑞丽市门户网（http：//www.ruili.gov.cn/）。

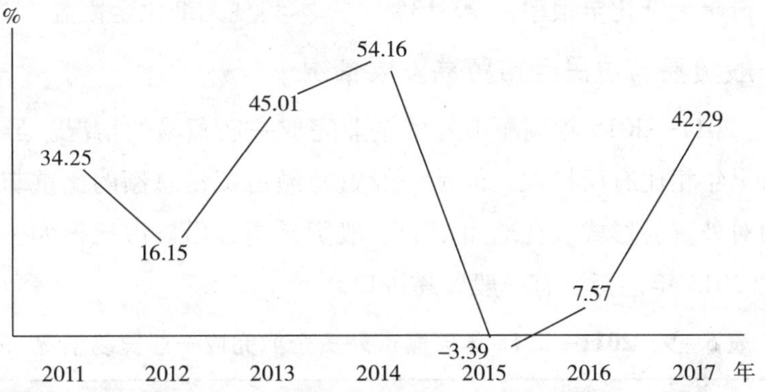

图 5－1　2011—2017 年瑞丽口岸、畹町口岸贸易总额同比增长率

相关部门提供的资料显示，2017 年瑞丽口岸和畹町口岸的出入境人流量达到 2048.02 万人次，日均人流量达 5.61 万人次、日均车流量达 1.31 万辆次、日均货运量达 2.55 万吨。这使得原有口岸的规模不能完全满足如今人员、车辆、货物出入境的需求。此外，口岸基础设施因年久而老化且智能化程度不高，配套设施建设不够完整，现场查验设施现代化程度低，查验快速检测等设备缺乏，联检部门人员编制不足等都对口岸通关效率产生了不利影响。另外，瑞丽和畹町口岸是人、货、车均可通过的口岸，因而流量巨大，且车辆均经过市区，为此瑞丽开通了第四通道——姐告江滨路人员通道来分流过境人员，畹町开辟了芒满—木姐贺弄通道分流货车，但目前中缅双方在国家层面还未正式协商对开的相关事宜。

为了使瑞丽口岸更好地服务于中缅边境贸易的发展，近年来瑞丽方面不断进行基础设施的完善以及口岸管理机制的创新。在基础设施完善方面，瑞丽口岸联检中心非货运通道改造完善工程已经基本完工，姐告滨江边民出入境通道项目的前期工作完成。此外，还完善了电子通关系统，启用了自助通关服务系统，协调了中缅边境公路运输工具管理系统等。一系列有利于口岸运行的工作，极大地促进了人员、车辆、货物的流动。在口岸管理机制创新方面，瑞丽海关实行了“双随机、一公开”①“压缩货物通关时间三分之一”② 等举措。2014 年，瑞丽海关业务现场正式开始了通关无纸化改革。实现通关无纸化后，相关企业可以实现自由申报，不再受海关工作时间与工作地点的限制，大大缩短了排队等候的时间。通关无纸化改革不仅方便了进出口企业，还提高了海关部门的工作效率。2014 年实施区域通关无纸化以来，瑞丽海关无纸化的申报率达到了 93.41%。2017 年 7 月起，瑞丽口岸开始了全国通关一体化改革，对缅贸易的企业不必局限在中缅边境海关进行申报，统一的标准使企业可以根据自身需求在全国范围内任一海关进行申报。实行全国通关一体化改革后，瑞丽口岸无纸化申报率占 99.13%，基本实现无纸化全覆盖。

（二）一般贸易与边民互市贸易发展情况

表 5 - 9 是 2011—2015 年瑞丽市外贸企业完成一般贸易的情况。虽然瑞丽市一般贸易规模与早年相比有所扩大，但是一般贸易额占贸易总额的比重却很小，并不是瑞丽主要的对外贸易形式。在瑞丽市的一般贸易中，出口占比很大，进口占比很小，2012 年和 2013 年甚至没有一般贸易进口。

表 5 - 9　2011—2015 年瑞丽市外贸企业完成一般贸易情况（单位：亿元）

年份	进出口总额	进口总额	出口总额
2011	6.4	0.08	6.27
2012	6.0	0	6.0
2013	12.57	0	12.57
2014	39.35	4.52	34.83
2015	19.92	3.72	16.2

资料来源：《云南商务年鉴》。

注：部分数据仅取小数点后两位。

根据海关总署对边境贸易的政策的解读，我国目前边境贸易由“边民互市贸易”和“边境小额贸易”2 种形式构成。边民互市贸易，即边境地区边民在边境线 20 千米以内、经政府批准的开放点或指定的集市上，在不超过规定的金额或数量范

① 随机选择布控、随机派员查验，及时公布查验结果。

② 为全面推进改革，简化通关流程，深化海关“放管服”改革，瑞丽海关改进作业质量，提高作业效率，精准解决通关耗时超长问题，实现“压缩货物通关时间三分之一”的工作目标。

围内进行的商品交换活动。

瑞丽边民互市贸易的开展严格按照《边民互市贸易管理办法》和《中华人民共和国昆明海关边民互市贸易管理规程》，不允许第三国产品进入边民互市渠道进行交易，只有人、证、货相统一时，才能办理货物进出口的相关手续。瑞丽边民互市贸易的手续并不烦琐，“一次申报、一次查验、一次放行”，大大节约了边民的时间与精力。与此同时，边民互市贸易有一些其他贸易没有的优惠政策，如通过边民互市贸易进出口的商品每人每日在价值人民币8000元以下的可以免征进口关税和进口环节税，可以让边境人民享受到实惠与便利。

2015年，瑞丽市边民互市贸易进出口总额14.76亿元，同比增长21.2%。其中，边民互市贸易进口额为8.35亿元，同比增长20.41%；边民互市贸易出口额为6.41亿元，同比增长22.23%。2016年，瑞丽市完成边民互市贸易进出口交易额13.02亿元，同比下降11.74%。其中，边民互市贸易进口额为7.07亿元，同比下降15.32%；边民互市贸易出口额为5.95亿元，同比下降7.07%。2017年，瑞丽市完成边民互市贸易进出口交易额23.48亿元。2018年上半年，瑞丽口岸边民互市贸易进出口货物38.99万吨，总值13.14亿元，分别增长47.79%、97.29%。

2015年—2018年上半年，瑞丽边民互市贸易越来越活跃，边民互市贸易总额不断上涨，有利于增加瑞丽居民收入，提高瑞丽居民的生活水平。边民互市贸易中，主要进口商品为干杂鱼、甘蔗、绿豆、腰果和虾壳等，主要出口商品为鞋、层板、服装、苹果和食品等。

四、跨境金融和国际结算

随着瑞丽—木姐跨境经济合作区建设的不断推进，以及姐告边境贸易区和瑞丽重点开发开放试验区的深度发展，中缅双方在经济方面的联系日益密切，中缅双方对彼此货币的兑换、结算需求不断增大。

（一）跨境金融和国际结算发展概况

中缅边境目前有现金结算、第三方银行结算和对开账户结算等方式。现金结算之前在中缅边境应用比较广泛，边境旅游、边民互市大多使用现金进行结算，但由于电子支付的普及以及对现金的出入境限额管理，目前这种结算方式的使用有所减少。部分企业通过香港、美国等地提供结算业务的第三方银行进行结算，但这种方式成本较高、效率较低，也不是双方进行结算的首选方式。

边境贸易占瑞丽对外贸易的90%以上，是瑞丽对外贸易的主要形式。边境贸易具有交易频繁、金额较小等特点，故而交易灵活、方便的边境“地摊银行”应运而生，其交易的便利性，极大地满足了中缅双方的贸易结算需求。同时，在中缅边境金融服务水平较低、市场监管无法面面俱到的情况下，也有部分“地下钱庄”存在。虽然“地下钱庄”也能够解决一部分中缅双方的结算问题，但是这些“地下钱庄”不受监管，易滋生违法行为，因此必须要有正规的金融机构来提供中缅双方边境结算等服务。

为了迎合中缅贸易规模不断扩大的态势，满足中缅双方不断增长的跨境结算需求，加强中缅边境金融市场的规范化，推进瑞丽—木姐跨境经济合作区的建设，德宏州和瑞丽市对中缅边境金融服务进行不断的创新与完善。2009 年，中国建设银行瑞丽市支行与缅甸经济银行签订了开立人民币代理结算协议、边贸结算网上银行协议和人民币结算账户协议。2014 年，中国在瑞丽及缅甸木姐设了 3 个服务点，可在瑞丽和木姐使用银联卡刷卡结算，实现了个人跨境现金支付。德宏州申请成为“民营金融创新试点先行州”，并成立州小额贷款行业协会。瑞丽享受全国特许机构人民币与缅元经常项目兑换的试点政策。瑞丽大通、瑞丽台丽、云南亚盟和天津渤海汇通 4 家企业成立了立瑞丽中缅货币兑换中心，开展经常项目下人民币与缅元兑换和个人项目下人民币与其他挂牌币种的兑换业务，并且发布“瑞丽指数”，促使瑞丽成为中国首个挂牌交易缅元的城市，实现缅甸境内人民币跨境支付和中缅银行之间电子直汇。政府与银联云南分公司，云南惟诚银通公司、银联国际东南亚代表处将跨境结算与互联网创新结合，已共同签署协议，启动“跨境结算 · 互联网 +”战略合作。目前云南银联、惟诚银通已经在姐告注册公司，并与缅方相关银行合作，成功发行了人民币与缅元双币种信用卡。姐告被列为全国刷卡无障碍示范区，率先实行刷卡消费 26 元手续费封顶的优惠政策。2016 年，瑞丽市跨境人民币结算突破 150 亿元，连续多年位居全省第一；姐告刷卡无障碍示范区刷卡量突破 2.5 亿元。[①] 2017 年，中缅银行间资金结算实现即日到账，结算渠道取得历史性突破。

（二）跨境金融和国际结算存在的问题

第一，跨境金融服务水平较低。近年来瑞丽边境贸易规模迅速扩大，但跨境金融服务水平没有相应提升，二者之间出现了不均衡的现象。边境正规金融机构内部缺乏离岸金融业务人才，也缺少金融创新产品，无法完全满足中缅跨境金融需求。因此，吸引金融人才和进行金融服务创新以提高金融服务水平、满足中缅边境经济合作的需求十分必要。

---

① 根据调研时地方政府提供资料整理。

第二，瑞丽边境存在较多非正规金融机构，对市场产生干扰。“地摊银行”和“地下钱庄”等非正规金融机构的存在，使得对部分非法资金的流动监管困难，这会对人民币和缅元之间的供求产生影响，使人民币和缅元的汇率波动较大。这些民间的货币兑换存在较大的风险，可采取降低市场准入门槛、给予适当补贴、集中监管等措施使民间货币兑换和结算机构更加规范化、合法化。

第三，跨境金融合作力度不够。虽然德宏州和瑞丽市在努力推进中缅双方金融合作，但要促进中缅跨境金融与结算的发展还需要缅甸的配合。目前，首先，缅甸银行高管频繁更换，不利于构建沟通联系渠道，并且缅甸对于跨境结算、货币兑换等与中国合作的项目一直没有明确表态，导致金融领域的合作无法深入。其次，由于目前中国和缅甸没有签署货币关系，中缅的边贸结算主要通过其他方式进行。运用美元、欧元进行中缅跨境结算可能会面临缅甸相关政策风险，还需要支付国际清算的相关费用，承担币种折算后的汇率损失。这与民间兑换及银行人民币跨境结算两种模式相比成本较高，尤其是与民间兑换相比，成本差距更大。最后，我国相关外汇管理政策对特许兑换行业务管理严格，也不利于跨境经济合作区内处于步阶段的总换企业。双方亟待加强合作，推动金融服务平台建设。

五、边境产业园区

瑞丽边境产业园区依据当地产业的特点，制定了适合当地产业发展的政策，以促进瑞丽市产业发展升级，推动瑞丽—木姐跨境经济合作区建设，服务地方经济。

（一）边境产业园区概况

瑞丽—木姐跨境经济合作区在推进过程中，在口岸周边规划了符合其功能定位的配套边境产业园区，边境产业园区的种类涵盖了加工制造、特色农业、旅游、物流等方面。

中缅边境产业园区的建设与推动对瑞丽—木姐跨境经济合作区的形成发展有着战略意义。首先，中缅边境产业基础薄弱，瑞丽主要进口资源型和原料型产品，出口的产品大部分是省外产品。而中缅边境产业园区的推进有利于调整瑞丽市产业结构，培育其支柱产业，开辟新的经济增长点。其次，瑞丽边境产业园区能够使中缅境内的资源聚集，进而形成规模效应和产业集聚效应，加快瑞丽汽车、电视、摩托车、手机、珠宝、红木等产业发展。再次，通过边境产业园吸引企业入驻，有利于解决边境居民的就业问题，提高边民的生活水平。最后，若中方产业园区发展良好，便于未来与缅甸产业园区实现整体产业合作。通过园区之间的合作，可促进中缅双方贸易和投资规模扩大，加深双方产业合作。

目前，中缅边境产业园区的重点建设项目有瑞丽工业园区、国际物流园区、畹町国际进出口生物产业园和弄岛农畜产品加工产业园区等。2017 年，政府投资 7.8 亿元推进瑞丽工业园区进出口加工制造基地、畹町国际进出口生物产业园、北汽配套产业园、弄岛农畜产品加工产业园区基础设施建设，建成标准厂房 4.7 万平方米，各大园区均具备了项目落地的基本条件。

瑞丽工业园区可以优化瑞丽的资源配置，吸引相关产业聚集，产生规模效应，弥补瑞丽工业基础较为薄弱这一短板，促进中缅边境的工业发展。此外，贸易与工业相辅相成，工业的发展，对边境贸易也有促进作用。瑞丽工业园区内的主要产业为摩托车制造、机械电子及零配件制造等。瑞丽工业园区规划面积 35.15 平方千米，其进出口加工制造基地面积占工业园区总面积的一半以上。目前，园区内共建成标准厂房 8 栋，占地面积为 4.71 万平方米，厂房已经全部租赁给企业使用；建成食堂 2 栋、员工宿舍 6 栋、公寓 2 栋等配套设施。现有 2 家太阳能光伏发电企业入驻园区，利用标准厂房屋顶进行光伏发电。园区周围交通设施也在不断完善，目前共建设道路 7 条，总长 10.89 千米，路网基本成型。水、电主管网建设已覆盖整个工业园区，天然气瑞丽门站已验收并投入使用，园区用水、用电、用气、网络通信等均能满足企业入园的需求。

2016 年 3 月，瑞丽市启动畹町国际进出口生物产业园项目，规划占地面积 4195.05 亩，目标是要打造现代化绿色产业园区。园区内以生物制药、食品加工及其配套产业、信息与科技服务业为主要产业。该园区能够有效发挥瑞丽的资源优势，形成中缅边境的特色产业。

根据《农业部、商务部、海关总署、质检总局关于支持云南省在边境地区开展跨境动物疫病区域化管理试点工作的函》（农医函〔2017〕1 号），瑞丽口岸弄岛通道被指定为进出口屠宰肉牛通道。瑞丽方面充分贯彻文件的精神，有序推进弄岛拓展区项目的建设。弄岛农畜产品加工产业园区土地开发建设项目规划面积为 1828.92 亩，总投资约 6.9 亿元。该项目分两期建设，先对一期进行开发建设，其中包含 4 条道路建设、场地平整、河道、给排水工程、再生水工程、桥涵工程、道路交通标志线、绿化照明工程等配套设施，总投资约为 2.7 亿元，项目备案主体为瑞丽市瑞源丰投资开发有限公司，由印度洋建设有限公司负责项目开发工作。园区建设于 2017 年 7 月开工。

表5-10 中缅边境产业园区重点项目招商概况

重点项目	招商、项目情况
瑞丽工业园区	进出口加工制造基地二期开发建设项目、进出口加工制造基地HG6号路东片区土地开发整理项目、银翔摩托产业园综合开发项目、福田汽车组装生产项目、雅戈尔瑞丽服装产业园项目
畹町国际进出口生物产业园	瑞丽修正健康产业园项目、畹町民鑫制药有限公司、缅甸欧亚食品加工园项目、瑞丽市飞鼎食品有限公司、瑞丽市锦川食品加工厂、瑞丽市林宇农业科技开发有限公司、德宏州瑞丽市云山云水食品有限公司、云南磨浆农业有限公司
弄岛农畜产品加工产业园区	瑞丽市鹏和农业食品发展有限公司、瑞丽市利多坤食品有限公司、瑞丽市穆宏达商贸有限公司、河南宝融生物科技有限公司

资料来源：瑞丽市政府。

（二）边境产业园区存在的问题

一方面，产业园区的基础设施还需进一步完善。目前，大部分产业园区的污水处理厂并未建成，园区内土地平整工作尚未完成，交通设施也存在一定程度的老化。这些问题对产业园区的建设与发展是至关重要的。园区配套基础设施关系到园区的招商引资。故需要加大对基础设施的资金投入，对园区基础设施进行进一步完善，以满足园区内企业的发展需求，吸引更多企业入驻。

另一方面，产业园区在招商引资方面还有所欠缺。从目前产业园区招商的情况来看，入驻企业普遍知名度较小、实力较弱且多为当地和本省企业，缺乏资金充裕、品牌影响力较大、研发创新能力强的企业入驻边境产业园区。故在边境产业园区招商引资时，可以由政府出台相关的优惠、补贴政策，吸引具有实力的企业入驻园区建厂，带动相关产业的发展壮大。

六、跨境旅游

瑞丽地处中缅两国边境，风光旖旎且具有鲜明的民族特色，旅游资源丰富。随着瑞丽—木姐跨境经济合作区的推进，中缅跨境旅游也得到了良好的发展。

（一）跨境旅游发展概况

云南瑞丽地处我国西南边疆，与缅甸接壤，拥有2个国家级口岸，瑞丽口岸与缅甸木姐口岸相连，是中国游客入缅观光的便捷通道，加上当地特有的少数民族风情，使得瑞丽具有独特的旅游区位优势，成为中国首批优秀旅游城市（见表5-11）。瑞丽跨境旅游的发展，在很大程度上带动了瑞丽边境地区的经济发展，推动了边境地区的产业结构调整和优化。

表 5 - 11　瑞丽旅游区位优势

地缘优势	瑞丽西北、西南、东南三面与缅甸山水相连、村寨相望。
特殊的地理景观	“一桥两国”“一街两国”“一寨两国”“一院两国”“一岛两国”等
交通条件便利	瑞木、瑞南、瑞八和畹九 4 条跨境公路，杭瑞高速公路、泛亚铁路和滇缅公路，芒市机场等
民族特色浓厚	傣族文化的发祥地和景颇族的主要聚居区，“中国傣族、景颇族文化的摇篮”

中缅两国山水相连、村寨相依，形成了“一坝、两国、三省（邦）①、四城②”以及“一寨两国”的独特自然景观。

瑞丽的交通设施比较完善。瑞丽既是 320 国道和杭瑞高速公路的终点，又是泛亚铁路、滇缅公路以及中缅陆水联运等出入境通道的结合点。目前有 4 条跨境公路与缅甸相通，中缅铁路等铁路交通网络正在规划建设当中，芒市机场距离瑞丽和缅甸边境较近，可吸引更多游客，为中缅跨境旅游提供便利。

瑞丽文化旅游资源丰富。中缅边境生活着十几个少数民族，这些边民同根同源、语言相通、风俗类似，多元民族文化相互融合，形成了特有的民族风情，加之缅甸的热带风景及小乘佛教文化等异国风情对国内游客有着强大的吸引力，瑞丽发展跨境旅游因此具有深厚的文化优势。

瑞丽拥有 1 个 4A 级旅游风景区、4 个 3A 级旅游风景区、2 个 2A 级旅游风景区；旅游星级饭店 31 家，其中五星级 1 家、四星级 1 家、三星级 25 家、二星级 4 家；旅行社 17 家（其中包含 6 家分支机构）；旅游餐馆 6 家；旅游车队 2 家（其中旅游大巴 37 辆、轿车 20 辆）；获得国导资格证导游 91 人，直接旅游从业人员近万人；旅游相关企业 63 家。

瑞丽得天独厚的地缘条件、发达的交通网络、独特的边境民族文化以及丰富的旅游资源均有利于中缅跨境旅游合作的展开。

瑞丽边境旅游的发展历程大概经历了“火热—冷清—火爆”3 个阶段。早在 1993 年，国家旅游局就正式批准了瑞丽中缅边境旅游活动，其中有 3 条旅游路线：畹町市至腊戍三日游、瑞丽市至八莫三日游和瑞丽市至曼德勒六日游。中国游客在办理边境旅游出入境证件后，可在缅甸境内旅游。但由于边境地区赌场数量较多以及中国边境禁赌政策的实施，2005 年云南省外公民边境旅游办证服务被暂停，中缅边境旅游相关路线的异地办证服务也被叫停。据不完全统计，1993—2005 年中缅边

① 三省（邦）是指中国的云南省，缅甸的掸邦和克钦邦。

② 四城是指中国的瑞丽市和缅甸的木姐市、南坎市、九谷市。

境开放的13年间，通过瑞丽姐告、畹町和弄岛等口岸和通道进行边境旅游的游客人数达1000万人次。随后经过多方的努力与呼吁，2013年12月16日，瑞丽市政府在姐告口岸国门举行中缅边境旅游启动仪式。至此，停办8年的中缅边境旅游终于开放。但因缅甸的相关政策，目前仅有瑞丽—木姐（南坎）一日游这一条线路可供游客选择。受缅北地区政治局势影响，2016年11月，中国再次暂停了瑞丽—木姐一日游路线，直至2017年7月10日才限制地恢复了瑞丽至木姐市区及其周边景点的一日游活动，游客不能前往缅甸南坎及其他地区。

参加中缅边境旅游的游客主要来自四川、贵州、云南等临近省份，占到游客总人数的90%。表5-12给出了2013年中缅边境旅游恢复后，参加瑞丽—木姐一日游的游客数量。2013年12月16日至2016年8月31日，中国公民出境缅甸木姐（南坎）参加一日游的人数为84688人次，日平均参游人数仅为40余人次。而在2017年7月10日至2018年4月9日这9个月间，中国公民赴缅甸木姐参加一日游的游客数量达38251人次，日均142人次。与之前相比，日均游客人数上升，是此前的3.55倍。

表5-12 瑞丽—木姐一日游开放期间游客数 （单位：人次）

日期	游客总数	日均游客数
2013年12月16日—2016年8月31日	84688	40
2017年7月10日—2018年4月9日	38251	142

资料来源：瑞丽市旅游局。

图5-2是2011—2017年瑞丽市旅游总收入。可以得知，2011—2015年，瑞丽旅游总收入稳步提升，但增幅较小，2015年以后，旅游收入大幅攀升。瑞丽旅游业的蓬勃发展为中缅边境旅游合作提供了良好的产业基础。

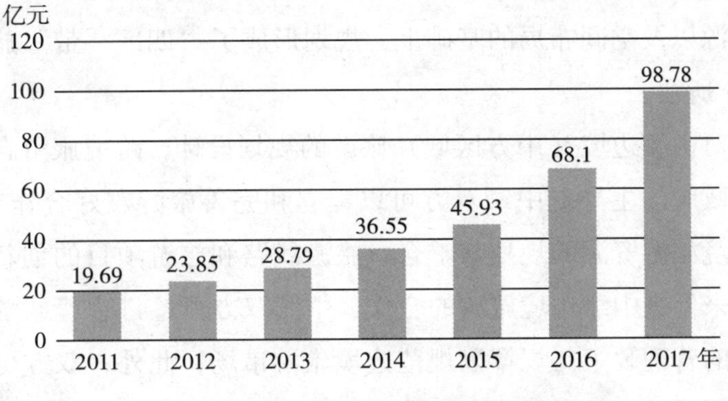

图5-2 2011—2017年瑞丽市旅游总收入

资料来源：历年瑞丽市统计年鉴。

（二）跨境旅游存在的问题

中缅跨境旅游合作不单是中国的事，它涉及中缅两国双边事务。虽然中国一直以来通过各种努力促进中缅跨境旅游的发展，但受到缅甸国内政治等方面的影响，中缅跨境旅游合作中仍存在一些问题。

首先，由于各种因素的影响，缅甸政府暂时并不认可中方以异地办证方式在口岸签发的出入境通行证。缅甸木姐口岸属于非国际口岸，不能办理护照出入境的相关手续。游客需要在缅甸大使馆办理签证后再由旅行社将相关证件带到缅甸国防部、饭店与旅游部办理相关出入境手续，整个过程大约需要一周的时间。出入境手续办理复杂影响了瑞丽跨境游、纵深游的发展。

其次，瑞丽跨境旅游产品较为单一，对游客的吸引力不够，缺乏市场竞争力。目前仅有“瑞丽至缅甸木姐（南坎）边境一日游”这一种旅游产品，仍然以观光和购物为主，游客无法深入感受边境游的独特性，而此前的“三日游”“六日游”路线还尚未恢复。缅甸木姐、南坎地区的道路交通、宾馆酒店、餐饮、购物、娱乐等旅游基础设施老化，旅游公共服务质量较低，也影响着中缅边境的旅游合作。

最后，缅甸中央政府与地方民族武装的博弈与斗争持续不断，给瑞丽跨境旅游带来诸多不确定因素，致使旅客人身安全保障较差。出于安全因素的考虑，我国禁止瑞丽口岸出境的自驾纵深游。瑞丽周边的缅甸境内还存在赌场，对瑞丽跨境旅游合作产生了消极影响。

（三）跨境旅游的深化

无论是从中缅边境旅游的历史来看，还是从瑞丽边境旅游区位优势的角度出发，瑞丽开展中缅边境旅游是必然的趋势。瑞丽的发展定位是建设成以跨境旅游为特色，面向东南亚、南亚的旅游集散地与目的地，云南旅游对外开放的“桥头堡”。瑞丽在原有旅游资源以及空间布局的基础上，规划形成了“四区一带”旅游产业空间布局，如图5-3所示。

除了瑞丽对中缅边境（中方区域）旅游的规划设计，跨境旅游合作的发展还需依靠中缅双方政府的主导。中缅双方可以建立和完善旅游友好合作交流会晤机制，通过双方对边境旅游资源的规划与整合、旅游线路和旅游项目的创新、旅游基础设施建设的完善来促进中缅边境旅游的合作。中缅双方可签订边境旅游合作的相关协定，出台相关的管理政策与规章以规范边境旅游市场。此外，双方可以简化游客口岸出入境旅游所需的相关手续，便于游客出境。

中缅边境旅游起步较早，这一历史渊源也使得中缅边境旅游合作不断深化。近

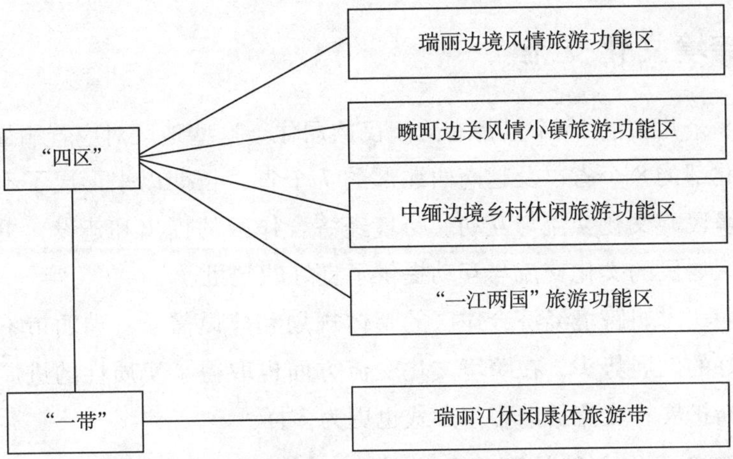

图5-3 瑞丽旅游产业空间布局

资料来源：瑞丽市姐告边境贸易区管理委员会。

年来，瑞丽抓住"一带一路"、孟中印缅经济走廊建设等机遇，不断推动中缅边境旅游经济合作。2017年5月16日，习近平在"一带一路"国际合作高峰论坛上会见缅甸国务资政昂山素季时强调，"继续深化旅游、文化、媒体交流合作，夯实中缅友好民意支撑，作为中缅边境的瑞丽再次迎来重大发展机遇"。同年9月，《瑞丽全域旅游发展规划》《瑞丽江旅游基础设施专项规划》《瑞丽市中医药健康旅游发展规划》编制完成，《云南省德宏州瑞丽边境旅游试验区建设实施方案》在征求多方意见后进行修改。云南省积极申报瑞丽边境旅游试验区，为建设中缅跨境旅游合作区打下坚实的基础。

与此同时，中方积极建设中缅边境旅游项目及基础设施。例如，"一寨两国"二期工程，喊沙旅游特色村提升改造工作，姐告中缅街等6座省补资金旅游厕所，芒令、大等喊、姐相旺3个民族特色旅游村寨建设等，并采取PPP模式计划引进企业资金全力推进全域旅游项目建设工作。瑞丽市围绕旅游线路开发、旅游宣传促销、出入境便利化、市场管理等方面不断努力，先后成功举办了中缅边境旅游交流合作研讨会、云南航空旅游市场（德宏）推介会、"中缅旅游月"等系列活动。此外，连续16年举办的中缅胞波狂欢节、中缅边境经济贸易交易会已成为较有影响力的中缅边境旅品牌。瑞丽市精心策划组织旅游宣传活动，举办了目瑙纵歌节、泼水节、中华一家亲德宏行、中国光彩事业德宏行等重大节庆活动。利用互联网自媒体等相关推宣渠道，开通"瑞丽旅游"微信公众号，推动"瑞丽旅游网"的申请和实名认证工作。

七、跨境文化交流

云南省8个州市的25个县都有跨境民族居住。这些地区对应着缅甸的掸邦和克钦邦、老挝北部的8个省以及越南西北部的7个省，长期以来形成了不同程度和不同形式的跨境民族文化交流与互动。跨境经济合作区的提出和建设，更是为跨境民族和边境地区居民的文化交流与互动提供了良好的契机。

依托瑞丽—木姐跨境经济合作区的整体规划和建设需求，瑞丽市不仅在经济层面出现了良好的发展势头，在跨境文化交流方面也取得了实质性的进展，交流的平台与渠道不断扩展，交流的内容与方式也更为多样。

（一）跨境文化交流的形式和主体

中缅两国山水相连，同一民族跨境而居，同根同源，同语同俗，文化交流源远流长。而瑞丽市，特别是瑞丽国家重点开发开放试验区核心区位于云南西部，三面与缅甸接壤，形成了两国边民“同赶一条街、同饮一井水”的独特地理景观。在“请进来，走出去”的对外文化交流原则指导下，瑞丽及其周边地区对外开展了多种形式和多个层次的文化交流活动，增进了两国间的理解和包容，丰富了边境地区两国人民的文化生活，也极大地提升了瑞丽市的国际影响力。

瑞丽跨境文化交流既有民间自发的，也有政府组织的。民间的文化交流虽然源远流长，但是规模小、形式较为单一、地点分散，影响力也相对有限。而政府牵头组织的各类交流活动往往规模大、形式多样、内容丰富，影响力和辐射范围远远超过民间文化交流。此外，政府牵头的文化活动，以优秀的本土民族文化产品为载体，将对外文化交流与宣传跨境经济合作相结合，拓展了文化交流的平台和渠道。

从跨境文化交流的主体来看，主要有4类跨境文化交流形式。

1. 政府联谊文化交流

瑞丽市有关政府部门采取“请进来”和“走出去”相结合的方式，邀请缅甸地方官员和边民代表到瑞丽参观访问或应邀到缅甸参观访问，参加各种文化节、艺术节、民族节日和体育赛事等。瑞丽市委、市政府每年都要邀请缅甸木姐、南坎、九谷、腊戍、八莫、曼德勒甚至仰光的大批官员和边民到瑞丽参加泼水节、目瑙纵歌节活动；同时，派出由政府官员组成的代表团或艺术团，到缅甸首都，大中城市及曼德勒、密支那、八莫、腊戍、木姐、南坎等边境城市参加缅甸的民族节日活动，如独立日、联邦节、民族节、抗日节、泼水节、点灯节、糯糊节活动等。[①] 瑞丽市文体广电局近年来先后组织的“中缅民族服饰大赛”“中缅书画艺术交流展”“中缅风情大巡游”“中缅孔雀舞大赛”“中缅果雕作品展”“中缅民间绘画培训班”等一系列活动，已经成为瑞丽最具国际影响力的文化品牌活动。特别值得一提的是2001年以来举办的一年一度的“中缅胞波狂欢节”系列活动。2018年的“中缅胞波狂欢节”包括了群众狂欢巡游、珠宝红木文化节、中缅两国跨境山地自行车挑战赛、瑞丽民族民间歌舞展演、中缅体育竞技足球藤球赛、传统民间趣味活动、中缅美食节、汽车越野赛等各种文化活动，[②] 堪称瑞丽乃至所有东南亚国家与中国交界地区最重要的国际性节庆活动。

2. 民间交往文化交流

由于有着山水相连、村寨相依的独特地理景观，中缅两国边境居民历来有通婚、互市以及节假日探亲访友的传统。近年来，随着瑞丽—木姐跨境经济合作区的建设，双方跨境经商和务工的人员也日益增多。由于云南省地区经济社会发展较快，边境地区多有缅甸女性嫁入中国，且通婚地域由沿边地区逐渐向内陆方向延伸。而跨境务工人员以缅方青年男性为主，多从事劳动密集型行业技术含量较低的工作和一些重体力劳动。在瑞丽的水果和海鲜边贸市场、珠宝市场、红木家具工厂、建筑工地以及种植基地上都活跃着缅籍工人的身影。

3. 社会团体及学术界交流

自2013年成立以来，瑞丽市中缅边境文化交流协会作为瑞丽市最重要的社会团体，组织了大量的互访和学术交流活动。包括邀请缅甸的政界人士、侨商来华参观访问，召开侨胞座谈会，与缅甸木姐方面协商在缅设立交流窗口；邀请缅甸著名医生120余人到姐告国门、傣王宫遗址公园、姐勒金塔、喊沙傣族风情文化村等景点景区考察；邀请缅甸联邦缅中友好协会主席吴盛温昂考察瑞丽外籍人员服务管理中心、市民族医院、姐告银翔摩托车组装厂。协会还举办了中缅思汉法历史研讨会、傣族佛学研讨会、召尚弄研讨会、缅甸傣文教材研讨会、傣族始祖召武定与傣族文化历史渊源研讨会、景颇族历史文化研讨会等一系列学术活动，掀起了国际傣族、景颇族文化学术交流的热潮。[③] 瑞丽妇女儿童发展中心在缅甸注册了第一家中国非

---

① 郭家骥．云南周边跨境民族文化交流互动与边疆繁荣稳定［J］．云南社会科学，2015（6）：117－122.

② 瑞丽2018中缅胞波狂欢节日程表 精彩活动等你来［EB/OL］．瑞丽市门户网，［2018－09－18］. http：//www. ruili. gov. cn.

③ 根据调研时瑞丽市政府提供的资料整理。

政府组织，在缅甸木姐镇区开展项目帮扶和合作活动。[①]

4. 新闻媒体文化交流

中缅边境文化交流协会曾经邀请缅甸曼德勒知名作家、媒体记者到瑞丽采访考察。德宏团结报社于2015年12月4日出版发行了中国第一份有独立刊号的缅文报《胞波》，开创了中缅媒体交流合作新典范。2015年9月，富有浓郁民族特色的中缅双文期刊《胞波情》创刊号正式发行，发放于瑞丽口岸、边境一线、涉外单位、企业以及外籍人员较为集中的公共场所，成为促进两国边民和谐交流的又一重要纽带。

（二）跨境文化交流的具体内容

随着瑞丽—木姐跨境经济合作区的建设步伐日益加快，产品、资金、人员、技术等要素的跨国流动也越来越频繁，跨境文化交流的内容和渠道也随之更为多样，为瑞丽沿边地区中缅双方的文化交融、民心相通搭建了桥梁。

1. 语言文字文化交流

语言相通是民心相通的重要基础。为了更好地适应民间文化与经济交流日益频繁的趋势，瑞丽市文化馆组织举办了各种语言培训班，如面向缅方人员的汉语班、面向中方人员的缅语班以及英语培训班，参加培训的学员有来自缅甸的侨商和务工人员、国内商人、大中专学生等。姐告国门书社于2009年开始免费培训汉语和缅甸语，每周上课6天，每年培训近2万人次。[②] 中缅双方的作家协会还合作组织了“胞波情深”中缅文学作品征文大赛。[③]

2. 宗教文化交流

南传佛教的僧侣们在云南与东南亚的跨境交流主要有跨境参访、跨境留学和外僧跨境住寺3种类型，而信众们则以跨境朝圣和赕佛为主。此外，各种南传佛教团体的跨境互动和佛教经典的跨境交流也较为常见。[④] 自古以来，瑞丽的一些寺庙就有引入缅僧的传统，如喊沙寨的喊沙奘寺近些年的住持均为缅甸南传上座部佛教高僧。中缅边境文化交流协会成立后也曾邀请省、州佛教协会以及缅甸僧侣约200余

---

① 根据调研时瑞丽市政府提供的资料整理。

② 边城瑞丽市：缅籍人员热衷学汉语［EB/OL］. 瑞丽市门户网，［2018-06-08］. http://www.ruili.gov.cn/kfrl/zmxh/content-173-3476-1.html.

③ 中缅友好花开瑞丽——瑞丽市中缅边境文化交流协会五年工作纪实［EB/OL］. 瑞丽市门户网，［2018-09-10］. http://www.ruili.gov.cn/kfrl/zmxh/content-173-3972-1.html.

④ 根据调研时瑞丽市政府提供的资料整理。

人以“佛教文化促边和谐”为主题，依托佛教促进民族团结，促进中缅边境稳定。①

3. 教育文化交流

中国的教育质量相较缅甸较好，因此有相当数量的缅甸大中小学生来到云南留学。据不完全统计，仅瑞丽重点开发开放试验区目前就有来自缅甸的各类留学生约4200多人。② 瑞丽市在接收缅甸留学生方面走在了前列，如“中国第一边防小学”银井小学近半数学生来自缅甸，缅籍学生只需出具移民局翻译的身份证明和出生证明就可以入校就读，并可以享受营养早餐、两免一补等所有九年义务教育阶段的政策。③ 云南民族大学、德宏州委州政府以及瑞丽市委市政府联合成立了“瑞丽国际职业教育培训基地”，对缅籍务工人员进行职业教育和培训。畹町经济开发区正在建设中的“国门大学”澜湄国际职业学院将与澜湄六国的大学共商共建，实施本专科层次的学历教育和以技能为主的非学历教育，为澜沧江、湄公河流域各国培养高素质应用型技术技能人才。④

4. 民族节日文化交流

德宏州是典型的边疆少数民族聚居区，有多元和谐的民族文化，各少数民族的节庆活动也是异彩纷呈。传统的民族节日有傣族、德昂族的泼水节，景颇族的目瑙纵歌节，阿昌族的阿露窝罗节，傈僳族的阔时节等。而这些共同的节庆活动也成为中缅两国跨境民族的重要文化交流载体。例如，每年正月十五的目瑙纵歌节是景颇族最隆重的传统民族节日，也是国家级非物质文化遗产，节日期间国内外宾客万人齐舞，场面极为壮观，目前已经成为德宏最重要的国际性对外文化交流活动。傣族、德昂族最盛大的传统节日泼水节也已经演变成中缅边民万人泼水狂欢节，每年会有缅甸的行政长官应邀参加。

5. 艺术文化交流

除两国专业和业余艺术团体的互访演出之外，瑞丽市文化馆还积极倡导“民间文化艺术进边境一线校园”活动，选拔优秀的文化艺术外聘教师在姐勒小学、姐相“一寨两国”银井小学教授孔雀舞、葫芦丝演奏，共培训中缅小学生2000多人，经过选拔的优秀艺术人才参加每年非物质文化遗产宣传日的交流演出。瑞丽市文化馆

① 瑞丽市中缅边境文化交流协会建会两周年硕果丰［EB/OL］. 德宏网,［2015 - 11 - 16］. http: //www. dehong. gov. cn/news/rl/content -21 -28303 -1. html.

② 4000多缅籍学生“留学”瑞丽试验区［EB/OL］. 新华网,［2016 - 12 - 16］. http: //www. yn. xinhuanet. com/2016info/20161216/3579889_ c. html.

③ 根据调研时瑞丽市政府提供的资料整理。

④ 根据调研时瑞丽市政府提供的资料整理。

多次组织各类中缅书画艺术展、果雕艺术展，还开设了中缅民间艺人培训班，推动了两国艺术家的交流与合作。

（三）跨境文化交流中的挑战与问题

上述文化交流活动传承和丰富了边境民族文化，延续和发展了中缅边境文化血脉，展示了瑞丽边城特色文化内涵和历史魅力，但同时给瑞丽市和德宏州规范有序管理境外务工人员、完善社会治理、消除毒品威胁和保障地区安全等工作带来了很大挑战。此外，跨境文化交流还存在文化基础设施薄弱等问题。

1. 跨境文化交流中的挑战

首先，对外籍流动人口的管理难度大。由于缅北少数民族地方武装与缅甸政府的矛盾与冲突时有发生，不时有难民涌入瑞丽市及周边地区。而长期存在的大量中缅跨国非法事实婚姻也带来一系列社会问题，如由于缺少户口、身份证等合法身份证件，劳动就业、子女教育、医疗保障和社会保障等政策难以落实。

其次，对境外来华经商和务工人员进行规范有序管理难度大。由于缅甸的身份管理制度未能形成统一规范，来自缅甸的自然人和企业法人身份有时难以确认。而对外籍人员的身份认证直接关乎社会治安、疾病监测防控等社会治理问题。瑞丽非法入境、非法就业、非法居留的“三非”外籍人员流动性大、数量众多，清查整顿难度大，存在吸毒、赌博、酗酒、斗殴等不良行径和违法行为。

2. 跨境文化交流中的问题

一是文化基础设施薄弱。随着瑞丽经济和社会的不断发展和进步，中缅之间的人员、资金、货物等流动日益频繁，文化交流与互动的需求也随之增加。而瑞丽市现有的图书馆、文化馆等设施陈旧，缺少举办大型文化活动和对外交流演出的舞台，文化基础设施已无法满足更大规模的跨境文化交流的需要，应加快瑞丽国际文化中心的建设。

二是缺乏相关文化教育政策，如边境地区义务教育阶段来华留学生教育政策。云南省是我国最早出台地方性外国籍来华留学生管理办法的边境省，其“敞开国门办教育”的战略思路及政策行动，起到了示范性作用，应积极发挥其样板效应。但目前德宏州教育经费保障不足，以“国门学校”为代表的边境学校尚未建立系统的教育政策保障机制。

三是文化交流“走出去”的力度不够。目前由政府主导的跨境文化交流互动仍然着重于“引进来”，而“走出去”的动力不足、规模较小、影响力有限。文化交流只有内外对接，文经并举，才能真正打造好瑞丽的城市形象和国际影响力。

尽管在文化交流与互动中存在各种负面影响和不和谐音，但是仍应保持开放和包容的心态，继续加强中缅两国在政府和民间层面的文化交流与互动，以跨合区作为桥梁和窗口，真正实现两国之间的文化相通、民心相通。

八、跨境电商和物流

跨境电商以全球为市场，在世界范围内进行电子交易，没有国境限制。瑞丽—木姐跨境经济合作区发展跨境电商有一定的基础。一方面，农产品贸易数量多、产值高，瑞丽市已经建设有辅助交易的产品信息交互及成交平台；另一方面，依托缅甸玉石原料产地，瑞丽玉石交易市场发展较为成熟。近年来，新兴的利用直播平台实时推介玉石信息并代为购买的形式在瑞丽玉石交易市场十分普遍。此外，瑞丽拥有发展跨境电商和物流所需要的良好的自然、区位、社会、经济等条件。

跨境经济合作区的跨境物流主要依靠口岸的进出口贸易。随着沟通瑞丽与缅甸八莫等城市的公路基本建成，以及贯通中国西南与中南半岛的印度洋国际通道建设不断取得进展，瑞丽—木姐跨境经济合作区旨在服务中缅贸易的跨境物流也在稳步发展。

（一）跨境电商和物流建设的基础条件

1．自然资源和自然条件

瑞丽地处北回归线北侧，属于南热带润湿季风气候，全年分干湿两季，雨季湿热，旱季稍凉，年均气温20.1℃，年均日照时数2310小时，气候宜人，环境质量整体良好。瑞丽毗邻世界最主要的翡翠原产地——缅甸北部，具有发展珠宝玉石得天独厚的资源优势，是中国珠宝玉石首饰特色产业基地，是中国最大的珠宝玉石交易场所。2015年3月18日，瑞丽市人民政府与缅甸玉石珠宝协会签订《合作举办二产公盘及珠宝贸易协定》，这意味着中国玉石商人不用出国就可以竞拍缅甸内比都公盘的玉石毛料，将有效带动中缅地区贸易和其他领域合作。

2．区位条件

瑞丽区位优势突出，是大中华经济圈、南亚经济圈、东盟经济圈的交汇点，是史迪威公路（中印公路）进入中国的第一站，是中缅通信光缆、油气管道、铁路通道和高速公路通道的出入境枢纽，是中国通往南亚、东南亚最便捷的陆路通道。畹町、瑞丽2个国家级边境经济合作区和全国率先实行“境内关外”特殊监管模式的姐告边境贸易区，是我国最大的对缅贸易陆路口岸。瑞丽是中国首批非物质文化遗产——傣族孔雀舞的故乡，是中国首批优秀旅游城市。瑞丽具有国际、国内贸易口岸的区位和政策双重优势。

瑞丽拥有原料供应和产品销售主要位于境外的优势，全市贸易物流需求旺盛。2017 年 1—8 月，瑞丽口岸进出口货值 221.48 亿元，其中，进口 89.58 亿元，出口 131.90 亿元。进出口货量 351.23 万吨，人流量 1209.19 万人次，车流量 286.49 万辆次。① 此外，瑞丽具有的口岸和通道功能为物流建设提供了重要的经济载体，物流的建设以通道的畅通运行为基础。瑞丽拥有 2 个国家级一类口岸（瑞丽口岸和畹町口岸），联动带动发展 2 个省级二类口岸（章凤口岸和盈江口岸）、19 条通道、17 个渡口、68 条便道。瑞丽口岸、畹町口岸是全国首批进境粮食指定口岸，畹町口岸被指定为云南省唯一“非即食性”冰鲜产品口岸。

3. 交通设施条件

“十二五”期间，瑞丽市先后推进了龙瑞高速和瑞陇高速公路建设，完成了国道 G320 线芒瑞段复线改造工程及建制村通硬化路工程等。以国道、省道为主线，以市区为中心，以市乡公路为支线的东连芒市至昆明，西连缅甸芒允至八莫，南连缅甸木姐、南坎至腊戍和仰光，北连陇川、腾冲至保山的公路辐射网络已基本建成。瑞丽航空投入运营，中缅油气管道建设辖区段基本完成，瑞丽全光网络、“智慧城市”信息化建设、4G 基站及传输、GSM 基站及传输、固定网络管道等基础设施的建设不断推进。中缅口岸边境管理网络和信息资源不断整合，4G 移动通信网已基本覆盖市、县和乡镇。

另外，国家层面的印度洋国际通道建设提速为瑞丽市开展跨境物流提供了硬件保障。随着龙瑞高速公路、大瑞铁路、瑞丽至缅甸皎漂铁路、中缅油气管道、中缅陆水联运大通道等一批国家重大项目的加速推进，国际道路运输、跨境多式联运等需求日益迫切。

4. 产业基础

瑞丽具有发展跨境电商和物流的产业基础。2017 年，瑞丽市实现地区生产总值 103.6 亿元，全社会固定资产投资 123.6 亿元，口岸贸易进出口总额突破 400 亿元，城镇和农村常住居民人均可支配收入分别为 32180 元、10659 元。瑞丽正在全面推进瑞丽工业园区进出口加工制造基地、畹町国际进出口生物产业园、北汽配套产业园、弄岛农畜产品加工产业园区，并已初见成效。

云南省于 2016 年制定了《云南省现代物流产业发展“十三五”规划》，明确提出重点推进现代物流业、高原特色农业、旅游文化、信息、生物医药和大健康、新

① 云南宏星好运跨境物流瑞丽大数据中心正式运营［EB/OL］. 德宏网，[2017 - 10 - 18]. http: //www. dehong. gov. cn/news/rl/content - 21 - 37604 - 1. html.

材料、先进装备制造、食品与消费品制造等8大重点产业发展，电子商务、会展、“互联网+”、物联网等新兴技术和业态快速发展。边境贸易政策优化、商贸地产转型升级为跨境经济合作区物流发展奠定了坚实基础。

5. 市场和管理优势

跨境经济合作区内贸易自由度高，商品在沿海口岸转关过境进入瑞丽，扣除增加的物流费用后，整体的物流成本可节约50%以上。“境内关外”特殊监管政策，使口岸具备承接沿海发达地区新的贸易业务的条件。通过一般贸易及跨境电商进入国内的商品均与海关通关系统及跨境电商平台连接，依法申报进口，联建部门对入区和出区的商品实施监控；再通过一般贸易、跨境电商、区内旅游购物3种方式面向国内外市场进行销售，依托国内物流体系，规避境外贸易通道不畅及安全问题。

6. 政策基础

随着“一带一路”、孟中印缅经济走廊、中国—中南半岛经济走廊等建设的深入推进，随着沿边重点地区开发开放政策的实施，“南亚东南亚辐射中心”的建设将为跨境经济合作区物流建设带来历史性机遇。国际陆港城市建设为跨合区物流发展提供了国际法律制度保障。瑞丽市被联合国《政府间陆港协定》确定为面向亚太地区多式联运的国际陆港城市，为物流业发展带来了巨大的发展空间和政策优势。

另外，缅甸政治转型、经济开放对跨境经济合作区物流发展提出了新要求。缅甸武装冲突、难民及自然灾害等问题，对瑞丽市应急物流和供应链安全建设提出现实需求。仰光、曼德勒、木姐等国际陆港建设为跨境物流、国际物流、自由贸易园区的发展提供了对接载体。

7. 文化优势

瑞丽自古就是滇缅边区的商贸中心和交往窗口。中缅两国边民跨境而居、同语同俗，共同创造了璀璨的历史文化、民族文化、边关文化，形成了“一江两国”“一坝两国”“一寨两国”“一院两国”“一街两国”的独特地理景观。瑞丽—木姐跨境经济合作区拥有深厚的历史渊源，依托中缅两国紧密相连的文化纽带，是深化中缅两国文化交流的窗口。这些文化优势也为跨境电商和物流的建设打下了良好的人文基础。

（二）跨境电商和物流发展现状

1. 跨境电商发展现状

（1）跨境电商产业东西部合作不断加强

2016年3月，瑞丽市政府与浙江杭州进出口加工区管理委员会签订了《关于加强跨境电子商务产业发展的合作框架协议》。瑞丽、杭州两地资源互补、互利共赢，共谋跨境电子商务发展。德宏州作为中国西南开放的“桥头堡”，是国家深入实施西部大开发的重要区域，也是“一带一路”和“中国—印度洋大通道”的重要节点。

杭州于2015年建成跨境电子商务综合试验区，到2017年，试验区下沙园区在跨境电子商务发展模式、通关运作、信息化建设、跨境电商生态链打造方面取得显著成效，是全国13个跨境电子商务综合试验区中的示范园区，在推进全国跨境电子商务创新发展中起到了积极的作用。瑞丽市和浙江杭州出口加工区管理委员会的合作旨在发挥边境口岸优势，创新合作模式，实现实体园区和口岸联动，服务跨境电子商务企业，推动产业发展，在电商、信息、物流、通道建设、仓储、支付、产业园区等方面展开全面深度合作，为建设“中国—印度洋大通道”和“国家级跨境电子商务综合试验区”而努力。①

（2）中缅跨境电商产业园区稳步建设

2016年12月，首个中缅跨境电商产业园区在云南省瑞丽市启动建设。园区项目建设投资8.5亿元，将促进中缅贸易转型升级，推动中缅边贸产业迈上新台阶。瑞丽中缅跨境电商产业园区建设将实现“四个结合”：以跨境传统外贸存量和现有电商产业增量相结合；以瑞丽市姐告自由贸易区内存量与区外增量的跨境电商服务相结合；以瑞丽和畹町物流仓储中心存量与B类保税区国际物流中心增量相结合；以农村电商平台存量和跨境电商平台增量相结合。园区将按照产业化、集群化、国际化的要求，着力培育壮大一批跨境电商企业，把跨境电商产业打造成区域性的经济增长极，成为综合效益好、增长速度快、带动效应强的战略产业和支柱产业。②

随着瑞丽口岸基础设施的不断完善，瑞丽—木姐跨境经济合作区建设的加快推进，以及农业、科技等多领域合作的不断深入，境内电商及跨境电商的发展将进入前所未有的繁荣期。③

（3）缅甸市场代购业务持续扩大

缅甸有大量的缅籍华裔，他们拥有较强的中文能力，主要对缅甸从事机械设备、生活用品等商品的代购业务。由于缅甸没有第三方支付软件，缅甸境内的消费者只能在网上选择商品然后委托公司支付货款并邮寄到缅甸。转运费可用人民币或缅元支付。

---

① 瑞丽市与杭州合作发展跨境电商［EB/OL］. 中国商务部网站，［2016－04－12］. http：//www.mofcom.gov.cn/article/resume/n/201604/20160401294471.shtml.

② 首个中缅跨境电商产业园区落户云南瑞丽［EB/OL］. 央广网，［2016－12－21］. http：//www.xinhuanet.com/politics/2016－12/21/c_129415029.htm.

③ 云南宏星好运跨境物流瑞丽大数据中心正式运营［EB/OL］. 德宏网，［2017－10－18］. http：//www.dehong.gov.cn/news/rl/content－21－37604－1.html.

“双十一”期间，大量缅甸消费者购买中国电商平台的商品，带动了代购生意的蓬勃发展。从事代购的人群主要是缅甸华侨。在云南居留的缅甸华侨通过微信，帮缅甸的朋友们代购商品。相较于中国，缅甸商品数量及种类有限，淘宝网对缅甸消费者的吸引力大，但受限于支付和物流问题无法直接购买，所以经常通过代购购买商品。

瑞丽面向缅甸的跨境电商产业作为一个长期推进的方向，有双方的市场需求作为支撑。一方面，缅甸市场对中国商品的需求量很大，小到生活用品、手机等日常用品，大到机械设备等，都需要从中国购入。另一方面，中国市场对缅甸商品也有需求。缅甸的水果、珠宝及红木等特色商品在中国的电商平台有良好的销售业绩。①

（4）境内外电商互联互通顺利推进

2017 年 6 月，大龙网与瑞丽市政府签订合作协议。大龙网将其国内跨境电商产业园和海外分销体系以“网上产业带”平台的形式进行链接，通过“互联网 + 外贸 + 展示 + 招商 + 投融资”的方式，搭建集采中心，实现国内外的互联互通，帮助本地企业对接海内外市场。尤其根据瑞丽重点开发开放试验区发展需求，对接东南亚和印尼市场，帮助瑞丽及周边企业“走出去”。

2018 年，大龙网数字贸易中心初具雏形，并构建了中缅跨境电商生态链，包括落户瑞丽、搭建边贸特色精品展示中心、为本地建设跨境电商 B2B 交易平台、成立供应链金融服务中心及建设线下跨境电商通关基础设施等。大龙网通过搭建边贸特色精品展示中心，为瑞丽宣传“本地制造”、吸附“中国精品”（如展示国内精品和本地工业品、消费品、农副特色产品等）等建设“单一窗口”服务平台，建成线下跨境电商通关基础设施和线上跨境电商贸易基础服务体系，并成立“供应链金融服务中心”，为本地中小企业及周边企业提供外贸金融服务。

大龙网与瑞丽市政府共同推动的“中缅跨境电商生态链”项目，将跨境电商 B2B 新商业企业服务平台落户瑞丽当地，在本地开展跨境贸易、精品展示、招商、跨境电商人才培养等跨境电商多形态业务，是中缅“人”字形经济走廊及跨合区建设的创新实践途径和重要抓手。项目将大龙网在缅甸已有的分销渠道资源嫁接到瑞丽当地，同时吸引全国的跨境电商企业将对缅的外贸业务落地瑞丽，并为瑞丽市及周边地区提供跨境电商仓储物流、支付收单、报关、结汇、退税、品牌推广、运营等服务。“中缅跨境电商生态链”项目的建设将直接促进中缅的外贸和经济发展，快速推动瑞丽市成为中缅外贸转型升级及跨境电子商务贸易的示范区，有效促进

① 中缅跨境电商正在瑞丽兴起［EB/OL］. 云南信息报，［2017 - 12 - 11］. http：//mhwmm. com/Ch/News-View. asp？ID = 27659.

“三端支撑”的中缅“人”字形经济走廊及跨合区的形成。[①]

2. 跨境物流发展现状

（1）物流规模较小且发展不充分

据不完全统计，目前瑞丽市辖区内（含姐告、畹町）有物流公司、托运部共109户，寄递（快递）40余户，信息中介92户，正式注册的物流企业有96户。笔者实地调研发现，贸易量小的口岸物流规模也很小，发展极不充分，只有少数几家大的物流企业承运本地企业的产品对外运输。陇川县电商发展比较薄弱，对电商发展的重视程度不够。目前已开展农产品电商进农村的培训工作，有部分产品开始试点，但尚未形成规模。2018年7月，陇川县章凤口岸完成冷链物流项目申报，为发展电商及相应的物流配套设施奠定了基础。

（2）跨境物流瑞丽大数据中心顺利运营

2017年9月，云南宏星好运跨境物流瑞丽大数据中心成立，立足云南、面向东南亚，主要负责瑞丽与缅甸进出口货物整合。通过整合宏星好运生态圈聚集的缅甸物流协会、报关报检企业、物流企业等，整合资源，获取信息，形成物流大数据中心，致力为车主货主境内降低15%、跨境降低20%的物流成本。2017年10月，云南宏星好运跨境物流瑞丽大数据中心正式运营。这一中心是云南省首家物流信息平台，也是国内首家线上线下联动、实现线上结算、多语种版本的物流信息平台。

云南宏星好运跨境物流瑞丽大数据中心自主研发了汉语、缅甸语、泰语、老挝语、越南语、柬埔寨语、英语7种语言版本的宏星好运跨境物流信息平台及宏星好运跨境物流大数据中心，着力在瑞丽和缅甸之间打造一条高效、信息化、低成本的物流通道。依托宏星好运跨流物流信息平台，为车主和货主提供线上对接的功能，完成接单、运输、收货、收款、线上支付等操作，解决了信息不对称以及跨境物流运输中的问题，打破了跨境运输壁垒。

（三）跨境电商和物流发展中的制约因素

在瑞丽的功能区规划蓝图中，提出了建设国际仓储物流区，计划与缅甸的城市形成联动。通过对交通、通道、仓储物流等设施的建设，为跨境物流和跨境电商发展铺平道路。对外依托芒市机场、瑞陇高速、大瑞铁路、中缅跨境铁路等打造“一小时客运圈”和“两小时货运圈”；建设4条轨道交通，着力构建国际边境综合交通枢纽。中缅发展国际商贸、国际仓储物流、进出口加工制造、珠宝玉石、红木家

① 大龙网搭建跨境电商生态链助瑞丽商贸升级［EB/OL］. 瑞丽市门户网，［2018－05－07］. http://www.ruili.gov.cn/tzrl/qy/content－169－3322－1.html.

具制造等产业，其中芒令主要发展仓储物流、姐告重点发展跨境金融服务电子商务。但也应看到，目前的跨境物流和电商建设发展中还存在制约因素。

1. 土地存量稀少，且产业组合简单

在包括畹町、姐告在内的口岸用地规划中，由于前期开发过快，土地资源变得十分稀缺。目前各口岸面临二次征地，需从地产开发商手中购地的情形。土地资源紧张，加上建筑密度较大，规划不合理，土地开发利用率低。土地资源紧缺的现状极大地制约了瑞丽—木姐跨境经济合作区招商引资，从源头上抑制了跨境电商和物流的发展壮大。另外，跨合区内部的产业多为附加值较低的加工组装业，产品组合简单、规模小，仓储物流效能低，难以形成规模效益。

2. 农产品物流成本过高

中国从缅甸进口的水果品质较高，但运输不够便利。空运方式成本过高，而且普通包装难以达到保鲜要求。若使用冷链物流，运输成本会剧增。实地调研发现，菠萝和西瓜的种植基地距离交易市场很远，约 500 千米。这意味着在水果到达交易市场前即面临一笔运输成本。因此，物流运输是水果对外销售的最大制约因素。以牛油果为例，虽然牛油果在中国市场广受欢迎，但由于牛油果运输不便，因此市场规模仍较为有限。

3. 跨境支付和结算难度大

跨境电商的交易具有小批量、多批次、订单分散、采购周期长、货运路程长等特点，网上购物需要经过物流环节才能最后完成。国内网上购物平均到货时间为 4 天，而跨境购物一般需 7 天以上，长的甚至有数周。电子支付等问题尚未解决，中缅双方拥有各自的结算系统，不能良好对接。缅方用缅元支付，中方用人民币，通过中间货币（美元）进行兑换，手续复杂、结算成本高。

对缅贸易目前主要受到网上结算、物流等因素的影响，跨境系统尚不完善。货币兑换中心往往只接受金额较大的交易，难以满足多次、小额的交易需求，且部分时间处于关门状态。用户只能采取手机银行转账的方式，但这一方式面临手续费成本较高的问题。

4. 中缅交流及对接障碍

缅甸国内容易出现政局不稳、政策多变、诚信不够、行政效率低下等问题。这些政治和行政因素是阻碍中国方面与缅甸扩大开放、进行深入商务合作的重要因素。另外，缅甸境内公路质量较差也是制约跨境物流发展的一个方面。缅甸境内邮政互换站的发展相对缓慢，建设成本高，物流主要采用航空小包、邮寄、快递等方式，难以统一业务标准，影响跨境物流效率。

九、瑞丽—木姐跨境经济合作区的综合社会效应

（一）产业升级效应

瑞丽—木姐跨境经济合作区建成后将对瑞丽及木姐地区的产业结构及经济发展模式产生重要影响。随着跨合区的发展，中缅贸易和投资都将持续扩大，中缅之间的技术交流与合作也将不断深化。由于中缅两国技术水平存在一定差距，缅甸具有承接中国技术转移的基础，中国以云南瑞丽为窗口向缅甸进行技术转移具有充分可行性。通过技术等生产要素在中缅之间的重新优化配置，生产效率较高一方生产的产品价格较低，能够以低成本集中自身优势进行生产，并销往效率较低一方的市场。因此，瑞丽能够将资源集中于优势产业与主导产业，同时将不占禀赋优势的产业以中外合资或合作的方式转移至缅甸。

目前，瑞丽第二产业发展仍然有很大的空间。在资本、技术、人才等生产要素全球自由流动，产业国际化程度加强，产业转移进程加快的背景下，跨境经济合作区能够促进瑞丽在中缅产业优势互补的基础上，将原来的贸易产品直接从原产地引入，培育有竞争力的重点企业，特别是一些长产业链的龙头企业及其配套企业，将产业链条延伸至境外。另外，对于低效率行业，由于缅甸大量低价商品的涌入，区域内原来的低效生产者不得不降低商品价格或提高产品质量，并随竞争加剧而不断退出市场，由此带来本区域消费者剩余增加、福利扩大。

（二）投资拉动、规模经济和竞争效应

首先，瑞丽—木姐跨境经济合作区建成后能够有效扩大投资。跨境经济合作区建设过程中得到的一系列优惠政策，会改善合作双方的投资环境。便利、透明的投资环境有利于吸引国内和国外两部分的投资。企业在跨境经济合作区内投资办厂、进行生产和销售，通过资源整合、降低成本以扩大市场份额，最终使其产品的市场竞争力得到提升。

其次，在跨合区内投资的企业可以获得规模经济效应。瑞丽—木姐跨境经济合作区的建立将促使周边若干个小的市场进行整合，形成统一新市场，跨合区内的要素和资源将自由流动和配置。

最后，跨境经济合作区的建立还将起到促进竞争的作用。跨合区建成后，双方市场互相开放，同时吸引其他国家投资者进入，企业间的竞争压力随之增大。在竞争压力下，企业将会提高技术水平和管理水平。

（三）就业和收入效应

跨境经济合作区的建立能够有效破除境内外人员流动障碍，扩大境内外双向人员流动规模，通过适当引进境外低成本劳动力，改变当地劳动力市场结构。大量缅籍劳务人员的进入弥补了瑞丽当地低端劳动力市场的空缺，进而释放了本地区劳动力活力，加快了劳动力在不同行业间的转移速度，改善了中方劳动力在中高端劳动力市场的就业结构。另外，随着内地与境外企业纷纷进驻，总部经济活跃，为本地区带来了大量工作机会，提高了本地区劳动者收入水平。随着中缅贸易与投资合作程度加深，中方赴缅经商和务工的便利程度提高，在扩大本地区劳动力就业、增收渠道的同时，缓解了外来劳动力进入造成的就业压力。

（四）区域辐射效应

瑞丽—木姐跨境经济合作区的建设对于合作双方都具有明显的区域辐射效应。在中方区域，主要辐射区域为德宏州全境甚至云南其他城市，可以把边境变为前沿，将经济末梢变为经济前端，加快边境地区经济发展。对缅甸来说，跨合区和“人”字形经济走廊的建设有利于缅甸在靠近瑞丽的北部地区建立民族工业体系，并逐步实现经济现代化；有利于缅方发展出口贸易，降低逆差；有利于直接促进地区基础设施的改善，加快木姐等边境地区城市化进程。中国的实践还能为缅甸改革开放、发展经济提供经验。

（五）其他社会效应

跨境经济合作区建设能够促进瑞丽及周边区域的社会发展，通过发展产业与经济，带动就业与增收，改善城市环境，进而促进社会健康发展与稳定。一方面，瑞丽地处中国西南边陲，拥有多个边境口岸，是国家实施全面对外开放的平台和窗口。跨境经济合作区的建设是西部大开发战略和兴边富民政策在边境地区的重要体现，关系着边疆稳定与长治久安。推动边境合作，发展边境经济，有利于促进边境地区社会安定，保障国家兴边富民战略的顺利实施。另一方面，通过跨境经济合作区建设所获得的信息资源与物力资源，也为提升缅甸部分城市及云南的就业、生活、医疗、教育水平作出了贡献。

十、加快瑞丽—木姐跨境经济合作区发展的思考

在中缅边境建设跨境经济合作区，源于中缅两国间深厚的历史与文化交流基础，以两国间资源禀赋、产业基础的优势互补为纽带，以两国政府发展经济、扩大边贸与投资、维系睦邻友好的各项政策为保障，有良好的发展前景。然而，受体制、政

策及经济发展水平等因素的影响，跨境经济合作在边境金融发展、跨境结算、边境旅游、跨境电商和物流等方面存在一些发展障碍与不足。为扩大中缅合作基础，加快跨境经济合作区建设，提出以下建议。

（一）加强边境区域监管，提升业务协同水平

在跨境贸易、跨境金融、国际结算、跨境物流、跨境旅游等诸多领域都需要两国政府各自明确其主体责任。边境地区历来是各级政府监管工作的难点与重点，这一区域工作的顺利开展关系到两国边境的社会持久稳定与经济健康发展。在跨境金融与跨境结算领域，中缅两国政府应加大合作，共同遏制泛滥的“地下钱庄”“地摊银行”等现象。加强金融领域监管，既需要取缔非法金融机构、打击非法金融业务，又需要推进源头治理，在尊重地区金融发展现实的基础上，合理引导金融机构拓宽业务渠道，切实满足边境两地居民的金融业务需求。在跨境旅游领域，维系地区稳定是前提。这就需要两国政府在加强政治互信、推进信息共享、杜绝非法出入境现象的同时，加强合法的人员出入境通道建设，共同推进旨在畅通旅游通道的手续及程序制定，推动缅甸逐步放开相关手续限制。在跨境电商和物流领域，两国政府应加强跨境物流通道的监管，推进电商平台合作，保障物流路径畅通。

（二）金融机构扩大业务服务范围，提升服务水平

针对中缅跨境金融服务水平低，与快速扩大的瑞丽边境贸易规模不相匹配的现状，两国金融机构应推进金融业务在不同区域的合理布局，适当向边境地区倾斜，扩大业务覆盖范围。一方面促进机构自身业务能力提升与业务布局合理化进程；另一方面满足两国边境居民和企业的金融服务需求，促进边境贸易和投资便利化。

针对中缅边境非正规金融机构遍布的现象，既需要政府层面的取缔与监管，又需要金融机构发挥主体性，主动补位，在充分评估业务风险、确定符合业务相关规范的前提下，适当扩大金融服务范围。为满足边境居民和企业对人民币与缅元结算和汇兑的强烈需求，应提升相应的业务能力水平，保证充足的货币供给。另外，由于中缅没有签署货币关系，间接的结算方式不利于贸易便利化进程。金融机构应响应和促成中缅两国“双边支付清算框架协议”及“本外币互换协议”的签订，逐步搭建中缅两国结算平台，推进双边本币结算，畅通结算渠道，打造双边金融服务平台。

（三）加强产业园区基础设施建设，提高招商引资吸引力

针对目前瑞丽边境产业园区存在的交通设施、污水处理设施等建设不完善的情

况，应因地制宜，制定合理的基础设施建设规划。基础设施是产业园区吸引外来投资的前提和基础。优良的基础投资能够在区域内产生良好的外溢效应。

在产业园区内基础设施建设的投资运作方式选择上，应逐步改变单纯依靠财政资金或者企业自行建设的局面。政府与企业合作的 PPP 模式长期以来在各个领域都有广泛的运用，能够发挥政企双方的优势。在政府对基础设施建设进行宏观调控的基础上，适当引入私人投资，能够有效缩短项目建设周期，最小化建设成本，并且在项目建成后以较低的成本运营。

以政府的相关优惠政策作为先导，对产业园区道路、水电煤气动力装备等配套设施进行优化，可以从整体上提升产业园区的“硬实力”，为入驻企业提供优良的基础服务，增强园区的自我供给和自我完善能力，扩大投资吸引力。

（四）顺应“一带一路”倡议，实现跨境旅游与跨境电商良好互动

在中缅边境，很多跨境电商经营的产品通过旅游活动被带入中国国内，进而形成市场。而中国境内的电商从业者，也会通过跨境旅游活动进行商品采购和经营。在“一带一路”倡议下，促进中缅之间跨境电商和跨境旅游的有机结合，实现两者的互动与互促，具有现实的必要性。另外，广阔的东南亚国际旅游市场为跨境民族文化旅游带来了巨大的市场空间。东南亚地区向来与中国云南、广西等西南边境地区有良好的旅游及贸易往来。缅甸酒店旅游部数据显示，中国是赴缅外国游客的第二大来源国，2016 年中国赴缅游客达 49.87 万人次。① 中缅之间跨境旅游市场历来十分活跃，借助跨境旅游的形式带动电商平台运营具有良好的市场基础。

实现跨境旅游与跨境电商的互动可从以下几个方面入手：第一，以满足市场需要为出发点。结合当前大量旅游消费者将国外免税店作为重要旅游目的地的现实，利用缅甸在国内形成的“口碑商品”，制定特定的跨境旅游路线，满足旅游与消费的共同需求。第二，以客流量为电商和旅游营销基础。在跨境旅游和跨境电商的市场形成之后，旅游线路的客流量决定了产品或者服务的营销成功率。第三，以文化特征或者产品特征为营销的关键点。第四，实现体验式旅游或消费。旅游是典型的以体验为主的精神消费，虽然电商为异地消费，但在旅游过程中使游客预先对某类商品产生使用和消费体验，能够为后续的电商经营奠定基础，刺激更多消费。

---

① 中国赴缅游客人数居第二［EB/OL］. 中国驻缅甸大使馆经济商务参赞处，［2017－03－08］. http：//mm. mofcom. gov. cn/article/jmxw/201703/20170302529650. shtml.

（五）双方加强物流标准化合作，保障跨境物流畅通

在跨境物流通道的建设过程中，沟通、对接不够畅通，物流标准不统一，在物流的其他环节存在不同程度差异等原因，制约了双方物流产业的合作与壮大。因此，为促进跨境经济合作区内物流产业发展，实现跨境物流畅通，应该推行邮政互换业务，双方统一业务标准。政府有关部门应出台跨境物流配送企业服务质量标准，促进跨境物流配送企业提质增效。

在保税区、通关、检验检疫、工商等与跨境物流配送相关的环节，制定调整优化措施，完善有关管理规范，推进贸易便利化；在促进中国境内物流快递企业国际化发展的同时，积极加强与缅甸物流企业的对接与合作。

（六）优化口岸布局，构筑口岸开放新格局

瑞丽—木姐跨境经济合作区应本着融入“一带一路”建设的目标，在巩固并重点打造瑞丽口岸的基础上，进一步优化完善口岸布局。在口岸发展过程中，努力做到主次有序、突出重点、有所兼顾。既要继续保护瑞丽作为跨境经济合作区核心城市的发展趋势，又要实现瑞丽、畹町、章凤等不同等级口岸的联动发展。对几类口岸进行整合、优化、完善，实现空间布局协调互补、资源配置集约高效、发展时序科学合理、服务功能全面配套，形成以瑞丽口岸为主要开放窗口，畹町、章凤口岸为重要补充，中缅跨境经济合作区为动力来源的口岸开放新格局。

（七）推动电子口岸建设，促进通关便利化

在大力发展中缅跨境电商的基础上，推动口岸电子化发展。通过开展跨境电子商务市场采购试点，拓展海外仓、分拨配送中心等物流配套设施，发挥口岸在跨境电商和物流中的通道作用。同时，深化通关一体化改革，提高口岸通关效率，降低通过成本，提升口岸服务水平。

为促进口岸电子化发展，提升通过便利化水平，瑞丽应该努力打通“关、检、汇、税、商、物、融”之间的信息壁垒，推动口岸各部门业务管理系统的互联互通和数据共享共用，提升口岸自身管理和通关业务管理的数据化水平，缩短通关时间，简化通关手续，最大限度地便利边境人员及货物的流通。

第六章　二连浩特—扎门乌德跨境经济合作区进展报告

二连浩特口岸拥有悠久的边境贸易历史和传统。依托二连浩特口岸优越的区位优势和特有的文化相通的优势，二连浩特—扎门乌德跨境经济合作区将成为“一带一路”倡议中社会经济资源要素的核心区之一。要积极建设二连浩特—扎门乌德跨境经济合作区，整合经济社会资源要素，拓展跨合区的辐射范围，以点带线，连线成面，建成以二连浩特口岸为中心，以沿边乡镇、开发区为多点的沿边开发开放经济带，打开我国向北开发开放新格局。

一、二连浩特市概况

如果说内蒙古是国家向北开放的“桥头堡”，那么二连浩特市就是“桥头堡”上的“排头兵”。二连浩特，一个以“北向南联，双向推进，服务全国，振兴内蒙”为经济发展、对外开放战略的边境口岸都邑，是中蒙跨境经济合作的最大陆路口岸。

（一）二连浩特市基本情况

二连浩特市位于内蒙古自治区正北部，北与蒙古国口岸城市扎门乌德隔界相望，两市相距4.5千米，东临锡林郭勒盟苏尼特左旗，西、南与苏尼特右旗毗邻。二连浩特距锡林浩特市360千米、呼和浩特市390千米、北京690千米，是距首都北京最近的边境陆路口岸。二连浩特距蒙古国首都乌兰巴托714千米、俄罗斯首都莫斯科7623千米，以北京为起点经二连浩特到莫斯科的陆上通道是连接欧亚大陆最近的大陆桥。二连浩特市边境线长72.3千米，二连浩特口岸是我国对蒙开放的最大陆路口岸，与二连浩特隔界相望的扎门乌德是蒙古国对我国开放的最大、最成熟的口岸。

2017年年末，二连浩特市总人口77224人，常住人口75037人，其中二连浩特市户籍人口33085人。2016年，二连浩特市地区生产总值达到109.66亿元，按可比价格计算，同比增长9.9%。[1] 分产业看，第一产业实现增加值0.71亿元，同比增长3.1%；第二产业实现增加值38.18亿元，同比增长11.1%；第三产业实现增加值70.77亿元，同比增长9.3%。第一产业对经济增长的贡献率为0.87%；第二产业对经济增长的贡献率为26.64%；第三产业对经济增长的贡献率为72.49%。三次产业比重为0.65∶34.81∶64.54。按年常住人口计算，2016年二连浩特人均生产总值实现155764元，按年均汇率折合为22454美元。

初步核算，2017年二连浩特市地区生产总值按可比价格计算比上年增长3.3%。分产业看，第一产业增加值同比增长4.2%，第二产业增加值同比下降11.1%，第三产业增加值同比增长7%。三次产业比重为1.0∶14.1∶85.0。[2] 二连浩特市地区生产总值近5年来一直处于增长状态，但地区生产总值增速整体呈下降趋势，从2012年的15%下降到2017年的3.3%（见图6－1）。

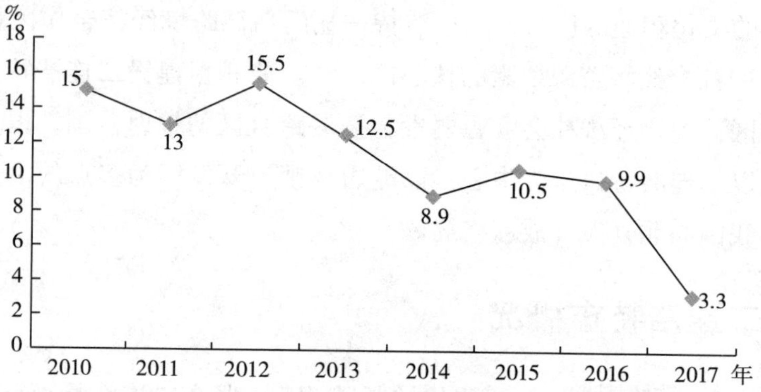

图6－1　2010—2017年二连浩特市地区生产总值增速

资料来源：《二连浩特市2017年国民经济和社会发展统计公报》。

海关统计数据显示，2017年二连浩特市外贸进出口总额达205.03亿元，同比增长31.3%，其中进口150.84亿元，同比增长36.3%，出口54.19亿元，同比增长19.1%。二连浩特市边境小额贸易进出口额完成57.01亿元，同比增长29.8%，其中进口完成46.43亿元，同比增长33.2%，出口完成10.58亿元，同比增长16.6%。边境小额贸易占总贸易的27.81%，比上年下降0.33个百分点（见图6－2）。

二连浩特市进口大宗货物主要为铁矿石、木材、铜矿粉、石油、纸浆，出口商

① 《内蒙古统计年鉴2018》《二连浩特市2017年国民经济和社会发展统计公报》中均未提供二连浩特市2017年地区生产总值以及分产业增加值数据，因此本小节地区生产总值数据大多是2016年数据。

② 《二连浩特市2017年国民经济和社会发展统计公报》（http：//www.elht.gov.cn/elht_ info_ 2018/bmgk/zfbm/tjj/xxgkml/201808/t20180827_ 159496.html）。

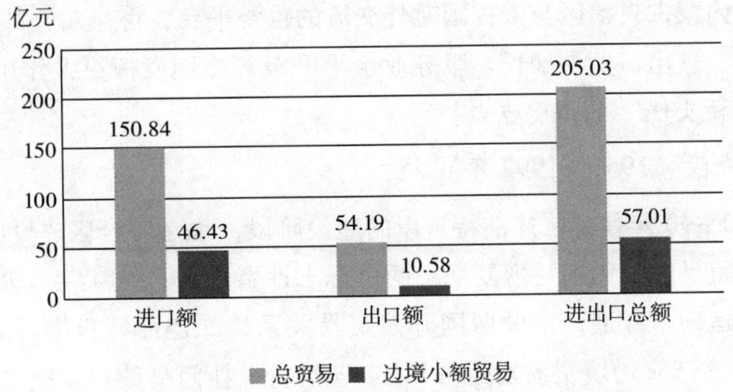

图 6－2　2017 年二连浩特对外贸易与边境小额贸易对比

资料来源：《二连浩特市 2017 年国民经济和社会发展统计公报》。

品以碳电极、沥青、钢结构为主。[①] 2017 年，口岸进出口货物累计完成 1503.1 万吨，同比增长 4.7%，其中进口货物 1179.2 万吨，同比增长 6.7%，出口货物 323.9 万吨，同比下降 2.1%。2017 年，口岸进出境人员 223.4 万人次，同比增长 6%，其中进境人员 111.8 万人次，同比增长 6.1%，出境人员 111.6 万人次，同比增长 5.9%。[②]

（二）跨境经济合作区建设情况

1949 年，蒙古国与中国确立外交关系，属于第一批承认中华人民共和国的国家。之后的 60 多年中，虽然两国的关系经历了“建交—恶化—恢复—快速发展”的曲折过程，但是和平稳定发展一直是两国外交的主线。加之两国在地域和历史上难以割舍的渊源，在中蒙俄经济走廊、“草原之路”构想的支撑下，双方经贸关系一定会步入快速发展的轨道。

中蒙两国间的经济有较大的互补性。近年来，我国经济面临着 GDP 增速放缓、产能过剩和中美经贸摩擦等挑战，因此大力发展对外贸易，推动“一带一路”倡议，发展和建设中蒙跨境经济合作区。蒙古国产业结构单一，以资源性产业为主。受国际大宗商品价格下降的影响，蒙古国经济增长乏力，通货膨胀严重，政府赤字规模不断扩大，也需要加强同中国的经贸往来，提振经济发展。

二连浩特—扎门乌德跨境经济合作区是我国对外开放和开展国际交流合作的重

① 《二连浩特市 2017 年国民经济和社会发展统计公报》（http://www.elht.gov.cn/elht_info_2018/bmgk/zfbm/tjj/xxgkml/201808/t20180827_159496.html）。

② 《2017 年 1—12 月份二连口岸进出口运量情况》（http://www.elht.gov.cn/erlian_info/bmgk/zfbm/kab/201802/t20180205_132178.html）。

要平台，也是内蒙古自治区与蒙古国对外交流的重要平台，将在人员对外交流往来、产业结构调整、进出口贸易增长、服务业水平升级等方面发挥更大作用，成为内蒙古向北开放“桥头堡”的重要支点。

1. 萌芽阶段（1951—1992 年）

20 世纪 50—90 年代是二连浩特口岸的建设阶段，也是跨合区建设的萌芽阶段，处于两国双边贸易的开创期与恢复期。两个标志性事件是：1951 年，北京—乌兰巴托—莫斯科联运列车开通，中蒙两国开始贸易关系，二连浩特口岸开始发挥作用；1985 年，中蒙签订《边境贸易协定书》，二连浩特—扎门乌德口岸重新开放，边境贸易恢复。

这一阶段，为促进双方边境贸易的开展，紧紧抓住改革开放形成的历史机遇和有利条件，充分发挥口岸的通道职能，中蒙双方陆续签订了一系列协定，如 1951 年两国签订《蒙中经济与文化合作协定》《关于蒙中贸易支付结算协定书》《蒙中交货共同条件协定书》《蒙中商条约》等各项协定书及条约，推进双边经贸合作。1989 年，中蒙两国政府成立了经济贸易和科技合作委员会。1992 年，二连浩特入选国务院 13 个边境开放城市。二连浩特市也以积极的姿态参与中蒙边境贸易区的筹建，结合自身发展优势，1992 年公路口岸旧通道正式开通运营，进一步丰富了两国贸易，使二连浩特口岸的开发建设逐渐步入正轨。

2. 初始阶段（1993—2013 年）

1993 年，国务院批准设立二连浩特边境经济合作区，标志着中蒙双方由口岸贸易初步发展到合作区贸易，中蒙贸易更加多元化。1993—2013 年，是边境经济合作区的建设阶段，也是跨合区建设的初始阶段，是中蒙贸易的快速发展期。

这一阶段，地方政府积极采取一系列措施，举办相关会议，促进边境经济合作区的建设。2002 年，二连浩特市在土地、税收、贷款等方面给予优惠政策，吸引投资者入驻，边境经济合作区开始快速建设；同年，公路口岸新通道建成并投入使用，客运能力进一步扩大，口岸过货能力达到 1000 万吨；2009 年，举办第一届“二连浩特经贸论坛”，中蒙俄陆桥沿线 9 个地区签署了《二连浩特共识》，促进陆桥沿线地区的合作；2010 年，举办第二届经贸论坛，在资源开发等多个领域达成 7 项合作共识，伊尔库茨克—乌兰巴托—二连浩特—京津环渤海经济合作走廊初步建成；2013 年，举办了第五届“中国二连浩特中蒙俄经贸合作洽谈会”。二连浩特逐渐成为中国向北开放的重要战略平台。

3. 推进阶段（2014 年至今）

随着“一带一路”倡议的深化和中蒙经贸关系步入迅猛发展时期，两国的友好访问逐年增多，二连浩特—扎门乌德跨境经济合作区的建设也逐渐被提上日程。2014 年，《内蒙古二连浩特重点开发开放试验区建设实施方案》和《中华人民共和国和蒙古国关于建立和发展全面战略伙伴关系的联合宣言》的提出，标志着二连浩特重点开发开放试验区正式启动实施，跨合区建设进入推进阶段，两国共同打造二连浩特—乌兰巴托中蒙经济合作走廊，打开了我国对外开放的“北大门”。

2014 年起，中蒙双方陆续出台了一系列政策，召开了多项会议，为二连浩特重点开发开放试验区建设搭建有效载体，全力推动“一带一路”中蒙俄经济走廊步入实质性建设阶段。2015 年的《中华人民共和国商务部、蒙古国工业部关于中蒙跨境经济合作区第一次磋商会谈纪要》《加快建设中蒙跨境经济合作区工作备忘录》，2016 年的《中蒙二连浩特—扎门乌德跨境经济合作区共同总体方案》，2017 年的《“关于签订支持对外贸易的贷款协议”的银行合作备忘录》，2018 年的《中蒙二连浩特—扎门乌德跨境经济合作区圆桌会议备忘录》，进一步加快了交通基础设施建设及互联互通，加快了口岸建设和通关便利化，加强了产能与投资合作，深化了经贸合作，加强了生态环保合作，加强了文化交流，对二连浩特跨境经济合作区的发展起到了显著的推进作用。

二、二连浩特—扎门乌德跨境经济合作区概况

在中蒙两国贸易迅速发展的形势下，为了进一步促进边境贸易转型升级和口岸建设、充分利用区位优势，各级政府紧紧抓住“一带一路”倡议的历史机遇和有利条件，不断推进跨合区的建设步伐。

（一）跨境经济合作区概况

1. 基础设施建设进展情况

为完善与蒙方合作机制，整合双方工作力量，中蒙双方签署了《关于推进二连浩特—扎门乌德中蒙跨境经济合作区建设工作协议》，建立了定期会晤和工作协调机制。二连浩特市先后于 2015 年 4 月、5 月、10 月在扎门乌德和呼和浩特与蒙方进行会晤磋商，在两区的无缝对接、基础设施规划、课题研究等方面达成共识。2015 年 6 月，二连浩特市会同蒙古国工业部赴中哈霍尔果斯国际边境合作中心、苏州工业园区进行学习考察，并在考察中交流了跨境经济合作区规划、建设和运营方面事宜。根据扎门乌德自由经济区基础设施建设已具备招商项目落地的实际，二连浩特市选择肉食品、制式服装、玉石等加工项目作为先期招商方向，协助蒙方开展招商引资工作。

2014年10月，蒙方扎门乌德自由贸易区基础设施建设项目完工，包括水电暖供应项目及公路建设等项目。2016年5月5日，我国商务部与蒙古国外交部在蒙古国首都乌兰巴托正式签署《中蒙二连浩特—扎门乌德跨境经济合作区共同总体方案》。二连浩特市已完成跨合区中方一侧总体规划、产业规划和核心区控制性详规编制工作，完成部分工程，包括外围道路、给排水及围栏工程等。2017年完成跨合区中方一侧外围排水管网工程，加快核心区道路、给排水、供热、供电等基础设施建设，开工建设综合管廊、标准厂房等项目，吸引国内外企业入驻园区。

2. 招商引资及入驻园区企业情况

跨合区蒙方一侧3平方千米区域基础设施已完成，开展了3次项目招商工作，截至2016年11月，有13家企业入驻或已完成“土地证”手续，有1家建筑构件制造企业投入运营，有1家中国全资企业于2016年10月完成“土地证”手续。跨合区中方一侧外围工程已完成，有意在跨合区入驻的企业有20余家，引进投资规模将达10余亿元，包括矿产品、畜产品加工、服装加工、蒙药加工、酒店服务业等产业。

（二）国家和地方相关扶持政策

2011年，国务院出台了《关于进一步促进内蒙古经济社会又好又快发展的若干意见》，首次将内蒙古定义为我国向北开放的“桥头堡”。近年来，内蒙古依托自身区位优势，积极参与中蒙俄经济走廊建设，深入实施向北开放战略，为经济社会发展注入了新动力。内蒙古实施向北开放的第一站也是最重要的一站便是蒙古国，二连浩特作为中蒙之间最大的口岸，被自治区政府定位为“向北开放的黄金桥头堡和排头兵”。向北开放能否取得成功，关键在于二连浩特对蒙合作能否打开新局面。为此，内蒙古积极协调国家发展改革委，将二连浩特纳入第二批国家重点开发开放试验区，积极推动二连浩特—扎门乌德跨境经济合作区进入高层视野。2014年7月，内蒙古成立了向北开放工作领导小组，确定了多个重点项目，其中就包括建设二连浩特—扎门乌德跨境经济合作区。2014年10月，内蒙古出台了《关于支持二连浩特国家重点开发开放试验区建设的若干意见》（以下简称《意见》），支持二连浩特重点开发开放试验区建设。《意见》分9部分，共37条，在通关、产业发展、财税、基础设施建设、金融、用地、公共服务、人才和其他方面加大对试验区的支持力度。

二连浩特享受国家沿边开放、重点开发开放试验区、西部大开发、振兴东北老工业基地、兴边富民行动等相关优惠政策，木材加工企业享受进口原木加工锯材出口优惠政策，设有国家级边境经济合作区、自治区级边民互市贸易区。蒙古国享受欧盟赋予的“普惠制”政策，有8000多种商品出口欧盟国家不受配额限制、免关税。同时，正在规划建设的扎门乌德自由经济区是蒙古国建设面积最大、投资贸易政策最优惠、开放程度最高、功能最全的区域，由旅游博彩娱乐、加工制造和金融商贸服务3个功能区组成。随着扎门乌德及其自由经济区的开发建设，二连浩特—扎门乌德跨合区的投资环境将进一步优化。表6－1列出了2011年以来支持二连浩特—扎门乌德跨合区建设的一系列国家和地方的相关扶持政策。

表6－1　2011年以来国家和地方相关扶持政策

时间	政策文件
2011年	国务院出台《关于进一步促进内蒙古经济社会又好又快发展的若干意见》
2014年10月	内蒙古出台《关于支持二连浩特国家重点开发开放试验区建设的若干意见》，支持二连浩特重点开发开放试验区建设
2014年10月	二连浩特市政府与扎门乌德市政府签订《跨境旅游合作协议》
2015年8月4—7日	时任商务部副部长高燕率中国政府经贸代表团访蒙，就中国政府对蒙无偿和优买项目落实、跨境经济合作区建设等重点经贸议题进行了深入磋商
2016年5月5日	中蒙经贸联委会第十四次会议在蒙古国乌兰巴托召开，蒙古国对外关系部部长勒·普日布苏伦与时任中国商务部部长高虎城共同签署了《中蒙二连浩特—扎门乌德跨境经济合作区共同总体方案》
2017年5月2日	内蒙古出台《关于加快满洲里、二连浩特国家重点开发开放试验区建设的若干意见》，为加快满洲里、二连浩特沿边对外开发开放试验区的建设提供政策支持和保障
2017年9月21日	跨境经济合作区（中方一侧）基础设施建设项目全面战略合作协议在二连浩特市签署，标志着跨境经济合作区进入全面施工建设阶段
2018年4月9日	商务部部长钟山与蒙古国对外关系部部长朝格特巴特尔在北京签署了《中国商务部与蒙古国对外关系部关于加快推进中蒙跨境经济合作区建设双边政府间协议谈判进程的谅解备忘录》，跨境经济合作区建设取得实质性进展

（三）跨境经济合作区定位

二连浩特市既是我国对蒙古国开放的重要门户，又是发展外向型经济的重要枢纽。二连浩特—扎门乌德跨境经济合作区的开放建设，对我国与蒙古国全面战略伙伴关系的发展，推进“一带一路”倡议和蒙古国“草原之路”规划的有效结合具有十分重要的意义。

二连浩特与扎门乌德的跨境经贸发展具有较强的地方特点。两地交易的商品范围不断扩大，贸易量也呈现明显的扩大趋势，对两地经济、社会发展都起到了巨大的推动作用。但是，在发展过程中也不可避免地存在一些制约因素，如不稳定的政策环境、相对薄弱的经济基础、落后的基础设施以及脆弱的自然条件等，在一定程度上限制了二连浩特—扎门乌德跨境经济合作区进一步发展。因此，跨合区应当遵循以下 5 个方面的发展定位：

第一，充当“跨亚欧大陆桥”“草原之路”与“丝绸之路经济带”等的关键枢纽。跨合区的发展一方面要密切结合自身的地理位置优势，另一方面也要借助历史机遇，加强中蒙两国在贸易、金融、文化交流等方面的全方位合作，打造中方倡导的“丝绸之路经济带”、蒙方的“草原之路”与俄方的“跨亚欧大陆桥”的关键对接点，使“三路”相辅相成，共同发展。

第二，打造成为中蒙经贸合作的引领区。跨合区要充分发挥其目前在中蒙双方交流合作中的龙头地位，促进双方在产业、技术等领域的合作，争取早日实现经济的转型升级，形成高水平的边境产业集群，努力成为中蒙经贸合作的引领者。

第三，争取成为中蒙跨境合作的体制机制创新试验区。为此，要继续深化行政管理体制机制改革，提升工作效率，提高服务水平，为中蒙跨境合作发展做好探索试点工作。进一步推进中蒙贸易自由化政策，形成双方开放合作的经济管理机制，打造跨境合作的体制机制创新试验区。

第四，争当中国东部沿海发达地区产业转移的承接区。当前，全国都面临着产业结构转型升级，跨合区可以有选择性地承接适合当地发展的产业，优化产业结构，提高跨合区产业创新能力和产品附加值，同时带动蒙古国科技发展水平提高，做到双方相互促进、协调发展，实现高效益的发展绩效。

第五，成为睦邻安邻富邻的示范区。秉承我国“睦邻友好”的和平外交政策，贯彻落实“与邻为善”等方针，以跨合区为平台，加强中蒙双方在经济发展、社会管理、文化交流方面的沟通和合作，推动实现边境居民的共同富裕，力争成为中蒙全面战略伙伴关系的示范区，争取早日实现中蒙边境地区兴旺繁荣。

三、跨境贸易

在当前经济全球化的大背景下，中蒙两国的政策与资金扶持，为两国的边境贸易注入了更多的动力，两国的贸易往来更加频繁和稳定，二连浩特与扎门乌德的边境贸易额不断增长。

（一）口岸建设情况

目前，中国与蒙古国之间共有 12 个口岸，其中二连浩特口岸是边境进出口贸易总额最多的口岸。蒙古国的加工业发展相对滞后，主要是靠矿产品出口。二连浩特口岸对应的蒙古国扎门乌德口岸，其铁路和公路的基础设施建设水平不高，还不能完全满足中蒙贸易的发展需要。

1. 二连浩特口岸

二连浩特口岸是蒙古国和中国之间最大的口岸和跨境贸易中心。二连浩特口岸进出口贸易占蒙古国和中国贸易总额的70%。该口岸是中国“一带一路”倡议和内蒙古自治区“8337”发展计划的重要组成部分。二连浩特口岸距离天津港口830千米，距离乌兰巴托市714千米。截至2016年6月底，二连浩特口岸有1055家外贸企业，其中自理报检企业973家、代理报检企业82家。随着外贸企业备案数量的不断增加，二连浩特口岸主动作为，简政放权，为企业办理备案提供方便快捷的手续，积极助推口岸外贸的发展。

2015年，二连浩特口岸进出口货物总量1403.00万吨，比上年增长3.45%。进出口贸易总额达到177.55亿元，比上年下降20.03%，其中进口贸易104.7亿元，同比下降23.05%，出口贸易72.87亿元，同比下降15.34%。2016年，口岸进出口货物总量达1435.43万吨，比上年增长了2.35%，其中进口1104.82万吨，同比增长16.9%，出口330.91万吨，同比下降27.69%。2016年，口岸贸易进出口总额156.13亿元，比上年下降11.26%，其中进口110.18亿元，同比增长6.9%，出口45.95亿元，同比下降36.94%。2017年，口岸进出口货物累计完成1503.10万吨，同比增长4.7%，其中进口货物1179.2万吨，同比增长6.7%，出口货物323.9万吨，同比下降2.1%。2017年，口岸贸易进出口总额达205.03亿元，同比增长31.3%，其中进口150.84亿元，同比增长36.3%，出口54.19亿元，同比增长19.1%（见图6-3）。

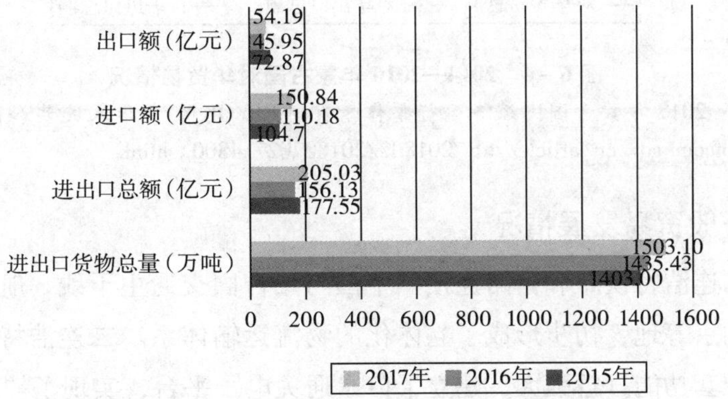

图6-3　二连浩特口岸进出口贸易情况

资料来源：《二连浩特市2017年国民经济和社会发展统计公报》。

2. 扎门乌德口岸

扎门乌德位于蒙古国东南部，是蒙古国对华的最大陆路口岸，也是唯一的铁路口岸。这一口岸距二连浩特市4.5千米。从铁路来看，中蒙俄之间的铁路运输主要通过扎门乌德口岸进行。扎门乌德口岸与二连浩特口岸铁路年货运总量约1072万吨，铁路运输占两口岸进出口额的76.5%。从公路来看，连接亚洲和欧洲的公路通过扎门乌德口岸，每年的货物周转量约为100万吨。目前，每天约有150辆载重量为45吨的货车穿越边境。

2014—2016年蒙古国对华贸易总额、对华出口额、进口额均呈现先减少后增加的态势（见图6－4）。2018年第一季度，蒙古国对华贸易总额16.6亿美元，同比增长15.68%，占蒙古国对外贸易总额63.85%；对华出口贸易额13.01亿美元，同比增长7.78%，占其出口总额的87.8%；自华进口贸易额3.59亿美元，同比增长57.45%，占其进口总额的31.7%。中蒙双边贸易额的增长与“一带一路”的推进有密切的关系。

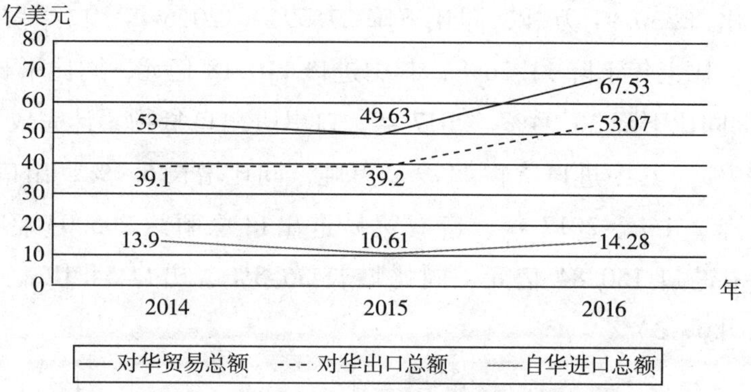

图6－4 2014—2016年蒙古国对华贸易情况

资料来源：2017年蒙古国民经济运行整体情况［EB/OL］. 中华人民共和国商务部网站. http：//mn. mofcom. gov. cn/article/ztdy/201802/20180202714800. shtml.

（二）一般贸易发展情况

目前，二连浩特铁路和公路连接了中国与蒙古国交通主干线，航线也已开通至呼和浩特、北京等地，初步形成了立体化的物流运输体系。二连浩特口岸基础设施日趋完善，配套功能日益强大，建立了口岸通关电子平台，实现了“一厅式”办公和“一条龙”服务，为边境贸易提供了优质的软件与硬件服务。

2018年，铁路口岸进出口货物完成1464.7万吨，同比增长8%。进口货物1296.5万吨，同比增长10.7%，其中铁矿石进口运量为565.3万吨，同比增长

12.4%，煤炭进口运量为178.8万吨，同比增长41.1%（见图6-5）。出口货物168.3万吨，同比增长8%，其中化工出口运量为9.4万吨，同比减少42.7%，集装箱出口运量为83.9万吨，同比增长24.7%（见图6-6）。

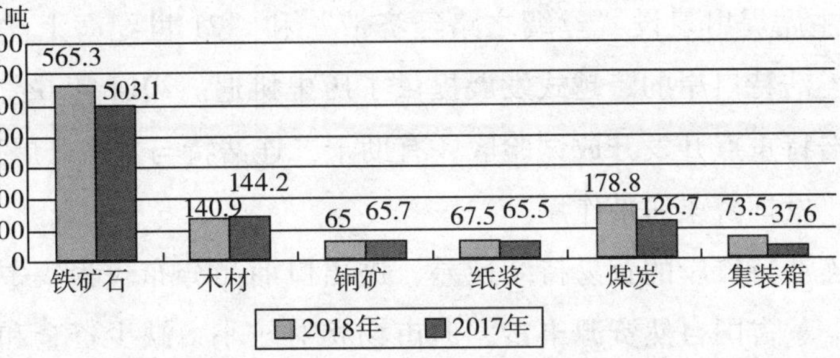

图6-5 二连浩特铁路口岸2017年与2018年进口货物对比图

资料来源：2018年1—8月二连进出口运量情况［EB/OL］. 内蒙古区情网. http://www.nmqq.gov.cn/.

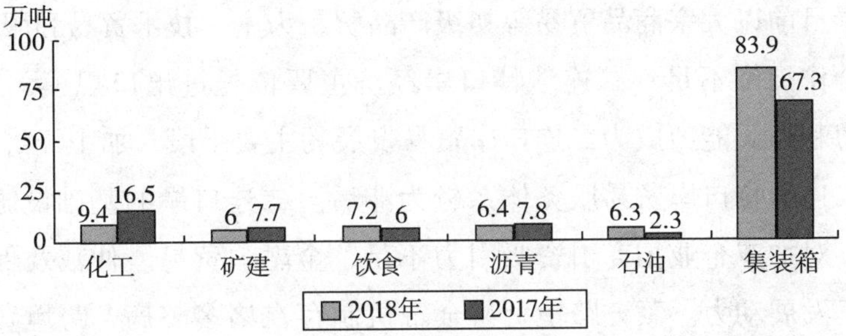

图6-6 二连浩特铁路口岸2017年与2018年出口货物对比图

资料来源：同图6-5。

2018年，二连浩特公路口岸进出口货物完成191.4万吨，同比增长8.9%。其中进口货物10.3万吨，同比增长35.5%，出口货物181.1万吨，同比增长7.7%（见图6-7）。

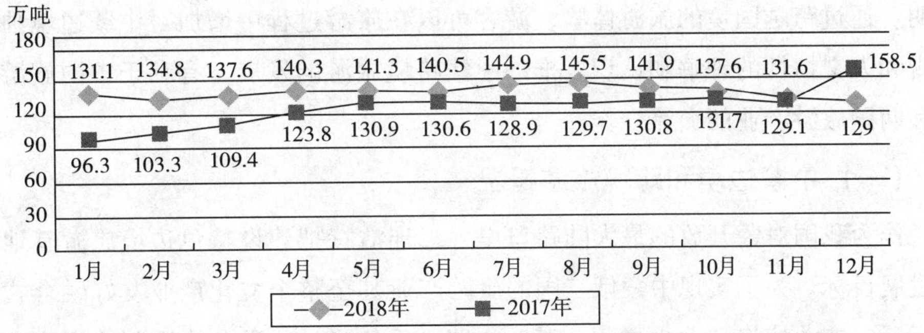

图6-7 二连浩特公路口岸2017年与2018年进出口货物对比图

资料来源：同图6-5。

二连浩特口岸的一般贸易具有如下特点：

第一，从贸易规模来看，二连浩特口岸与扎门乌德口岸的贸易规模趋于扩大，货运量和贸易额均不断增加。当前国家、自治区对二连浩特口岸给予高度重视，2013年习近平主席提出建设“丝绸之路经济带”和“21世纪海上丝绸之路”的战略构想，为二连浩特口岸的跨越式发展提供了历史机遇。2014年6月，国务院正式批准设立二连浩特重点开发开放试验区，有助于二连浩特与蒙俄开展互惠互利合作，壮大口岸经济，发挥桥梁纽带作用。

第二，二连浩特口岸的贸易持续逆差，进出口商品分布较为集中，双方贸易结构具有互补性。蒙古国自然资源丰富，但市场相对较小，缺少资金和技术，而中国市场规模大，资金和技术相对具有优势，因此两口岸的边境贸易充分体现出互补性。二连浩特口岸的出口商品多为劳动密集型产品，进口商品多为资源密集型产品。

第三，贸易方式单一。边境小额贸易快速增长，但一般贸易仍是主要贸易方式。二连浩特口岸目前以大宗商品贸易等初级产品贸易为主，技术贸易和服务贸易较少，因此投资和合作深度不足；二连浩特口岸经济主要依托进出口规模，扩大进出口、提升运输能力和通关能力成为二连口岸贸易发展的主要手段，加工经济发展不足。

第四，二连浩特口岸贸易服务体系较为滞后。二连口岸的基础设施滞后、自然条件较严酷，对加工企业招商引资吸引力不足，金融、贸易、仲裁及保险服务等中介机构也缺乏发展动力。蒙方跨境贸易金融机制存在诸多弊病，跨境贸易的金融服务制度不完善，金融体制不健全，银行业对企业扶持力度小，贷款支持力度不足。

四、跨境旅游

随着跨境旅游的发展，作为实际载体的旅游景点所拥有的特殊魅力成为旅游区的核心资源。相比边境旅游，近些年发展起来的跨境旅游在特色建设方面无疑更加鲜明。通过跨越国境的旅游体验，游客可以在旅游过程中增加对中蒙边境独特自然景观和人文情怀的理解和认识。推动中蒙跨境旅游的发展，有利于中国旅游业的发展和两国旅游产业的交流合作。

（一）中蒙边境和跨境旅游概况

作为我国对蒙开放的最大陆路口岸，二连浩特把建设特色边境旅游基地作为城市发展目标。为了实现中蒙俄三国的旅游产业甚至整个文化产业友好融合式发展的目标，二连浩特将“北疆之门、茶叶之路、千年驿站、恐龙故里”确定为自身旅游发展的形象定位和发展路径。

二连浩特地区的边关特色旅游、驿站文化旅游和恐龙文化旅游项目已经初具雏形。二连浩特市已经拥有 7 家旅行社、2 家分社，574 家餐饮企业，232 家住宿企业，接待床位达 10231 张。旅游产业的发展还提供了更多的就业机会，直接和间接创造的就业岗位达 5000 多个。此外，二连浩特市还建成了国家 3A 级国门景区、4A 级国家地质公园景区、国内首家展示驿站文化的伊林驿站遗址博物馆、恐龙市门景观大道、赛乌素特色小镇、驿路文化公园、奥林匹克文化公园、陆桥公园、湿地公园、恐龙公园、戈壁生态公园和奔奔塔拉牧人之家等十多处极具当地人文和景观特色的旅游开放景点。

近年来，中国与蒙古国的高层领导经常开展对话交流，两国成功举办了中蒙区域性旅游企业及马业发展交流合作论坛，并于 2016 年签订了《中蒙旅游合作协议》。协议达成了战略性的发展成果，开辟出 5 条经典跨境旅游线路：二连浩特—乌兰巴托—乌兰乌德—贝加尔湖—赤塔—满洲里 12 日自驾游、二连浩特—乌兰巴托—库苏古勒湖—哈啦和林—乌兰巴托—二连浩特 9 日自驾游、二连浩特—乌兰巴托—特日勒基度假村—十三世纪蒙古部落—克鲁伦河—二连浩特 7 日游、二连浩特—扎门乌德—赛音山达—乔伊尔—特日勒基—乌兰巴托多日游、二连浩特—扎门乌德—赛音山达 3 日游。中国游客最喜欢第一条旅游线路，因为这条线路从二连浩特出境，其间穿越蒙古高原，并途径俄罗斯东西伯利亚乌兰乌德、伊尔库茨克、赤塔等地，最后从满洲里再回到祖国怀抱，具有跨度大、距离远、景观多样的特点。

二连浩特的跨境旅游发展取得了不错的成绩。2016 年，二连浩特市接待的国内外游客数量达到 198.7 万人次，实现旅游收入 44 亿元，其中国内游客 109.2 万人次，实现国内旅游收入 21.92 亿元，国外游客 89.5 万人次，实现旅游创汇 3.5 亿美元。

（二）建设中蒙跨境旅游合作区

中国与蒙古国跨境经济合作程度的不断加深，促进了中蒙跨境旅游合作区的发展建设。中蒙跨境旅游合作区在空间上可划分为北、东、南三片，涵盖 92.5 平方千米的区域面积。在旅游区的空间规划中，旅游区的北部片区为 22 平方千米的特色区，国门景区、跨境经济合作区、边民互市贸易区成片状分布于旅游区北部，北达中蒙两国的国界并且有 9 平方千米在蒙古国领土上。北部片区也是跨境旅游合作区的核心区域，主要包括边关文化游览区、旅游购物退税区、异国风情体验区等。

旅游区的南部片区共有 0.5 平方千米，是二连浩特城市客厅区。该区毗邻二连浩特的城市建成区，西抵二连浩特—扎门乌德跨境经济合作区的西边界，东抵国门景区的东边界。南部片区主要包括旅游综合服务区、交通服务枢纽区、旅游购物区、

"马文化"演艺体验区、国际自驾车露营区等。

东部片区共有70平方千米，是旅游资源展示区。该片区东至二连浩特市界，包括伊林驿站遗址，西、北、南面至恐龙地质公园边界，是创建国家5A级旅游景区的主要承载区域，包括恐龙地质公园、伊林驿站博物馆、驿站文化旅游区、盐文化旅游区以及牧家乐体验区等。

中蒙跨境旅游合作区的建设规划将中国的边境城市二连浩特作为大景区，将"历史的万里茶路，今天的跨境旅游"作为建设主题，两国力争将二连浩特市建设成为具备跨境旅游、购物退税、休闲娱乐、参与体验等全方位的具有国际示范作用的跨境旅游合作区。原国家旅游局在2015年将中蒙跨境旅游合作区列入全国优选旅游项目名录，肯定了跨境旅游合作的发展潜力。

截至目前，中蒙跨境旅游合作区建设项目总投资28.2亿元。两国游客可以凭借互市贸易证享受每人每日8000元的免税政策优惠。2017年9月，投资总额为3.5亿元的国际会议中心正式投入运行。此外，中蒙两国的国际马术演艺基地已经开始承接演出项目。作为旅游文化演艺代表的大型历史实景剧《成吉思汗的黑纛》经过近两个月的60场演出，达到了近万人次的观看量。

五、二连浩特—扎门乌德跨境经济合作区发展面临的问题

二连浩特—扎门乌德跨境经济合作区具有很大的发展潜力，但目前还面临政治环境不稳定、基础设施建设进度较慢、产业发展不平衡等问题，在继续推进跨合区建设时应予以重点关注。

（一）政治环境需要进一步稳固

一是蒙古国国内政治环境的稳定性。20世纪90年代后，蒙古国的政治体制由一党制过渡到多党制，政党轮替将不可避免地带来一定程度的政策变化。尽管目前中蒙双方经贸关系稳定且不断深入，但在开展跨境合作方面，蒙古国国内还存在一些反对声音，导致双方经贸合作推进较慢。在矿产资源投资、劳务输入等方面体现得尤为明显。目前，我国自上而下，对推动二连浩特—扎门乌德跨境经济合作区建设，表现出了巨大的诚意，但就蒙方而言，建立跨境经济合作区尚属首次，经验不足，在推动合作进展方面过于谨慎。

二是地缘政治影响。蒙古国地处中俄之间的特殊地理位置，使其成为"一带一路"倡议和俄罗斯"欧亚经济联盟"对接的必经之路和重要节点。随着中蒙经济贸易合作的不断加深，其他国家必将进一步加强对蒙古国的政治经济影响。如何避免

或减少其他国家对中蒙跨境经济合作的不利影响，是推进跨合区建设面临的极大挑战。

（二）中蒙双方有效的协调合作机制尚待建立

跨境经济合作区并不是一个独立的疆域，中蒙双方任何一方的国内司法机构均无权对整个区域行使完全的管辖权。但随着该区域的运营和发展，经济、民事等领域的纠纷和刑事案件在所难免。其建设也需要突破边境对生产要素流动的障碍，需要在可控的前提下实现双方区域间便捷高效的人员、货物和资金流转，这涉及中蒙两国外交、海关、边防检查、检验检疫、交通、经贸等多个部门。因此，建立定期有效的协调、合作机制是二连浩特—扎门乌德跨境经济合作区建设需要解决的难点问题，主要涉及中蒙两国部分事权让渡、跨境经济合作区管理机制建立、国家战略与地方利益有效衔接 3 个方面。

一是中蒙两国部分事权让渡。二连浩特—扎门乌德跨境经济合作区是两国在边境接壤区域的一种紧密合作模式，不仅涉及区域内人流、物流、资金流等方面的管理，也关系到检验检疫、海关监管等方面的问题，涉及税收、海关、金融、外资、外贸等国家事权。如何处理这些问题，是两国政府都必须要考虑的问题。众所周知，欧盟是世界上一体化程度最高的地区之一，正是欧盟国家在国家主权让渡方面进展较快，才加快了欧盟一体化进程。二连浩特—扎门乌德跨境经济合作区的建设和运行中，势必会涉及两国共同管理一些事权。由于蒙方缺乏相关经验，对此存在一定顾虑，客观上增加了跨境经济合作区建设和运行的难度。

二是跨境经济合作区管理机制建立。二连浩特—扎门乌德跨境经济合作区既不同于一般意义上的次区域经济合作，又不同于国内现有的特殊经济区域，其自身的特殊性决定了跨境经济合作区在建设和运作的过程中会涉及更多更复杂的问题。中蒙两国在法律法规、管理机制、对跨境经济合作区的认知等方面存在一定差异，这就给中蒙共同管理跨境经济合作区提出了问题。如何克服两国在政策、法律等方面的不一致，达成有效共识？如果没有一套科学、合理、完整的管理办法，那么中蒙两国在管理跨境经济合作区时，可能会出现一些误会和摩擦，增加行政成本和交易成本，会对生产要素的自由流动形成一定的束缚，进而影响跨合区的建设成效。

三是国家战略与地方利益有效衔接。二连浩特—扎门乌德跨境经济合作区的建设涉及中蒙两国的国家发展战略，而其具体实施运作则主要由地方政府来全力推动。所涉及的国家战略的高层决策自然由国家实行，地方政府只是积极的实施者及推动者，这就会导致决策层与实施层之间利益互相冲突、发展步调不一致的问题，也必定会影响跨境经济合作区建设的进程。这就决定了中蒙两国都必须要建立一套完善的机制，来有效地解决地方政府利益趋向不明显、权限相对不足的问题，提高地方政府参与建设的主动性和积极性。二连浩特—扎门乌德跨境经济合作区在这一问题上，还需要两国中央政府更加明朗的态度和具体的政策保障。

（三）基础设施建设进展缓慢

基础设施建设滞后是当前二连浩特—扎门乌德跨境经济合作区进一步发展的重要制约因素之一。铁路、公路、通信、油气管道等基础设施建设具有紧迫性，也是跨合区建设的优先项目。但大型基建项目都有建设周期长、初始投入大、投资回收周期长的特点。

一方面，通道建设进度显著慢于贸易增长速度。虽然近年来中蒙双方高度重视基础设施互联互通建设，重点推动了一批互联互通项目，有效地缓解了中蒙双方通道不畅的问题。但二连浩特口岸进出口增长很快，导致前后方交通运输不畅问题凸显，部分进出口商品在二连浩特口岸长期积压，增加了企业生产成本，抑制了企业投资积极性，制约着口岸贸易的快速发展。据预测，到2020年，二连浩特口岸年吞吐能力将达到3000万吨，2025年将达到5000万吨以上。二连浩特—扎门乌德跨境经济合作区运营后，以目前的通道承载力，远不能满足发展的需要。交通通道上存在多处明显的“瓶颈”。蒙方境内，穿越蒙古国全境直达二连浩特的铁路虽是干线，但运输能力低，千禧公路尽管已经通车，但只相当于我国三级公路标准，运输能力有限；口岸方面，二连铁路车站基础设施与蒙方不匹配，蒙方车辆到达后需重新编组，影响口岸通关效率；我国境内，二连浩特口岸只有2条铁路通向内陆，运输能力接近饱和状态，而通向锡林浩特、呼和浩特等方向没有高速公路，只有省道。如果交通“瓶颈”制约得不到破解，将严重影响二连浩特—扎门乌德跨境经济合作区的建设步伐和内蒙古向北开放的进程。

另一方面，水资源匮乏制约跨境经济合作区发展。二连浩特市及蒙古国扎门乌德市所在区域均属于荒漠化草原和半干旱大陆性草原气候，水资源严重匮乏。目前勘探结果显示，可利用水资源仅能满足当前城市发展的需要，如何确保未来跨合区建设和运营对水资源的需求是跨境经济合作区发展所面对的重要挑战之一。此前，美国国际开发署（USAID）在对蒙方区域所作的评估中就认为，扎门乌德现有水源产量仅能满足扎门乌德城市发展需要，对自由经济区发展的支撑保障能力十分有限。因此，如何合理规划跨境经济合作区，提倡绿色发展理念，合理开发利用水资源，降低水资源压力，是跨合区未来建设中需要重点解决的问题。

（四）产业发展不平衡、贸易结构单一

中国与蒙古国之间的贸易往来除能源和原材料之外，商品贸易结构依然比较单

一，贸易合作形式和模式也比较简单。首先，虽然中国已连续多年成为蒙古国最大的贸易伙伴及投资来源国，但中蒙间投资与贸易仍主要集中在能源和矿产资源领域。近几年，中国国内经济增长放缓，对初级产品市场需求减弱，加上蒙古国经济低迷，进口需求减弱，中蒙双方进出口贸易增长乏力。其次，二连浩特和扎门乌德两地经济均不发达，产业结构单一，制造业和服务业发展缓慢。两地经济增长主要依赖资源型产业，经济增长仍以粗放型为主，创新力不强，产业集群效应弱，经济辐射能力不强。而蒙古国人口较少，市场规模不大，二连浩特发展外向型出口加工业受到制约。再次，二连浩特制造业缺乏龙头企业，产业规模也较小。最后，在第三产业方面，国内旅游业市场竞争激烈，二连浩特旅游业开发投入不足，旅游线路有限，旅游配套功能不完善，旅游业竞争力不强。

（五）缺乏高素质的管理队伍

二连浩特—扎门乌德跨境经济合作区对于中蒙双方都是一个全新的模式，概念、管理模式、推进方式、合作流程、政策体系等均处于探索之中，涉及两国政治、经济、安全、法律、人员管理、国际贸易等诸多事项，因此跨境经济合作区建设需要培养、储备专业化的人才队伍，为先期的开拓及后期的管理打下坚实的基础。目前，无论是二连浩特还是扎门乌德，受经济社会发展水平不高等因素的影响，对高素质、专业化人才的吸引力有限，国内外高学历、高素质人才，具备一定专业水平的技术人才和管理人才大都不愿到此工作定居。二连浩特—扎门乌德跨境经济合作区前期调研、规划设计、中期建设、后期运营管理的每一个环节都需要大量的专业技术和管理人才。如何培养当地人才、引进高素质人才是跨合区建设亟待解决的一大难题。

六、加快二连浩特—扎门乌德跨境经济合作区发展的思考和建议

鉴于二连浩特—扎门乌德跨境经济合作区建设发展中存在的制约因素，建议加快跨合区基础设施建设，建立高效的管理机制，打造特色产业基地，加快人才队伍建设，进一步推动两地深度合作，最终实现边境地区的繁荣。

（一）进一步加快相关基础设施建设

全面加强二连浩特和扎门乌德之间的基础设施互联互通建设。一是加强公路联通的建设。加快二连浩特通向内陆地区的高速公路建设，尽快将二连浩特连接到全国高速公路干线；加快二连浩特到满洲里的高等级公路建设，打造沿边交通大通道。二是加强铁路通道的建设。在我国境内加快二连浩特到内陆地区铁路建设，加快二

连浩特到包头巴音花的铁路建设项目，积极推进二连浩特到乌兰察布集宁南站的铁路扩能改造工程；积极推进中蒙俄经济走廊铁路通道建设，重点协调加快二连浩特—乌兰巴托—莫斯科线路的现代化改造建设。三是加快管道建设。加快二连浩特—乌兰察布天然气管道项目；加快二连浩特—乌兰巴托油气管道建设，作为中俄油气东线管道的重要补充。四是加快航空通道建设。继续加强二连浩特至蒙古国乌兰巴托、俄罗斯伊尔库茨克等国际航线建设，把二连浩特机场建设成国内蒙、俄国际航线的重要机场之一。

加强对蒙方基础设施建设的援助。跨境经济合作区的建设需要双方共同完成。蒙古国经济实力有限，中国对蒙古国的援助项目应优先考虑跨合区蒙方基础设施建设。2015 年 10 月，中工国际蒙古扎门乌德基础设施改善项目主要施工内容正式完工，该项目主要涉及供热系统、供水系统、供电系统、道路及通信系统建设。2018 年 2 月 9 日，中国政府无偿援助蒙古国口岸基础设施建设项目可行性考察会谈纪要在蒙古国财政部顺利签署。应继续援助蒙古国完善基础设施互联互通建设工作，实现中国和蒙古国双赢。

合理规划建设项目，克服水资源不足难题。二连浩特市水资源不足，近年来地下水超采现象较为严重，地下水位逐年下降，直接影响二连浩特市经济发展和人民生活。因此，要积极响应国家加强生态文明建设的发展战略，践行绿色发展理念。一方面，积极利用现代绿色技术，建设节水型跨合区，根据水资源总量，合理安排工业发展项目、城镇建设项目和居民生活项目用水规模，合理开采地下水，实现水资源的可持续开发利用。另一方面，积极探索实施跨流域调水工程，积极争取将为二连浩特实施调水工程纳入国家、自治区规划，协调蒙古国实施跨流域调水工程，从蒙古国水资源富集的北部地区向扎门乌德地区供水，解决水资源短缺问题。

（二）构建高效的管理机制

对于二连浩特—扎门乌德跨境经济合作区的建设、运行、管理，建立科学合理的管理机制是首要保障。通过建立国家、自治区、地方 3 个自上而下的层级管理机制，实现跨境经济合作区的协调管理、有效运行。具体来看，有关跨合区建设发展的重大事项由国家层级的合作协调委员作出决策；跨合区总体方案的实施事项由自治区层级的跨合区理事会机构负责指导运行；跨合区推进过程中出现的具体问题则由区域内专门成立的日常管理机构进行实时管理维护。

在跨合区项目设立初期，双方地方政府应分别设立本地合作事务管理委员会，采取合作管理的互助模式。中蒙双方应共同商议跨境经济合作区的发展政策和建设方向，同时对跨合区内己方区域的基础设施建设负责。跨境经济合作区实行封闭的管理模式，双方单独投资本国区域建设。此外，为加强管理，中蒙两国应对各自区域进行围网式保护性管理，并以建立边检通道的方式实现两国区域的互联互通；建立中蒙双方的跨合区管理委员会并举行定期会晤，探讨发展计划。

当跨合区基础设施项目建设成熟后，将实行合并管理、统一成立管理委员会的发展模式。双方可考虑采取“一线放开、二线管住、人货分离、分类管理”的运行机制，对两国单独围网的区域进行融合，并共同协调商议接壤区域内的空间布局及有利于双方发展的交通道路建设的规划事宜；入驻企业可以根据事先协定分别入驻各国区域，也可根据企业生产经营特点协商入驻对方区域。跨合区对人员、物流、游客的管理由管理委员会统一负责，但是本区的规划实施以及具体日常事务则由各自区域内的有关机构单独负责。

（三）重点推进特色产业建设

要实现跨境经济合作区的有效发展，需要推动二连浩特与扎门乌德的产业发展实现规划对接，发挥两者的产业优势，实现互利共赢。要致力于推动优秀的中方企业加入跨合区的开发建设中，推动形成 6 条主要的产业链：①国际贸易。吸引大型品牌店、免税店入驻跨合区，吸引双方乃至世界各地的优质外贸企业在跨合区内注册经营。②物流仓储。蒙古国具有丰富的矿产资源，可推动建设相应的黑金属、有色金属等矿产资源的战略储备库。③进出口加工业。建设重点是利用进口资源发展面向国内市场的进口产品加工业，同时可以充分利用世界其他国家对蒙古国的普惠制政策来发展面向蒙古国乃至国际市场的出口产品加工业。④电子商务。商贸、物流和加工业的发展都需要相应的电子商务平台，可以引导国内电商企业投资入驻跨合区。⑤金融服务。要加快跨合区重点区域的银行、证券、保险等金融服务的建设，为跨合区经济发展营造良好的投融资环境。⑥旅游娱乐。双方协商发展跨境旅游项目，如中国可以与蒙古国联合发展特色鲜明又具有知名度的马文化、马竞技等特色娱乐项目。根据二连浩特与扎门乌德目前的经济发展条件，为了推动二连浩特—扎门乌德跨境经济合作区的建设发展，加快推进 6 条产业链的建设，在跨合区建设初期，应将国际贸易物流业、进出口加工业、配套服务业等行业作为重点建设项目。

在国际贸易物流业方面，首先，可以加大中欧班列的运营服务力度，加快双方采购市场贸易试点工作的申报、审核进度，从而有效地推动外贸业的转型升级。其次，可以加快“空地联运”项目的实施，在物流运输方面大幅提高跨境电商快件通关数量，真正实现效率物流。最后，可以通过洽谈合作，努力赢得双方国家口岸管理部门的支持，建设国际航空口岸。

在进出口加工业方面，首先，要根据两个城市的地理位置确定外向型加工经济的定位，借助蒙古国现有的普惠制受惠国的优势，认真结合现有中蒙俄经济走廊的实施战略，建设面向俄罗斯、欧盟以及美国市场的加工制造产业，科学谋划设计符合两国发展情况的境外粗加工与境内精深加工相配套的产业链条，积极创造条件让双方更多的进口资源落地加工、过埠增值。其次，可以把跨合区作为外向型加工基地，有效引导国内的装备制造、五金机电、生活日用品等出口产业在跨合区内投资建厂，利用国际产业合作的机会推动国内“产能输出”。最后，积极申报加工贸易梯度转移重点承接地，推动形成功能完善、配套齐全的产业承载平台，促进加工贸易转型升级。

在配套服务业方面，一是要打造与制造业相配套的生产性服务业，要推进合作区内的金融、保险等服务业的发展建设，扩大人民币跨境使用的频率和范围，推进人民币的国际化进程；通过建立矿业交易中心等方式来完善符合两国利益的矿业开发服务与交易体系；积极发展符合国际贸易发展方向的现代物流业以及商贸服务业。二是要加快现代生活性服务业的发展，积极发展现代旅游业，同时注重以制造业和旅游业为中心的职业技术教育的发展；要匹配跨合区的建设目标，绿色高效地发展餐饮零售、交通服务、住宿配套等便民性的服务业；为了推动产业与城市的有效融合发展，大力发展教育及医疗服务等社会性服务业，提升区域内居民的福利水平。

（四）建设高素质管理人才队伍

人才资源是第一资源，二连浩特—扎门乌德跨境经济合作区的发展程度最终取决于人才的聚集。二连浩特、扎门乌德现有的人才队伍明显不能满足跨境经济合作区规划、建设、运行、管理的需要，必须要建立一支高素质的管理人才队伍。

一是要培育人才。一方面，充分利用区域内高校资源。内蒙古区内有很多科研实力强的高校，如内蒙古大学、内蒙古科技大学、内蒙古民族大学、内蒙古师范大学等，二连浩特市内就有内蒙古师范大学二连浩特国际学院。要充分挖掘高校资源，主动与高校签订协议，建立就业实习基地，实施“三支一扶”计划等，吸引广大毕业生到跨境经济合作区就业。另一方面，在跨境经济合作区内设立专门的国际高等培训学校。学校可以采用中蒙共建模式，也可以采用各自单独建设的形式，专门培养跨境经济合作区建设人才，推动跨境经济合作区教育事业的发展。

二是要培养现有人才。充分发挥现有人才队伍的作用，“请进来”与“走出去”相结合，开展人才培训，全面提升人才的专业素质和综合素质，鼓励党政机关和国有企事业单位工作人员在职深造、外出培训，给予相关经费支持和政策保障。

三是要引进人才。完善跨境经济合作区人才引进激励机制，开辟人才绿色通道，引进具有较高水准的硕士、博士及中高级专业技术人员来二连浩特市创业定居，并按照不同级别在住房分配、子女入学等方面给予一定的特殊照顾，使人才留得住、发展得好。

四是要打造创新创业的平台。要积极为人才搭建平台、创造机会，让人才在开发开放、“一带一路”的主战场实现自我价值，用真事业留真人才，让他们成为建设二连浩特—扎门乌德跨境经济合作区的“排头兵”和“生力军”。

第七章　满洲里跨境经济合作区进展报告

满洲里是全国最大的陆路口岸，地处欧亚第一大陆桥的交通要冲，是我国环渤海地区通往俄罗斯、蒙古国等国家极为重要、便捷、经济的陆海联运大通道。为响应中央关于深化对外开放的有关要求，满洲里依托边境口岸的通关优势和毗邻俄蒙的区位优势，不断深化沿边开放和促进外贸平稳发展。这不仅是我国边疆地区广泛参与区域经济、发展外向型经济的客观需要，还是“一带一路”倡议背景下建设跨境经济合作区战略布局中进一步拓展国际大市场的必然选择。

一、满洲里跨境经济合作区建设背景

满洲里市的对外贸易历史悠久，自中俄两国政府确认边界开始，两国持有护照者就通过满洲里开展了边境贸易。2016 年 9 月 13 日，国家发展改革委公布《建设中蒙俄经济走廊规划纲要》（以下简称《纲要》），这意味着“一带一路”框架下的第一个多边合作规划纲要正式启动实施。《纲要》提出，发展边境贸易，优化商品贸易结构，扩大服务贸易量；拓展经贸合作领域，提升经贸合作水平。其中，建立跨境经济合作区，成为引导边境贸易向加工、投资、贸易一体化发展的一项重要举措。

（一）满洲里市发展概况

满洲里市位于内蒙古自治区呼伦贝尔市西部，属于寒温带气候。满洲里市东依兴安岭，南濒呼伦湖，西邻蒙古国，北接俄罗斯。全市东西最长 50 千米，南北最宽 34 千米，呈不规则的狭长形，总面积为 732.44 平方千米。满洲里原称“霍勒津布拉格”，蒙古语意为“旺盛的泉水”。1902 年因东清铁路开通而建城，俄语为“满洲里亚”，音译成汉语为“满洲里”。满洲里市与俄接壤的边境线长 54 千米，是全国最大的陆路口岸城市，居住着蒙古族、汉族、回族、朝鲜族、俄罗斯族等 20 多个民族。

由于满洲里地处东北亚经济圈的中心，是欧亚第一大陆桥的战略节点和最重要、最快捷的国际大通道，素有“东亚之窗”的美誉，承担着中俄贸易65%以上的陆路运输任务。满洲里对内背靠东北三省，与环渤海地区相贯通，经济腹地辽阔；对外连接俄罗斯西伯利亚大铁路直至荷兰鹿特丹，所经之处是俄罗斯人口最多、资源最富集的地区，经济地理条件十分优越。随着中蒙俄合作交往的深入推进和国家振兴东北老工业基地、西部大开发战略的加快实施，满洲里已成为东北亚区域经济合作的战略支点。

满洲里也是拥有百年历史的口岸城市，因1902年东清铁路（现在的滨洲铁路）的开通而建城。中华人民共和国成立后，满洲里作为我国的主要外贸通道，有力地支持了全国的经济建设。党和国家领导人多次到满洲里视察并作出重要指示。毛泽东出访苏联途经满洲里时指出，“满洲里是祖国边疆的重要城市，是中苏贸易的重要陆路口岸，对新中国的建设、巩固国防均有重要作用”。江泽民曾题词“努力建设繁荣的边疆口岸”。习近平曾用诗句“风景这边独好”和成语“守土有责、守望相助”评价满洲里发展成果和守卫北疆大门、深化睦邻友好的重要作用。

满洲里始终在国家对外开放战略中居于重要位置，于1992年被国家批准为首批沿边开放城市，为我国改革开放和现代化建设作出了重要贡献。满洲里曾连续三次获得“全国文明口岸”称号，六次获得“全国双拥模范城”殊荣，是全国文明城市、中国优秀旅游城市、全国科普示范城市、国家级生态示范区和CCTV十佳魅力城市。2012年被国务院确定为国家重点开发开放试验区。

据满洲里市官方统计数据，截至2017年，满洲里市户籍人口总户数为75845户，其中扎赉诺尔区40064户；户籍人口为171716人，其中扎赉诺尔区86405人。从城乡结构来看，全部为城镇户籍人口；从性别来看，男性为85049人，女性为86667人，男女性别比为98:100；从人口自然变动情况来看，全年共出生1261人，死亡1896人，出生人口中，男性为605人，女性为656人，人口出生率和死亡率分别为7.3‰和11‰。①

根据统计数据，满洲里市经济发展呈现如下特点：

第一，经济增长平稳。2017年，满洲里市实现地区生产总值162.9亿元，按可比价计算，同比增长4.9%，人均生产总值72406元，按可比价计算，同比增长5.4%。分产业来看，第一产业实现增加值3.3亿元，同比增长2.6%；第二产业增

① 满洲里市2017年国民经济和社会发展统计公报［EB/OL］. 满洲里市人民政府网. http：//www. manzhouli. gov. cn///mzl/zfz/xxgk/tjxx/tjgb/830751/index. html.

加值33.7亿元，同比下降0.6%；第三产业增加值125.9亿元，同比增长6.8%。三次产业结构比例为2:20.7:77.3，万元地区生产总值能耗下降3.4%。

第二，财政税收健康。2017年，满洲里市地方财政总收入18.6亿元，地方财政支出40.4亿元；国税收入6.5亿元，增长1.1%；地税收入13.9亿元，与上年同期持平。一般公共预算收入10.2亿元，其中，国内增值税1.8亿元，增长57.9%，改征增值税0.7亿元，增长28.5%。

第三，价格水平平稳。2017年，满洲里市居民消费价格总指数上涨1.5%，其中，八大消费品价格指数呈现“六升一平一降”的发展态势，烟酒及用品类、家庭设备用品及维修服务类、医疗保健和个人用品类、交通和通信类、娱乐教育文化用品及服务类、居住类的涨幅分别为0.5个、1.8个、1.1个、0.5个、12.4个和0.5个百分点；食品类较上年同期持平；衣着类下降0.2个百分点。

第四，个体私营经济发展迅速。2017年，满洲里市各类市场主体21264户，注册资本317.8亿元，同比分别增长22.1%和15.6%。其中企业4329户，注册资本278.7亿元，同比分别增长22.6%和17%；个体工商户16880户，注册资本9.5亿元，同比分别增长22%和32.4%；外商企业52户，投资总额4.5亿美元，注册资本2.2亿美元，同比分别增长20.9%、16.6%和22.8%。全年新登记企业653户，注册资本35.7亿元，新登记个体工商户2409户，注册资本1.9亿元。目前，非公有制经济占满洲里市地区生产总值的比重为70.5%，税收占比65.3%，就业人数占比85.2%。

（二）跨境经济合作区建设的历史沿革

1996年1月，国务院下发了《关于边境贸易有关问题的通知》（国发〔1996〕2号），对1991年以来国家先后制定的《关于积极发展边境贸易和经济合作促进边境繁荣稳定的意见》等一系列扶持、鼓励边境贸易和边境地区发展对外经济合作的政策措施作出了进一步的规范和完善。2016年6月，中国、俄罗斯、蒙古国三国于塔什干签订了《建设中蒙俄经济走廊规划纲要》，这意味着“一带一路”框架下的第一个多边合作规划纲要启动实施。在经贸方面，《建设中蒙俄经济走廊规划纲要》提出，将建立跨境经济合作区，以及引导边境贸易向加工、投资、贸易一体化完善。在《建设中蒙俄经济走廊规划纲要》发布之前，以国发〔1996〕2号文件为“分水岭”，满洲里市边贸发展建设基本可以分为探索发展阶段（1996年以前）和发展规范阶段（1996年至今）。

1. 探索发展阶段（1996年以前）

1988年1月，国务院批准呼伦贝尔盟设立经济体制改革试验区，满洲里率先利用地缘优势和口岸功能实施对外开放，全市形成了以对外贸易为龙头，对外经济合作、劳务输出、国际旅游等新兴产业从无到有、从弱到强迅猛发展的态势。1990 年 10—11 月，国家对部分地区进行了边贸调研，研究制定了《关于积极发展边境贸易和经济合作促进边疆繁荣稳定的意见》。1991 年 4 月，国务院办公厅转发了此意见（国办发〔1991〕25 号），明确了边境贸易的相关管理意见。1992 年 3 月，国务院下发了《关于进一步对外开放黑河等四个边境城市的通知》（国函〔1992〕21 号），满洲里与黑河、绥芬河、珲春一道成为首批沿边开放城市，在边境贸易和对外经济合作方面得到国家的重点支持，极大地推动了全市外贸的发展。1992 年 4 月，国务院下发了《关于同意建立中俄满洲里—后贝加尔斯克边民互市贸易区的批复》（国函〔1992〕32 号），正式成立满洲里中俄互市贸易区。1993 年开始，内蒙古自治区政府对满洲里市实行计划单列管理，使这一时期满洲里的外贸呈现持续、快速增长的发展态势。这个阶段满洲里市的外贸以易货贸易为主，贸易方式比较单一，商品种类不多，进口商品主要为化肥、木材、钢材等，出口商品主要为生活资料。

2. *发展规范阶段（1996 年至今）*

1996 年 1 月 3 日，国务院下发了《关于边境贸易有关问题的通知》（国发〔1996〕2 号），确定了如下几方面内容：一是明确了边境小额贸易和边民互市贸易概念，并对管理方式作了进一步明确；二是明确了边境贸易进口关税和进口环节税收问题；三是明确了边境小额贸易的进出口管理；四是明确了与边境地区毗邻国家经济技术合作项下进出口商品的管理。

《关于边境贸易有关问题的通知》对满洲里以及其他边境地区的边境贸易发展产生了深远的影响。通过实施进口关税和进口环节税减半征收政策，吸引了国内大量有实力的企业来满洲里设立边贸公司开展边贸进口业务，不仅带动了边境贸易总量的快速增长，还为满洲里带来了大量的物流、人流、资金流和信息流，在增加地方税收的情况下，推动了满洲里口岸基础设施建设和城市发展，为满洲里加快对外开放和积极参与“一带一路”建设奠定了坚实的基础。

二、满洲里跨境经济合作区概况

（一）满洲里跨境经济合作区发展情况

为推进中俄蒙跨境经济合作区建设，2016 年 3 月，俄罗斯后贝加尔边疆区政府、蒙古国东方省政府与满洲里市人民政府举行中俄蒙跨境经济合作区建设三方签约仪式。三方就建立工作机构、跨境经济合作区选址、合作区方案完善等多方面达成共识。跨境经济合作区选址工作，启动了中俄蒙跨境经济合作区规划建设，推进了中蒙跨境经济合作区和俄蒙跨境经济合作区建设，旨在实现“一区多园多点多线”。关于跨境经济合作区机制建设，三方遵循平等、务实、真诚、发展的合作原则，每一个双方合作的跨境经济合作区内的优惠政策同样适用于第三方。

2016年6月，中蒙俄签订《建设中蒙俄经济走廊规划纲要》。同月，满洲里市中俄边民互市贸易平台试运行，中方边民在交易大厅享受每人每日8000元商品免税政策，除满足自身消费需求外，还可进入二级市场进行全国分销；俄籍边民采购商品经俄方报关后，可通过互市贸易区专用通道直接入区交易。运营一年间，免税交易区实现交易额近2亿元。随着辖区内的内蒙古首家综合保税区——满洲里综合保税区封关运营及中俄边境旅游区被评为国家5A级旅游景区，互市贸易区、综合保税区及国门景区“三区联动”发展的态势已经形成。三区统筹联动、全面推进的新思路，形成了三个层面各具特色、三个区域优势互动、三个拳头协调发展的互市贸易区大开发、大开放新格局，将进一步带动满洲里市旅游贸易转型升级，把满洲里市打造成中国最大的俄罗斯进口商品集散地以及中国商品、第三国保税货物出口俄蒙欧的最大交易平台。

在中蒙俄经济走廊建设过程中，满洲里综合保税区是一项主要建设项目。国务院于2015年3月正式批复设立内蒙古自治区首个综合保税区——满洲里综合保税区。2016年12月20日，满洲里综合保税区正式实现封关运营。满洲里综合保税区规划建设面积1.44平方千米，地处满洲里市公路口岸、铁路口岸和航空口岸三大口岸的中心交汇处，地理位置极为优越，总投资4.6亿元。综合保税区以现代物流、保税仓储、国际贸易、保税加工四大产业为重点，逐渐发展成为内蒙古自治区乃至全国重要的生产服务基地、国际物流集散地、大宗商品交易地、制造业加工出口基地和国际展览展示中心，成为服务全国、面向俄蒙、辐射东北亚的重要载体和平台。

（二）国家和地方相关扶持政策

满洲里是我国向北开放的排头兵。“一带一路”建设为内蒙古进一步扩大对外开放，进一步深化与蒙古国、俄罗斯的合作提供了重要机遇。1992年，满洲里被国务院批准为首批沿边开放城市。2012年7月，满洲里被国务院批复为首批国家重点开发开放试验区。

2013年1月，内蒙古自治区研究出台了《关于加快推进满洲里重点开发开放试验区建设的若干意见》（内政发〔2012〕124号），在口岸和通道建设、财税、投融资、产业、工商、土地、公共服务、人才等方面，提出了38条具体支持政策，为满洲里重点开发开放试验区提供了政策红利和发展契机。

表 7-1　内蒙古支持满洲里重点开发开放试验区建设的主要政策

口岸和通道建设政策	① 推动满洲里综合保税区建设，自治区财政安排专项资金用于综合保税区基础设施建设。积极推动中俄边民互市贸易区双向开通，建立中俄跨境经济合作区。 ② 加大口岸建设投入，口岸建设专项资金重点支持满洲里口岸基础设施和电子口岸建设，提高口岸查验设备、基础设施等的保障水平，促进通关便利化。协调开通二卡—阿巴盖图公路口岸。 ③ 支持联检联运监管改革，创新海关、检验检疫、边防检查、交通运输等监管模式，简化货物、人员、车辆通关监管查验流程，推进 ATA 单证册制度实施。 ④推动满洲里—赤塔电气化铁路建设，实施滨洲铁路电气化改造，建设满洲里—齐齐哈尔铁路客运专线，加快建设满洲里—伊尔施铁路，贯通满洲里至锦州港、营口港出海通道；推动建设满洲里—阿日哈沙特—乔巴山铁路，连通中蒙俄铁路运输大通道。加快建设满洲里—阿拉坦额莫勒—阿木古郎—阿尔山高等级公路，规划建设满洲里—黑山头—拉布大林—室韦高等级公路，全线贯通绥满高速公路；推动建设满洲里—赤塔高等级公路，加快推进满洲里国家公路运输枢纽建设。改扩建满洲里西郊国际机场，将机场航线网络布局纳入全区航线布局总体规划。 ⑤ 增开国际公路客货运输线路，推动开通满洲里至俄罗斯红石、赤塔、乌兰乌德、伊尔库茨克和蒙古国乌兰巴托、乔巴山等城市的国际客货运输线路。增开国际（港澳台）和国内客货航线
财税政策	① 2012—2022 年，自治区财政安排专项资金支持试验区建设，以 2012 年 2 亿元为基数，以后年度逐年增加；将上缴的基金收入、煤炭资源价款及新增建设用地有偿使用费自治区集中部分全额返还，以上资金专项用于试验区口岸、园区基础设施、通道、社会事业和生态保护等方面建设。对满洲里试验区基础设施和园区项目贷款给予贴息，对新开通的国际（港澳台）航线给予补贴，对境外资源合作开发、境外加工贸易、对外承包工程和境外加工园区、原材料基地给予补助。进一步完善边贸转移支付办法，适当增加自治区配套资金。 ② 2020 年以前，对设在满洲里试验区的加工制造类产业项目，除国家限制和禁止的项目外，免征企业所得税地方留成部分；已享受 15% 所得税税率的企业，不再享受上述政策。 ③ 对满洲里试验区内生产性企业和高新技术企业，除法律、法规另有规定外，可减征、免征行政事业性收费
投融资政策	① 对满洲里试验区重大项目，优先纳入自治区相关规划，优先审批、核准和安排资金。加大各类专项资金补助分配支持力度，自治区本级预算内投资向满洲里试验区倾斜。对中央和自治区投资安排的公益性项目，视情况适当减免配套资金。 ② 支持设立满洲里银行，鼓励金融机构、民间资本参股。鼓励国内外银行、证券公司、保险、期货等金融机构在满洲里试验区设立分支机构。在符合政策的前提下，人民银行对中小金融机构给予再贷款、再贴现支持。 ③ 加大自治区级担保机构和再担保机构对满洲里试验区投融资担保服务的支持力度，引导满洲里试验区地方法人金融机构参与全国银行间同业拆借市场、债券市场。支持在满洲里试验区设立的企业和融资平台改制上市、发行企业债券。支持满洲里试验区申报融资性担保公司、小额贷款公司。 ④ 将满洲里试验区列为银行业务发展和信贷支持重点区域，扩大各银行机构的贷款授权审批权限和授信额度。各银行当年新增存款原则上用于当地贷款，人民银行在缴存存款准备金率上给予政策优惠。 ⑤ 推动个人本外币兑换特许业务试点和金融机构开展人民币对卢布的现钞兑换业务。 ⑥ 鼓励满洲里试验区保险机构创新服务产品，发展出口信用保险，开展边境贸易出口业务承保、跨境贸易人民币结算业务承保。鼓励引导保险资金以债权、股权以及其他形式投资基础设施建设

续表

产业政策	① 支持满洲里试验区在资源配置、产业发展等方面开展跨境、跨区域合作，将进口资源加工项目列入自治区鼓励类项目，支持利用俄蒙资源和国内周边地区资源开展合作项目建设。支持满洲里试验区国际科技项目孵化合作平台建设，鼓励与俄蒙高等院校、科研院所和高新技术企业合作，对在满洲里试验区实施的科技项目给予扶持。 ② 支持将扎赉诺尔工业园区设立为自治区级园区，支持发展能源和矿产资源转化项目、大型坑口火电项目及外送通道建设。支持具备条件的企业建设自备电厂，实行直供电试点。 ③ 支持满洲里试验区国际物流基地、进口资源加工基地和农副产品出口基地建设，对进出口物资交易平台建设给予扶持，支持设立自治区级国际物流园区，推动国家级进口木材加工示范区报批工作。 ④ 对满洲里试验区边贸企业配额、许可证和经营资质等给予倾斜。将鼓励、允许类外商投资项目核准和对外劳务培训管理权限下放满洲里试验区，报自治区主管部门备案。支持外派劳务基地建设。 ⑤ 设立满洲里试验区旅游发展专项资金，支持呼伦湖国家旅游度假区、二子湖生态旅游区、中俄蒙零号界碑等景区景点和旅游培训基地建设。将经营国内旅游和入境旅游业务的旅行社许可权、中俄边境旅游确认函、中国公民赴俄罗斯旅游团队名单表发放权下放满洲里试验区。 ⑥对满洲里试验区新建项目排污、能耗指标给予倾斜。支持满洲里试验区生态建设，将湿地、草原、防护林等保护与建设纳入自治区规划。支持环境监控信息平台建设
工商政策	① 除国家明确规定外，满洲里试验区行使自治区级外商投资企业登记管辖权。允许外国籍自然人在满洲里试验区登记一人有限公司。 ②放宽企业集团登记条件，对母公司注册资本达到3000万元人民币、母子公司注册资本总额达到5000万元人民币的，予以企业集团登记。 ③ 放宽小微企业的市场准入条件，在法定期限内缴足注册资本为10万元以下的有限责任公司（一人有限责任公司除外），可申请免缴首期注册资本（零资本注册）。允许小微企业股东以股权、债权、商标权、专利权、著作权、土地使用权、技术等作价作为公司首期出资或增加注册资本。 ④ 放宽小微企业经营范围，小微企业的经营范围和经营方式可实行申报制，凡不涉及前置许可的行业和项目，均可依照企业申请的经营范围和方式核准
土地政策	① 根据经批准的满洲里试验区发展规划，依法适时开展土地利用总体规划评估修改。 ② 根据满洲里试验区年度建设发展需要，在安排土地计划指标时向试验区倾斜并实行计划单列，支持对未利用地进行综合开发。 ③ 对满洲里试验区旅游区内属农用地性质的绿化景观用地、生态用地、水面等，未改变用途且补偿到位的，只办理土地征收手续。 ④ 支持扎赉诺尔煤矿申报国家级矿产资源综合利用示范基地、自治区级绿色矿山及和谐矿区试点。将自治区留成的土地整治复垦新增费优先支持满洲里试验区。对满洲里试验区废弃矿山、采矿点环境治理给予支持

续表

公共服务政策	①支持数字化满洲里建设，开发建设云计算公共服务平台。 ② 对内蒙古大学满洲里学院和满洲里俄语职业学院加大支持力度，在校园规划建设、学科专业建设、人员编制核定、招生计划等方面给予适当倾斜，支持申办独立本科层次的高等院校。 ③ 支持满洲里试验区公共体育场馆及配套设施建设，将冰雪活动设施建设列入自治区公共体育设施建设规划。支持满洲里争创全国全民健身示范城市。 ④ 鼓励满洲里试验区兴办特色文化娱乐项目，除国家明确规定外，将自治区文化审批管理权限全部下放满洲里试验区，报自治区主管部门备案。对满洲里试验区公共文化基础设施特别是“三馆”建设给予重点支持，“三馆”免费开放按照盟市级标准给予补贴。支持满洲里试验区广播电视基础设施建设，提升对俄、蒙的宣传能力。 ⑤ 在基础设施建设、设备配备、人员培养、技术指导等方面对满洲里试验区蒙中医药和对外医疗保健康复事业发展给予重点支持，对蒙中医药服务贸易企业和出口项目给予扶持
人才政策	① 支持满洲里试验区在国际商贸、旅游、金融、外语、法律等领域的人才培养和培训。 ② 对满洲里试验区引进和本土培养的高层次人才在编制、住房、户籍、职称晋升、子女就学就业等方面给予支持。对试验区公务员招考、事业单位公开招聘给予政策倾斜，支持开展公务员聘任制试点。 ③ 在条件成熟时可参照沿海开放地区实施干部工资待遇和福利。鼓励区直部门选派优秀干部、专家到试验区挂职或任职
其他政策	① 积极争取通过外交磋商，推动在满洲里设立俄罗斯领事机构。 ② 争取赋予满洲里试验区边境旅游异地办照审批权、因私出国（境）证件审批权和外国人居留许可审批权。外国人持旅游、访问签证等有效入境证件，在签证有效期内可办理就业登记或从事生产经营活动

资料来源：内蒙古自治区人民政府政府公报 2013 年第 3 期（总第 231 期）。

2016 年 1 月 7 日，国务院全文发布了《关于支持沿边重点地区开发开放若干政策措施的意见》（以下简称《意见》），在附加的《沿边重点地区名录》中，明确首要实施范围是 5 个重点开发开放试验区，满洲里重点开发开放试验区位列其中。同时，满洲里铁路口岸、公路口岸列入 72 个国家级口岸之中，满洲里市列入 28 个边境城市之中，满洲里边境经济合作区列入 17 个边境经济合作区之中。《意见》包括 8 方面 31 条，分别从兴边富民、产业发展、基础设施建设和财税支持等方面提出了支持沿边重点地区发展的具体政策举措，这些政策举措将大大助推满洲里重点开发开放试验区的未来发展。

2017 年 5 月，内蒙古自治区出台新一轮 33 条支持政策，即自治区党委办公厅和政府办公厅联合下发的《关于加快满洲里、二连浩特国家重点开放开放试验区建设的若干意见》（内党办发〔2017〕18 号）。

与 2012 年给予满洲里重点开发开放试验区的 38 条政策相比，在保持政策连续性的基础上，新的33条政策更加注重沿边地区和满洲里、二连浩特两地开发开放的实际需求，并深入对接了《建设中蒙俄经济走廊规划纲要》《西部大开发“十三五”规划》和《东北振兴“十三五”规划》等政策文件，提出了很多新的扶持政策和措施，主要体现在行政体制改革、通关便利化、通道和基础设施建设、平台和载体建设、金融领域开放创新和配套措施等8个方面。

在深化行政体制改革方面，自治区将依法按程序赋予满洲里市级行政管理和经济管理权限。除国家明确规定由自治区审批管理事项外，将发改、住建、交通等自治区主管部门相应权限下放满洲里，并将成立满洲里国家重点开发开放试验区管理机构。

在加快口岸和基础设施建设方面，积极配合国家推动中蒙俄油气输送管道中线项目建设。争取国家赋予满洲里口岸平行进口汽车权限。

在加强开放平台建设方面，复制推广自由贸易区海关监管创新制度。支持满洲里建设国际展览综合性基地，办好中蒙俄经贸合作洽谈会、中蒙国际那达慕等重大展会节庆活动。

在提升要素流动便利化水平方面，促进投资便利化，争取国家允许境外金融、建设、法律、医疗、教育等领域服务机构及从业人员，持境外权威机构颁发的证书，按照其证书许可范围在试验区从业。促进通关便利化，积极探索“两国一检”模式，加快以“出口直放、进口直通”为主的检验检疫一体化建设。推动蒙俄认可中方出入境通行证作为边境旅游通关证件，推动中蒙双方团体旅游互免签证。

在促进优势特色产业发展方面，支持满洲里申报建设跨境电子商务综合试验区，争创国家级电子商务示范基地。自治区本级旅游发展专项资金向满洲里倾斜，争取国家赋予满洲里入境免签证和放宽入境旅游团队人数、延长停留时间的优惠政策。

在健全投融资服务体系方面，支持满洲里在跨境金融合作与改革创新等方面先行先试。争取国家开发性、政策性银行在满洲里设立分支机构。争取丝路基金、亚洲基础设施投资银行等国际性金融组织和国家政策性金融机构对满洲里基础设施、产业合作和入区项目给予信贷支持。积极组建货币服务平台，打造人民币与图格里克汇率挂牌的“二连指数”，争取实现人民币与图格里克在中国外汇交易中心挂牌交易。

在提升基本公共服务水平方面，加大对满洲里职业学校支持力度，建设国际性应用技术职业学院。构建“小学中学大学一体化”俄蒙留学生培养机制，加大对满洲里接收外籍学生补贴力度。加大对满洲里医疗卫生事业的支持力度。自治区生态建设资金向满洲里生态建设和环境保护项目倾斜。

在加大政策扶持力度方面，将设立满洲里人才改革试验区，在国家行政编制限额和核定职数范围内，允许满洲里直接向自治区申报公务员考录计划。建立地方、口岸联检单位双向挂职制度。建立区直部门、企事业单位与满洲里多层次双向人才交流、挂职机制。探索开展中蒙俄边境跨境劳务合作。自治区财政给予满洲里重点开发开放试验区的专项补助资金由每年 2 亿元提高到 3 亿元。落实上划自治区部分非税收入定额返还政策。争取将满洲里艰苦边远地区类别由二类调整为四类。对自治区始发的中欧班列给予适度补贴。满洲里年度新增建设用地计划指标实行单列，对符合国家投资导向的重大基础设施建设、产业项目、民生工程给予优先安排和重点保障。

（三）满洲里跨境经济合作区发展规划

《2018 年满洲里市政府工作报告》中提到，着力拓展对外开放层次，需要从多方面入手。完成综合保税区基础设施建设收尾工程，努力打造以国际物流、保税仓储、展示交易、高端制造、跨境电商等为核心的产业集群。深度拓展中俄互市贸易区开放功能，进一步优化管理模式，推动免税商品“负面清单”管理，继续丰富进口商品品类，不断壮大出口规模，建立规范二级交易市场，延伸互市贸易产业链条。

推动综合保税区与互市贸易区、国际物流产业园区联动发展。继续推进中俄跨境经济合作区、边境自由贸易区申建工作。积极开展“中俄地方合作交流年”系列活动，办好满洲里—额尔登特经贸文化日和满洲里—乔巴山日等交流活动，在克拉斯诺亚尔斯克市等地举办经贸推介会，力争与伊尔库茨克市建立友好城市关系，与叶卡捷琳堡市签订全面合作协议。加强与周边旗市在园区规划、通道建设、旅游开发等方面的务实合作，放大试验区政策辐射效应，推进区域经济一体化。继续办好北方国际科技博览会、中俄蒙国际旅游节、国际文化艺术节和满洲里（国际）论坛等品牌活动，促进对外开放深度拓展。

三、跨境贸易

（一）口岸建设情况

满洲里口岸包括公路、铁路、航空口岸，是中国沿边口岸中唯一的公路、铁路、航空“三位一体”的国际口岸。

满洲里铁路口岸进口货物主要品类有木材、原油、化工、纸类、化肥、铁矿砂、合成橡胶等。出口货物以轻工产品、机电产品、矿产品、石油焦、食品、建材等为主。满洲里海关发布信息显示，2017 年满洲里铁路口岸进出境中欧班列 1302 列，成为全国开行中欧班列线路最多、发运班列数量最多的口岸。2018 年 1—7 月经满洲里铁路口岸进出境中欧班列合计 882 列，同比增长 18.1%。

满洲里公路口岸于 1998 年投入使用，是我国规模较大的边境公路口岸，口岸封闭区面积 117 万平方米，已经建成使用 64 万平方米。其中货检区 34 万平方米，年通过能力 200 万吨；旅检区 30 万平方米，年通过能力 200 万人次。2006 年 1 月 1 日，满洲里公路口岸正式实行 24 小时通关制度，成为全国唯一实行该制度的公路口岸。公路口岸进口货物以废钢和木材为主，占进口总量的 90% 以上；出口货物主要是蔬菜、水果，占出口总量的 85% 以上，其次为机电产品。

满洲里西郊机场于 2005 年 2 月正式通航运营。2009 年 2 月，满洲里航空口岸对外开放得到国务院正式批准，西郊机场正式成为国际机场。2017 年 12 月，西郊机场旅客吞吐量突破 50 万人次，标志着满洲里社会经济发展程度、开放程度和区域影响力日益强大。2018 年 10 月 11 日，满洲里西郊机场首条第五航权乌兰巴托—乌兰乌德—满洲里航线正式开通，满洲里成为继鄂尔多斯后第二个开通第五航权的区内城市。这进一步推动了中蒙俄三国城市之间的经济和旅游文化交流与合作，加快了中蒙俄经济走廊建设。

（二）边境贸易发展情况

满洲里海关《2017 年满洲里口岸进出口概况》显示，满洲里 2017 年口岸进出口货运量 1545.2 万吨，与上年同期相比增加 12.2%，其中进口货运量 1439.2 万吨，增加 11.8%，出口货运量 106.0 万吨，增加 19.3%，满洲里口岸进出口总值 333.4 亿元，增长 23.2%，其中进口总值 222.9 亿元，增长 23.5%，出口总值 110.5 亿元，增长 22.6%；满洲里口岸进出境人员 177.9 万人次，增加 13.7%。

从贸易方式来看，进口以边境小额贸易方式为主，出口以一般贸易方式为主。以边境小额贸易方式进口 154.9 亿元，增长 12.9%，占同期口岸进口总值的 68.5%。以一般贸易方式出口 97.0 亿元，增长 48.2%，占同期口岸出口总值的 69.6%（见表 7－2）。

从产终国来看，俄罗斯为最主要贸易国，自英国和蒙古国进口激增。对俄进出口总值 323.0 亿元，增长 21.7%。自英国进口 3.4 亿元，增长 44.2%，自蒙古国进口 3.4 亿元，增长 109.3%。

从企业性质来看，民营企业主导进出口，占进出口贸易额的 70% 以上。民营企业进出口总值 257.8 亿元，增长 16.0%，占同期口岸进出口总值的 77.3%，其中进口 181.5 亿元，增长 16.4%，出口 76.3 亿元，增长 15.0%。

从进出口主要商品来看，进口以大宗散装等货物为主，煤炭、汽车进口激增。

其中木材进口117.7亿元，占同期口岸进口总值的52.8%；煤炭进口8.0亿元，增长756.1%；汽车进口3.8亿元，增长43.1%。出口以果蔬、钢材、矿产品、汽车、传统劳动密集型产品为主，涉及2020个HS 8位编码商品。其中蔬菜出口10.5亿元，增长46.0%；鲜、干水果及坚果出口10.3亿元，下降23.9%；钢材出口8.7万元，增长9.0%；含有菱镁矿、白云石或铬铁矿的制品出口6.4亿元，增长36.1%；汽车出口4.5亿元，增长252.7%。

表7－2　2017年1—12月满洲里关区进出口贸易方式

贸易方式	进出口		出口		进口	
	贸易额（万元）	同比（%）	贸易额（万元）	同比（%）	贸易额（万元）	同比（%）
一般贸易	1764290.9	37.8	969650.0	48.2	794640.9	26.9
边境小额	1751264.9	13.2	202009.6	15.9	1549255.2	12.9
进料对口	74353.8	－54.8	56007.9	－52.3	18345.9	－60.9
旅游购物商品	57779.6	－64.1	57779.6	－64.1	0.0	—
区内进料加工	27650.4	—	12499.5	—	15150.8	—
对外承包出口	26910.7	97.7	26910.7	97.7	0.0	—
来料加工	18522.7	55.2	0.0	—	18522.7	62.9
边民互市	17859.6	100.5	0.0	—	17859.6	100.5
物流中心进出境货物	13371.6	41.1	13046.2	55.5	325.4	－70.0
租赁贸易	6764.1	—	6764.1	—	0.0	—
进料非对口	1942.2	－58.3	1366.6	1003.2	575.6	－87.3
其他进出口免费	560.7	4789.5	263.1	2194.5	297.6	—
货样广告品	63.3	650.9	61.6	630.9	1.7	—
其他贸易	58.4	－83.2	0.0	—	58.4	－83.2
出料加工	36.6	843.5	15.3	883.6	21.3	816.5
区内物流货物	33.4	—	0.0	—	33.4	—
保税仓库货物	21.4	－60.1	16.9	－68.5	4.5	—

资料来源：满洲里海关统计局.2017年1—12月满洲里关区主要进出口数据［EB/OL］.满洲里海关网站. http：//manzhouli.customs.gov.cn/manzhouli_customs/566020/566022/566023/1732518/index.html.

海关统计数据显示，2018年1—6月，满洲里关区一般贸易出口增长迅猛，边境小额出口、进料对口出口和对外承包出口增长显著。2018年1—6月，满洲里关区以一般贸易方式出口54.2亿元，同比增长30.7%；以边境小额贸易方式出口10.8亿元，同比增长20.4%；以进料对口贸易方式出口4.1亿元，同比增长132%；对外承包出口1.8亿元，同比增长43.8%（见表7－3）。

表7-3　2018年1—6月满洲里关区进出口贸易方式

贸易方式	进出口		出口		进口	
	贸易额（万元）	同比（%）	贸易额（万元）	同比（%）	贸易额（万元）	同比（%）
合计	1921988.1	7.2	710094.9	18.3	1211893.3	1.6
一般贸易	1009511.8	33.6	542176.0	30.7	467335.8	37.2
边境小额	825585.9	-9.3	108327.6	20.4	717258.3	-12.5
进料对口	52021.1	76.1	41097.5	132.1	10923.6	-7.7
对外承包出口	18107.5	43.8	18107.5	43.8	0.0	—
来料加工	10384.0	-6.0	0.0	—	10384.0	-6.0
边民互市贸易	5751.0	-19.9	0.0	—	5751.0	-19.9
进料非对口	342.0	-52.9	342.0	126.9	0.0	—
其他贸易	142.9	852.6	0.0	—	142.9	852.6
区内进料加工	87.4	-89.1	0.0	—	87.4	-89.1
货样广告品	28.2	107.9	28.2	107.9	0.0	—
其他进出口免费	26.3	-87.5	16.0	-65.2	10.3	-93.7

资料来源：满洲里海关统计局.2018年6月满洲里关区主要进出口数据［EB/OL］.满洲里海关网站.http：//manzhouli.customs.gov.cn/manzhouli_ customs/566020/566022/566023/index.html.

鲜、干水果及坚果，汽车，手用或机用工具，二极管及类似半导体器件，太阳能电池，金属加工机床等商品出口呈现良好增长势头。2018年1—6月，满洲里关区出口鲜、干水果及坚果9.6万吨，同比增加132.4%，价值6.5亿元，同比增长109.2%；出口汽车711辆，同比增加84.7%，价值3.6亿元，同比增长26.2%；出口手用或机用工具1.5亿元，同比增长4.4倍；出口二极管及类似半导体器件4329.9万元，同比增长87.6倍；出口太阳能电池4245.7万元，同比增长314倍；出口金属加工机床1114台，同比增加164%，价值2872万元，同比增长25.3%；出口未锻轧锰1860吨，价值2702.1万元，上年同期未出口。

蔬菜，钢材，粮食，汽车零配件，陶瓷产品，纺织纱线、织物及制品，粮食，服装及衣着附件等商品出口普遍下降。2018年1—6月，满洲里关区出口蔬菜13万吨，同比减少10.9%，价值6亿元，同比下降12.1%；出口钢材6万吨，同比减少22.1%，价值3.8亿元，同比下降19.4%；出口汽车零配件1亿元，同比下降15.1%；出口陶瓷产品6607吨，同比减少56.7%，价值8784.6万元，同比下降28.8%；出口纺织纱线、织物及制品4362.5万元，同比下降63.5%；出口粮食1.2万吨，同比减少4.9%，价值3220.9万元，同比下降12.5%；出口服装及衣着附件2051.8万元，同比下降93.2%。

四、跨境产业园区

满洲里市辖满洲里边境经济合作区、中俄互市贸易区、满洲里综合保税区、满洲里国际物流产业园区、扎赉诺尔工业园区五大园区。

（一）满洲里边境经济合作区

满洲里边境经济合作区（以下简称“边合区”）是1992年由国务院批准设立的边境经济合作区，是全国17个边境经济合作区之一。经过建区至今20多年的发展，现已成为满洲里市主要的工业区、商业区、居住区。边合区现辖区面积70.1平方千米，人口10万。边合区立足口岸区位优势和境外毗邻地区的资源优势，坚持打造一流的投资和发展环境，发展了以木材加工为主的进口资源加工业、以菜果出口为主的仓储物流业和商贸旅游新兴服务业特色产业集群。2014年，被中国木材与木制品流通协会评为“中国十强木材与木制品市场集群”。下辖内蒙古自治区重点发展的24个工业园区之一的满洲里进口资源加工园区。

边合区全力打造我国北方最大的松木家具生产研发基地和全国最大的木结构房屋生产加工基地、全国最大的木材电子交易平台、最具特色的综合性现代物流平台和跨境电子商务采购分拨中心。建成了交通部全国179个重点物流节点之一的满洲里国际公路物流中心，是迄今为止蒙东地区已投入运营的物流园中最大的综合型国际公路物流园区。

（二）中俄互市贸易区

中俄互市贸易区位于满洲里市西部，是1992年经国务院批准设立的跨国界的国家级开发区，紧邻中俄边境线，距俄罗斯外贝加尔边疆区427千米，距后贝加尔斯克口岸仅2.36千米，距蒙古国阿日哈沙特口岸182千米。辖区总面积138平方千米，已初步形成集国际铁路口岸、国际公路口岸和国际航空口岸于一体的空间布局。国家赋予了双方公民凭借两国政府认可的证件即可随时出入、带出的商品在各自海关规定的数额内免征关税等特殊政策。

中俄互市贸易区的开发建设大体经历了以下3个发展阶段：①

一是基础性开发建设阶段（1992—1996年）。1992年5月10日，中俄互市贸易区开工建设，1996年基本完成区内“七通一平”基础设施建设及部分商贸服务、商

① 白峻峰，马险峰，何秀梅．金融支持满洲里中俄互贸区、8000元免税区发展建设研究［J］．北方金融，2017（12）：34－37.

品展示等商业设施建设。1996 年 11 月，中俄双方同意利用中方一侧设施开始单方面运营。

二是功能性开发建设阶段（1997—2014 年）。为实现区内管理规范化、制度化，全面改善发展环境，加大了区内软硬件设施的投入力度。1998 年 2 月，中俄两国外交部换文，确立了中俄互市贸易区的法律地位、功能定位及政策条件。2005 年，随着满洲里市经济的快速发展，满洲里市对市区功能重新进行了规划调整，赋予中俄互市贸易区社会管理职能，中俄互市贸易区的面积拓展为 138. 8 平方千米，从此中俄互市贸易区由单一功能区转变为行政功能区。

三是功能拓展、综合性开发建设阶段（2015 年至今）。随着国家“一带一路”建设和自治区“一堡一带”战略的实施，2015 年，中俄互市贸易区深度开放工作启动，积极拓展中方一侧功能。2016 年 6 月 20 日，满洲里市中俄边民互市贸易平台在 B 区 A 厅试运行，2017 年 3 月，自治区给予中俄互市贸易区更多政策支持，允许第三国商品入区交易。2017 年 7 月 4 日，B 区 B 厅营业，标志中俄边民互市贸易免税区正式封闭运营。

（三）满洲里综合保税区

满洲里综合保税区是内蒙古自治区首个综合保税区，规划核准面积 1. 44 平方千米，地处满洲里市公路、铁路、航空三大口岸的中心交汇处，东西连接 301 国道及对俄口岸，南北连通滨州及西伯利亚铁路，形成了覆盖东北、辐射俄蒙的现代物流体系枢纽，构筑了满洲里市公路、铁路、航空三大口岸及中俄互市贸易区、满洲里边境经济合作区、满洲里国际物流产业园区、扎赉诺尔工业园区等功能区载体联动、政策互享、功能叠加、融合发展的新模式。

满洲里综合保税区以“服务全国、面向俄蒙、辐射欧亚”为立足点，充分利用口岸、边贸、区位优势；积极发展保税服务业、国际商贸业、高端制造业、特色金融服务业；着力打造以口岸经济为依托的商品展示交易中心，以公路、铁路和航空口岸为优势的国际分拨配送中心，以冷链物流为特色的现代物流中心，以特色金融为依托的国际贸易结算中心，以保税功能为基础的高端产业发展中心。据满洲里海关 2017 年 12 月发布的信息，监管货运量为 1317. 04 吨，贸易值 9. 33 亿元。

（四）满洲里国际物流产业园区

满洲里国际物流产业园区是经自治区政府批准设立的新兴口岸经济功能区。园区位于满洲里市西端中俄边境中方一侧，园区规划面积 34. 33 平方千米，主要由 3 个部分组成：一是新国际货场（分为东西两区），东区重点发展国际物流产业，打造国内规模最大的俄罗斯资源进口储运基地，西区为新国际货场发展预留地；二是流通加工区，重点发展流通加工和国际贸易产业；三是综合配套服务区，依托查干湖自然风光，重点发展文化旅游与口岸配套服务产业，打造欧式文化旅游休闲度假基地。

满洲里国际物流产业园区突出建设重点，新国际货场以集装箱、快运行包、农产品、化工品、汽车、保税品等新兴大宗货物为主，按照满洲里重点开发开放试验区立足俄蒙、辐射东北亚的国际物流中心的功能定位，把新国际货场建设成为集铁路运输、换装、仓储、保税、流通加工、国际贸易、跨境电子商务等多功能于一体的国际物流园区。2017 年，园区完成固定资产投资 9.3 亿元，进出口贸易额 13 亿元，一般性财政收入 4831 万元。截至 2018 年 5 月，已引进企业 30 余家，建设项目 20 多项，累计完成投资 40 余亿元。2018 年，园区将推动重点项目 15 项，完成进出口贸易额 15.4 亿元。

（五）扎赉诺尔工业园区

扎赉诺尔区位于呼伦贝尔大草原的西部，濒临我国北方第一大湖——呼伦湖。2013 年 3 月经国务院批准县级行政建制备案，成为自治区第 102 个旗县市区，由满洲里市代管。辖区总面积 312 平方千米，建成区面积 35 平方千米。人口 15 万（其中常住人口 8 万人）。下辖 1 个镇、5 个街道办事处、21 个社区。扎赉诺尔区地处东北亚核心地域，中蒙俄经济走廊黄金地带，“三大口岸”“两大机场”滨洲铁路、301 国道沿线大通道辐射中心区域，是国家“一带一路”建设的重要枢纽和节点，既可承接东北三省、俄蒙的双向交流，又能吸纳沿海、沿边的双重辐射，拥有吸引周边资源和辐射周边区域的市场优势。依托境内、境外的资源优势，工业园区充分衔接“一带一路”沿线、东北经济区、蒙东地区及自治区产业分工，以“创业、创新”为抓手，主攻境内外资源的贸易、精深开发和综合利用。

五、跨境旅游

据满洲里市旅游发展委员会提供的资料，截至 2017 年 11 月，满洲里市旅游总人数 731.95 万人次，同比增长 10.95%，出入境旅游人数 151.38 万人次，同比增长 16.46%，其中俄籍入境旅游者（过夜）64.32 万人次，同比增长 18.11%。国内旅游人数 580.59 万人次，同比增长 9.60%，其中国内旅游者（过夜）202.17 万人次，同比增长 11.87%。2017 年旅游总收入 136 亿元，同比增长 18%，旅游创汇 3.6 亿元，同比增长 28%。

为完善俄蒙合作机制，完善“万里茶道”旅游联盟工作机制，内蒙古推进跨境旅游合作区、边境旅游试验区的“两区”建设，巩固并加强国际旅游合作，完善区域旅游联动机制。按照《国家旅游局关于申报设立边境旅游试验区的通知》《国家旅游局等八部门关于加快推动跨境旅游合作区工作的通知》精神，满洲里市政府制定了《满洲里边境旅游试验区建设实施方案》，编制了《中俄（满洲里）跨境旅游合作区建设方案》，2016 年 9 月和 11 月向自治区旅游委分别上报《满洲里市人民政府关于设立满洲里边境旅游试验区的报告》（满政发〔2016〕88 号）和《满洲里市人民政府关于设立中俄（满洲里）跨境旅游合作区的报告》（满政发〔2016〕102 号），重点推进以中俄满洲里—后贝加尔斯克边民互市贸易区为主体的核心区建设。目前，“两区建设方案”已通过自治区政府上报至原国家旅游局。

2017 年 2 月，由内蒙古自治区党委、自治区人民政府主办，自治区旅游局、呼伦贝尔市委市政府在呼伦贝尔承办首届内蒙古旅游发展大会。会议印发了《内蒙古自治区党委自治区人民政府关于进一步加快旅游业发展的意见》和《内蒙古自治区“十三五”旅游业发展规划》，为满洲里旅游业大调整、大变革、大跨越指明了方向。

2017 年 3 月，满洲里市委、市政府组织召开创建国家级全域旅游示范区动员大会，并成立了由满洲里市委、市政府主要领导担任组长的满洲里市创建国家全域旅游示范区领导工作小组，全市形成了齐抓共管的创建格局。加快完善旅游厕所、旅游信息咨询服务、旅游交通、景区停车场、旅游标识标牌等体系，组织开展以景区厕所、停车场、标识标牌和无线网络覆盖为主要内容的旅游公共服务“四大专项提升行动”。全市景区新建和改建旅游厕所 28 座。通过新增、整合、拆除的形式在公路出口、主要道路节点改造提升旅游交通标牌 24 块，实现全市旅游道路交通标识标牌全覆盖。

2017 年 4 月 19 日，内蒙古自治区机构编制委员会下发《关于各盟市、满洲里市、二连浩特市旅游局更名的批复》（内机编〔2017〕97 号），正式批复满洲里市旅游局更名为满洲里市旅游发展委员会。

2017 年 5 月 19 日，原国家旅游局新闻办公布了“网民最喜欢的旅游目的地名单”，满洲里市作为内蒙古自治区唯一一家上榜城市，入选“十大全域旅游目的地”，得到了社会各界的认可和支持。

2017 年 7 月，满洲里市在举办第十六届中俄蒙国际旅游节期间，同时承办了中俄红色旅游发展论坛、后贝加尔边疆区红色旅游展。为加快满洲里市中俄边境旅游区提升工程暨套娃三期和国门景区红色旅游提升工程进度，2017 年 7 月 4 日，满洲里市举行红色旅游展览馆开馆仪式。套娃广场二期工程、查干湖景区、中俄蒙婚俗馆、蒙根花布拉格夏宫建成开放，世界木屋博览园、欧亚国际旅游度假城等项目开工建设。同时，鼓励低 A 级景区改造提升申报高 A 级景区，指导满洲里市 A 级景区提档升级。

六、满洲里跨境经济合作区的综合社会效应

满洲里与俄蒙周边地区的经贸合作不断加深。在满洲里与后贝加尔边疆区定期会晤机制的基础上，满洲里市逐步拓展与蒙古国的对接，并围绕政策对接、项目推介、通关服务、经贸展洽、相互投资以及建设跨境合作区等经贸需求完善三方磋商机制。通过组织参加在俄蒙毗邻地区举办的商品展洽会、博览会及经贸推介会等各种活动，通过承办中国满洲里“俄罗斯乌兰乌德日”“蒙古国乔巴山日”“蒙古国额尔登特经贸文化日”等各类活动，满洲里与俄蒙毗邻地区的经贸交往层次和水平不断提高。

（一）提高口岸效率

公路口岸进出境客车卡口自动核放系统 2.0 版、公路口岸货车智能核放系统 2.0 版上线运行。公路口岸南北大门货车通道工程陆续完工并实现通关运行。中俄蒙口岸合作中心落成，公路口岸新货检通道正式启用，公路口岸货运场区停车场、道路、亮化、绿化等工程全部完工。增开了从山西太原、福建厦门、江西赣州、黑龙江大庆和齐齐哈尔、山东济南发车的中欧班列以及“渝满俄”“赣满欧”“连满欧”等返程班列。完善了公路口岸进出境通道双向“三互”通关模式、铁路口岸“三个一”通关模式和航空口岸“一机三屏”通关模式，整体提高了口岸通关效率。

（二）促进科技发展

2018 年 7 月，成功举办第十五届中国（满洲里）北方国际科技博览会，15 个国家和地区以及国内 18 个省区市的 500 余家参展企业、研发单位进行了科技项目有效对接，专业采购商突破 2000 人次，其中 40 余家俄罗斯科研院所、科技企业亮相展会，27 家蒙古国科研院所和科技企业参展参会。此举有力促进了“一带一路”沿线国家的科技交流合作与贸易对接。展会共达成 67 项合作意向，签署了 31 项合作协议，项目合作领域包括电子商务、食品加工、“互联网 +”、重型机械、木材深加工、建筑材料、能源、生物技术与医药生物制药、电子信息、汽车及配件、农产品加工等方面，总金额达 36.6 亿元。面对面的交流平台，推动了中俄蒙三国地区间科技合作和技术创新。

（三）优化产业结构

跨合区按照“二产调精、三产调强”的思路，着力提高工业质效和服务业在经济总量中的比重，围绕进口木材加工和出口菜果仓储物流两大基础产业，沿着资源—通道—产品—市场的走向，采取“顺藤摸瓜、随箭向靶”的招商方式，积极引进在各环节具有带动作用的项目。跨合区本着服务群众、服务企业的原则，不断完善市政设施，整治区域环境卫生，优化区域发展环境，提高产业发展承载能力，已累计投入资金2.9亿元用于环境卫生整治工作，督促指导木材企业按照消防安全要求硬化厂区340万平方米，确保企业厂区安全防火、干净整洁。同时，跨合区以解决好群众最关心、最直接、最现实的利益问题为出发点，努力为社会提供多样化服务，更好地满足群众的需求。

进口木材加工业是跨合区的支柱产业，跨合区将在目前工作的基础上继续强化产业发展工作，加强政府和企业的联动，增进与产业关联度较大的地区、行业协会、科研院所、企业的关系，为主导产业升级和企业转型争取更多的资源、资金、市场、技术和信息支持，加速产业升级，力争在“十三五”中期发展成为我国北方最大的松木家居建材产品生产研发基地。以引进利用俄罗斯资源为产业导向，在进口资源加工园区北区，规划中俄产业合作项目孵化区，建设中俄中小企业科技联络处，承接更多的资源型项目入区建设，推进境内外资源、设备、技术等要素广泛对接，做大做精进口资源加工业。发展清洁能源和休闲度假项目，引入光伏并网发电和垃圾焚烧发电项目，建设以木屋、温泉、室内水世界为特色的木文化休闲度假基地。

（四）改善民生需求

跨合区以区内8个社区54个居委会为单位，继续深化“十个全覆盖”工程，全力完成“两违”建筑拆迁、围墙改造美化、道路修建改造、裸露地消除、厂区小区整治等环境卫生整治任务，同步建设园区跨铁立交桥，贯通园区中、南、北三区，并在2016年8月实现工业园区集中供气供热管网覆盖园区，拆除企业烟囱，提高生态建设水平，提升城市容量和形象。跨合区还将针对民生需求，改革社会管理体制，将与百姓生产生活密切相关的各项行政职能及管理服务终端都下放到社区。在各社区成立文化服务中心、物业服务中心，由政府出资购买和调配服务，实现由政府、街道、社区三级管理向社区单轴服务的转变。创新管理外来人口，在进口资源加工园区成立以外来人口为主要服务对象的新型社区。辟建产业人口管理服务中心，将各项行政管理职能纳入其中，为产业工人（家属）群体提供更好的服务。同时，修整小街小巷，增置卫生三项设施，对小区内绿地和裸露地进行绿化硬化。

七、满洲里跨境经济合作区建设存在的问题和建议

从区域经济合作的角度来看，跨境经济合作是经过国家相关部门大量调研和相关专家论证，才明确了区域合作的发展目标定位和重点任务的。但从落实的情况来看，主要在基础设施建设、旅游合作方面取得了一些实质性的进展，区域合作的领域有待进一步拓展，区域合作的积极性有待进一步提升与激励。

（一）实质性合作协议进展缓慢，建议加强政府对接工作

由于中蒙俄跨境经济合作涉及比较复杂的国家环境，且三国各自经济发展不均衡，在基础设施建设、贸易发展结构、思想文化等诸多方面存在建设障碍，势必需要国家层面的对接洽谈，才能够顺利完成。从目前跨境经济合作区签订的协议来看，框架性协议居多。区域规划批复后缺乏相应的跟踪监督、实效评估和改进完善，因此满洲里跨境经济合作区需要抓紧设立有权威的协调组织机构，提升区域治理的意识和方法创新。①

建议加速中蒙俄三方政府间的对接工作，扎实推进中蒙俄跨境全面合作。一是设立跨境经济合作区的专项研究机构，加强三国智库间的合作与交流，针对三国关心的领域和内容开展共同研究，做好政策和项目对接，服务三国政府和人民。二是加快建设中蒙俄自贸区、“俄蒙通”跨境电商物流综合服务平台，优化区域合作格局。以航空陆路口岸、中欧货运班列以及内蒙古电子口岸公共服务平台为依托和支撑，建设中蒙俄自贸区、经济合作示范区；积极开通国际快件出口通道，推动跨境电子商务健康发展，培育中蒙俄经济发展共赢新模式。②

（二）试验区、园区多且分散，建议联动发展

考虑到三国目前的发展情况以及国内外的建设经验，满洲里跨境经济合作区以提升区域经济整体实力为目标，集聚产业动能、提升中蒙俄经贸投资自由度为着力点进行洽谈，实现“一区多园”的综合发展。③ 满洲里跨境经济合作区建设可以以充分利用俄罗斯与蒙古国的丰富自然资源优势为方向，将其功能定位在国际贸易物流园区、综合配套商业区、大型装备制造区等方面，成为集出口加工制造、国际物流采购、资源进口开发于一体的综合性服务功能区。④

---

① 马境羚．中国满洲里跨境经济合作研究［D］．呼和浩特：内蒙古财经大学，2017.

② 张璞，梁义光．融入“一带一路”：内蒙古跨区域合作与中蒙俄经济走廊建设［J］．大陆桥视野，2018（6）：70－75.

③ 单武斌．“一带一路”战略下的国际区域经济合作及其效应分析［D］．杭州：浙江大学，2016.

④ 包明齐．中蒙区域经济合作研究［D］．长春：吉林大学，2016.

满洲里的国家级经济区有边境经济合作区、互市贸易区，新的开放平台是综合保税区，还有申建的跨境经济合作区、跨境旅游区等，此外还有国际物流产业园区、扎赉诺尔工业园区、进出口资源加工园区等。试验区、园区虽多，但目前集聚效应并不显现，开放平台和园区间的联动发展、产业合作仍需进一步探索。

建议参照云南瑞丽、勐腊（磨憨），广西东兴等地的试验区管委会建制，研究设立满洲里重点开发开放试验区管委会，引进试验区开发开放专项人才，配齐配强试验区领导和试验区建设的专业人才，并要逐步推动试验区调整区域面积，协调区域内各类园区进一步优化升级，从而促进各园区的整合、联动发展。

（三）贸易结构不合理，建议鼓励大型企业参与跨境贸易

满洲里的进口商品以木材、化工原料为主，出口商品主要是轻纺织品、农产品、机电产品和日用品等。虽然机电产品在进出口贸易中的比重有所上升，但是仍以资源密集型和劳务密集型商品为主，科技含量不高，附加值低。不合理的贸易结构对满洲里及周边地区产业升级贡献有限，产业发展后劲不足。由于初级商品贸易占主导地位，技术贸易和服务贸易较少，中小企业居多，企业经营规模和层次不高。

建议深入挖掘俄蒙市场潜力，大力开拓俄罗斯、蒙古国的机电产品、房地产、旅游、家电、电子信息、通信产品等市场。开展面向俄蒙市场需求的加工制造业，逐渐形成产业集群优势。

引导和支持有条件、有实力、有信誉的大型企业特别是加工制造型企业参与双边贸易，合作开发俄罗斯、蒙古国资源。大量开展对外工程承包，扩大劳务合作。

（四）跨境旅游产业结构单一，建议注重“旅游品牌”培育

满洲里市作为边境旅游城市，旅游产业结构单一，特色产品缺乏。例如，餐饮行业质量参差不齐，缺乏具有一定规模的特色餐饮系列，严重制约了满洲里市的边境旅游发展。对满洲里的旅游市场而言，多数游客为短距离旅游。外地游客注重体验满洲里市独特的中俄蒙三国风情，观赏草原风光以及红色遗迹，而本地和周边游客主要基于娱乐休闲的目的而对新开发的生态旅游景区和人文景区感兴趣。现阶段旅游产业结构单一、缺乏旅游吸引力现象，制约了满洲里市边境旅游市场的发展。

满洲里作为“一带一路”沿线的边境城市，旅游业发展潜力巨大。应进一步完善中俄蒙合作机制，利用中俄蒙三国旅游部长会议机制，研究提出推进中俄蒙旅游合作发展的政策、措施和项目，发挥中俄蒙三国五地联席会议制度优势，推动中俄蒙地区间旅游交流合作。继续完善“万里茶道”旅游联盟工作机制，开展系列活动，推进中俄蒙跨境旅游目的地建设。满洲里作为红色遗迹，应注重深度挖掘红色

旅游资源，将自然景观价值和人文历史价值有机结合，打造革命历史教育基地；深度挖掘蒙元文化旅游资源，推出草原民俗游、访古文化游、冬季冰雪游等旅游项目，打造蒙元文化旅游新区。充分发挥满洲里“鸡鸣闻三国”的独特优势，创新多双边旅游合作机制，全力推进全域旅游示范区、跨境旅游合作区、边境旅游试验区建设，打造属于满洲里的特色旅游品牌。

参考文献

[1]白峻峰,马险峰,何秀梅. 金融支持满洲里中俄互贸区、8000 元免税区发展建设研究[J]. 北方金融,2017(12):34-37.

[2]包明齐. 中蒙区域经济合作研究[D]. 长春:吉林大学,2016.

[3]陈翀. 跨境旅游与跨境电商内在机理与互动路径研究[J]. 经济师,2018(7):257-259.

[4]陈慧.“一带一路”背景下我国西南跨境经济合作研究[J]. 广西社会科学,2016(7):32-36.

[5]陈耀,冯超. 贸易成本、本地关联与产业集群迁移[J]. 中国工业经济,2008(3):76-83.

[6]单武斌.“一带一路”战略下的国际区域经济合作及其效应分析[D]. 杭州:浙江大学,2016.

[7]邓利娟. 建立厦金跨境经济合作区问题探讨——借鉴中哈霍尔果斯跨境自贸区模式[J]. 福建论坛(人文社会科学版),2015(11):166-171.

[8]董雪兵. 推进“一带一路”基础设施互联互通[N]. 人民日报,2017-05-11(7).

[9]郭家骥. 云南周边跨境民族文化交流互动与边疆繁荣稳定[J]. 云南社会科学,2015(6):117-122.

[10]何文聪. 中越跨境经济合作区建设问题及对策研究——以中越东兴—芒街跨境经济合作区为例[J]. 市场论坛,2016(9):25-28.

[11]黄江. 对建设我国陆地周边邻国跨境经济合作区的几点思考[J]. 武汉大学学报(哲学社会科学版),2013,66(6):135-140.

[12]梁双陆. 边界效应与我国跨境经济合作区发展[J]. 天府新论,2015(1):136-143.

[13]刘建文,刘丹蓉.中越两国跨境经济合作区政策比较初探——以中越凭祥—同登跨境经济合作区为例[J].东南亚纵横,2013(10):50-53.

[14]刘翔峰."一带一路"战略下的中哈经贸合作[J].国际贸易,2015(11):34-38.

[15]吕珂,胡列曲.跨境经济合作区的功能[J].学习与探索,2011(2):148-150.

[16]马博.中国跨境经济合作区发展研究[J].云南民族大学学报(哲学社会科学版),2010,27(4):117-121.

[17]马境羚.中国满洲里跨境经济合作研究[D].呼和浩特:内蒙古财经大学,2017.

[18]宋建华.新疆跨境经济合作区——中哈霍尔果斯国际边境合作中心发展态势与政策创新[J].东南亚纵横,2013(10):42-45.

[19]苏悦娟,韦万春.广西边境贸易发展存在的问题及对策研究[J].经济研究参考,2014(70):69-71.

[20]汤正仁.西南合作与"泛珠"合作比较分析——基于耗散结构论的视角[J].区域经济评论,2013(4):48-54.

[21]田光伟.边境经济合作区的功能定位[J].中央民族大学学报,2004(6):23-25.

[22]王飞.兴边富民行动实施绩效评估[M].北京:中国经济出版社,2016.

[23]徐驰.跨境经济合作理论与中国参与图们江跨境经济合作研究[D].北京:外交学院,2008.

[24]杨建基.中国凭祥—越南同登跨境经济合作区的发展现况、问题和对策[J].时代金融,2017(35):65-66.

[25]詹小颖.沿边民族地区跨境经济合作区研究——以桂越边域凭祥—同登跨境经济合作区为例[J].云南民族大学学报(哲学社会科学版),2015,32(4):98-102.

[26]张璞,梁义光.融入"一带一路":内蒙古跨区域合作与中蒙俄经济走廊建设[J].大陆桥视野,2018(6):70-75.

[27]赵林婧.新常态下凭祥市边境贸易的转型升级研究[D].南宁:广西大学,2016.